Analyse von
Energie- und Umweltpolitiken
mit DIOGENES

Umwelt- und Ressourcenökonomie

K. L. Brockmann, J. Hemmelskamp, O. Hohmeyer
Zertifiziertes Tropenholz und Verbraucherverhalten
1996, ISBN 3-7908-0899-7

K. Rennings, K. L. Brockmann, H. Koschel, H. Bergmann, I. Kühn
Nachhaltigkeit, Ordnungspolitik und freiwillige Selbstverpflichtung
1997, ISBN 3-7908-0975-6

H. Koschel, K. L. Brockmann, T.F.N. Schmidt, M. Stronzik, H. Bergmann
Handelbare SO_2-Zertifikate für Europa
1998, ISBN 3-7908-1135-1

T. F. N. Schmidt
Integrierte Bewertung umweltpolitischer Strategien in Europa
1999, ISBN 3-7908-1195-5

F. Pfeiffer, K. Rennings (Hrsg.)
Beschäftigungswirkungen des Übergangs zu integrierter Umwelttechnik
1999, ISBN 3-7908-1181-5

J. Hemmelskamp
Umweltpolitik und technischer Fortschritt
1999, ISBN 3-7908-1222-6

W. Bräuer, O. Kopp, R. Rösch
Ökonomische Aspekte internationaler Klimapolitik
1999. ISBN 3-7908-1206-4

K. L. Brockmann, M. Stronzik, H. Bergmann
Emissionsrechtehandel
1999. ISBN 3-7908-1232-3

Stefan Vögele

Analyse von Energie- und Umweltpolitiken mit DIOGENES

Ein gesamtwirtschaftliches Modell und seine Anwendung auf die Elektrizitätswirtschaft in Baden-Württemberg

Mit 60 Abbildungen und 22 Tabellen

Springer-Verlag Berlin Heidelberg GmbH

Forschungsbereich Umwelt- und Ressourcenökonomik Umweltmanagement des ZEW

Reihenherausgeber
Dr. Christoph Böhringer

Autor
Dr. Stefan Vögele
Oberstraße 25
52070 Aachen
Deutschland
E-mail: s.voegele@fz-juelich.de

ISBN 978-3-7908-1370-8 ISBN 978-3-642-57600-3 (eBook)
DOI 10.1007/978-3-642-57600-3

Die Deutsche Bibliothek – CIP-Einheitsaufnahme
Vögele, Stefan: Analyse von Energie- und Umweltpolitiken mit DIOGENES: ein gesamtwirtschaftliches Modell und seine Anwendung auf die Elektrizitätswirtschaft in Baden-Württemberg / Stefan Vögele. – Heidelberg: Physica-Verl., 2001
(Umwelt- und Ressourcenökonomie)

SPIN 10792285 88/2202-5 4 3 2 1 0

Vorwort

Die vorliegende Arbeit entstand während meiner Tätigkeit am Zentrum für Europäische Wirtschaftsforschung GmbH (ZEW) in Mannheim. Es handelt sich hierbei um eine überarbeitete Version meiner Doktorarbeit, die im Februar 2000 vom Fachbereich Wirtschaftswissenschaften der Universität Osnabrück als Dissertationsschrift angenommen wurde.

Mein besonderer Dank gilt meinen Doktorvater Prof. Dr. Bernd Meyer und Herrn Prof. Dr. Ralf Pauly, der freundlicherweise das Korreferat übernahm. Beide standen mir bei der Anfertigung der Arbeit stets mit wertvollen Anregungen und konstruktiver Kritik zur Seite.

Ebenfalls herzlich möchte ich mich bei Prof. Dr. Olav Hohmeyer und Herrn Dr. Christoph Böhringer bedanken. Sie standen mir in zahlreichen Diskussionsrunden hilfreich zur Seite und förderten die Erstellung der Dissertation am ZEW.

Zu erwähnen sind ferner Herr Dipl-Kfm. Tim Hoffmann und Frau Dipl.-Vw. Dagmar Nelissen, die mich sowohl fachlich als auch bei der Durchführung von Korrekturarbeiten unterstützten.

Ein ganz besonder Dank gilt Johanna Bollinger. Ohne Ihre Verständnisbereitschaft für meine Arbeit und ihre aktive Mithilfe bei sprachlichen Formulierungen, wäre die Dissertation in der vorliegenden Form nicht zustande gekommen.

Aachen im September 2000 Stefan Vögele

Inhaltsverzeichnis

1 Einleitung

Aufbauend auf der Erkenntnis, daß sowohl der Bestand an Naturgütern als auch die Kapazität der Natur Schadstoffe aufzunehmen beschränkt sind, jedoch durch die zunehmenden ökonomischen Aktivitäten der Verbrauch an Ressourcen und die Emissionen stetig ansteigen, wurde 1987 im Brundtlandbericht das Konzept des „Sustainable Development" entwickelt. „Sustainable Development" wird in diesem Bericht definiert als „... process of change in which exploitation of resources, the direction of investments, the orientation of technological development, and institutional change are all in harmony and enhance the potential of current and future generations to meet human needs and aspirations" (WORLD COMMISSION ON ENVIRONMENT AND DEVELOPMENT 1987:46).

Sowohl im Brundtlandbericht als auch auf der Konferenz von Rio de Janeiro und den Folgekonferenzen wird technischer Fortschritt als ein wichtiges Element zur nachhaltigen Sicherung der Lebensgrundlage heutiger und zukünftiger Generationen angesehen (vgl. z.B. WORLD COMMISSION ON ENVIRONMENT AND DEVELOPMENT 1987:60, BMU 1992:45).

Im Rahmen der Diskussionen bzgl. der Erreichung von Umweltzielen, die sich aus der Zielsetzung eines „Sustainable Development" ergeben, wurde eine Vielzahl von Modellen entwickelt, mit denen untersucht wird, wie umweltpolitische Zielvorgaben erreicht werden können bzw. welche Auswirkungen sie auf die ökonomische Entwicklung haben. Zu nennen sind hierbei beispielsweise die Modelle des DIW (1994), von CONRAD/SCHMIDT (1995) und MEYER ET AL. (1999), die u.a. für die Analyse der Auswirkungen ökonomischer Instrumente eingesetzt werden.

In der Regel wird in den Modellen nicht darauf eingegangen, wie technische Entwicklungen auf regionaler Ebene verlaufen, ob dort technische bzw. umweltpolitische Ziele erreicht werden können und welche Auswirkungen der Einsatz ökonomischer Instrumente auf die technische Entwicklung einzelner Regionen hat.

Anhand des Beispiels der Elektrizitätswirtschaft von Baden-Württemberg wird im folgenden gezeigt, wie sich regionale Strukturen und Restriktionen sowie die geringe Anzahl von Beobachtungsobjekten auf die technische Entwicklung eines Sektors auswirken und wie diese verläuft. Der Sektor Elektrizitätswirtschaft wurde als Beispiel gewählt, weil die Erreichung von Umweltzielen wie beispielsweise die Reduzierung der Kohlendioxidemissionen um 25% unter das Niveau von 1987 in besonderem Maße von der zukünftigen Entwicklung dieses Sektors abhängt. So werden ca. 30% der gesamten Kohlendioxid- und ca. 45% der Schwefeldioxidemissionen in der BRD in diesem Sektor freigesetzt.

Um die technische Entwicklung der Elektrizitätswirtschaft von Baden-Württemberg erfassen und analysieren zu können, wird das Modell DIOGENES (**D**ynamic

Input-**O**utput Model for **G**eneral **En**vironmental and **E**conomic **S**ystem Analysis) erstellt. Das Modell basiert auf einem von LEONTIEF, SYLD und DUCHIN entwickelten Modellansatz. Mit diesem lassen sich durch die Berücksichtigung von intertemporalen Investitionstätigkeiten dynamische Entwicklungen darstellen (vgl. LEONTIEF/DUCHIN 1986, EDLER 1990).

Das Modell wird so erweitert, daß neben intertemporalen Abhängigkeiten wie beispielsweise der lange Zeithorizont bei Investitionsentscheidungen und die intertemporale Struktur von Investitionsaktivitäten auch die Veränderungen des zur Verfügung stehenden Prozeßmixes über die Zeit berücksichtigt werden können. Besondere Aufmerksamkeit gilt der Erfassung der Abhängigkeit der technischen Entwicklung von der Altersstruktur der vorhandenen Kapitalstöcke.

Die Bestimmung des Prozeßmixes, der zu einem bestimmten Zeitpunkt in der Elektrizitätswirtschaft eingesetzt wird bzw. werden soll, erfolgt mittels eines sektoralen Optimierungsansatzes, in den technische (z.B. Substituierbarkeit einzelner Techniken wie z.B. Atomkraft durch Windkraft oder Photovoltaik), gesellschaftspolitische (z.B. Konsens bzgl. der Nutzung von Kernenergie) und rechtliche Restriktionen miteinfließen.

Bei der Entwicklung von DIOGENES steht die Erfassung der technischen Entwicklung auf Prozessebene und nicht gesamtwirtschaftliche Fragestellungen im Vordergrund. Technische Substitutionsvorgänge in der Elektrizitätswirtschaft werden entsprechend sehr detailliert abgebildet, während, - um die Komplexität des Modells in Grenzen zu halten, - gesamtwirtschaftlichen Struktureffekte nur eingeschränkt erfaßt werden. Vereinfachende Annahmen werden u.a. hinsichtlich des volkswirtschaftlichen Kreislaufs der Entstehung und Verwendung von Einkommen bzw. Gütern und Dienstleistungen unterstellt.

Das gesamtwirtschaftliche Input-Output Modell, in das das technische Partialmodell eingebettet ist, dient primär zur Abschätzung der aus der technischen Entwicklung der Elektrizitätswirtschaft resultierenden gesamtwirtschaftlichen Effekte. Aufgrund der getroffenen Annahmen eignet sich das Modell nicht für die Erstellung von Prognosen bzw. für komplexe gesamtwirtschaftliche Analysen. Da sich in dem Modell die Veränderung des eingesetzten Prozessmixes modellendogen ergibt, eignet es sich trotz der Vereinfachungen besonders für die Darstellung der technischen Entwicklung von Sektoren, bei denen sich das Prozessmix nicht kontinuierlich sondern schrittweise verändert. Dies ist aufgrund der Altersstruktur des Kapitalstocks der Elektrizitätswirtschaft und des nur geringen Erweiterungsbedarfs bei der Elektrizitätswirtschaft von Baden-Württemberg der Fall: In Baden-Württemberg wird derzeit ca. 58 % der Elektrizität mit Kernenergie, ca. 26 % mit Kohle und 9 % mit Wasserkraft erzeugt. Der Anteil von Erdgas an der gesamten Stromerzeugung liegt bei ca. 4,5 %. Von geringer Bedeutung für die Stromversorgung sind derzeitig Heizöl und Energieträger wie z.B. Müll, Dieselkraftstoff, Ölschiefer usw. Für die Zukunft besteht in der Elektrizitätswirtschaft nur ein geringer Erweiterungsbedarf. Dafür muß jedoch in den nächsten beiden Jahrzehnten fast der ganze Kraftwerkspark erneuert werden. Besonders hoher Ersatzbedarf besteht in den Jahren, in denen Kernkraftwerke ersetzt werden müssen. Zu anderen Zeitpunkten ist die Investitionsnachfrage und somit auch die Nachfrage nach neuen Kraftwerken vergleichsweise gering.

Die Schwankungen in der Investitionsnachfrage seitens der Elektrizitätswirtschaft sowie die schrittweise Veränderung des Vorleistungseinsatzes in diesem Sektor wirken sich nur gering auf die gesamtwirtschaftliche Entwicklung aus. Die Höhe und der zeitliche Verlauf der Kohlendioxidemissionen werden hingegen sehr stark durch die technische Entwicklung der Elektrizitätswirtschaft beeinflußt. Insbesondere beim Ersatz der Kernkraftwerke durch Kohle- bzw. Erdgaskraftwerke ist mit einem sprunghaften Ansteigen der Emissionen zu rechnen.

Am Beispiel eines in Anlehnung an die DIW Studie von 1994 erstellten Ökosteuerszenarios, wird gezeigt, daß Preissignale, die nicht auf die vorliegenden Gegebenheiten und Restriktionen abgestimmt sind, zu Effekten führen, die der eigentlichen Zielsetzung entgegenwirken. Die nur ungenügende Beachtung der beim Einsatz der einzelnen Energieträger entstehenden Umweltbelastungen, der unterschiedlichen Anteile der Brennstoffkosten an den Gesamtkosten bei den einzelnen Kraftwerkstypen sowie der Anforderungen an die verschiedenen Lastbereiche führt dazu, daß anstelle emissionsarmer Erdgaskraftwerke Kohlekraftwerke gebaut werden. Dies hat zur Folge, daß die Emissionen der Elektrizitätswirtschaft gegenüber dem Referenzszenario trotz Rückgang der Stromnachfrage nur gering sinken. Wie der Vergleich mit einem an die Vorgehensweise von MEYER ET AL. (1999) erstellten Szenario zeigt, kann mit einer Ökosteuer, bei der technische bzw. chemische Zusammenhänge (z.B. der Einfluß des Kohlenstoffgehalts auf die Kohlendioxidemissionen) berücksichtigt werden, eine erheblich höhere Reduktion der Kohlendioxidemissionen bei einer gleichzeitig geringeren gesamtwirtschaftlichen Belastung erzielt werden.

Das Beispiel der Elektrizitätswirtschaft von Baden-Württemberg zeigt, daß die Nichtbeachtung des schrittweisen Verlaufs technischer Veränderungen zu einer Fehleinschätzung der Geschwindigkeit mit der umweltpolitische Ziele erreicht werden können bzw. der kurzfristig vorhanden technischen Substitutionsmöglichkeiten führen kann. Um unnötige Belastungen der Wirtschaft zu vermeiden, sind der Aufbau der sektoralen Kapitalstöcke und das Vorliegen von Restriktionen insbesondere dann zu beachten, wenn technische Entwicklungen beispielsweise durch den Einsatz ökonomischer Instrumente beeinflußt werden sollen.

Bevor im dritten Kapitel das Modell DIOGENES vorgestellt wird, wird zunächst kurz beschrieben, wie technischer Fortschritt derzeit in ökonomischen Modellen abgebildet wird. Die Anwendung des Modells DIOGENES auf die Elektrizitätswirtschaft von Baden-Württemberg erfolgt im vierten Kapitel.

2 Technischer Fortschritt in ökonomischen Modellen

Die Erforschung des technischen Fortschritts und seiner Auswirkungen hat eine lange Tradition. So beschäftigten sich schon Adam Smith, Karl Marx und Alfred Marshall mit dem technischen Fortschritt und den dadurch ausgelösten Effekten. Zu nennen ist in diesem Zusammenhang auch Schumpeter. Für ihn war der technische Fortschritt der *„... fundamentalen Antrieb, der die kapitalistische Maschine in Bewegung setzt und hält"* (SCHUMPETER 1950:136) dar. Neue Bedeutung erlangt die Erforschung des technischen Fortschritts im Rahmen der zunehmenden Umweltprobleme. So befassen sich immer mehr Autoren mit der Frage wie technischer Fortschritt so gelenkt werden kann, daß umweltpolitische Ziele erreicht werden können.[1]

Im folgenden wird ein kurzer Überblick über die Erfassung des „fundamentalen Antriebs" und der durch diesen induzierten Effekte in ökonomischen Modellen gegeben. Zunächst werden die einzelnen Phasen von Innovationsprozessen erläutert. Anschließend werden Ansätze beschrieben, mit denen technischer Fortschritt bzw. seine Auswirkungen auf eine Volkswirtschaft derzeit in ökonomischen Modellen abgebildet wird.

2.1 Innovation und technischer Fortschritt

Der Begriff technischer Fortschritt wird in der ökonomischen Literatur definiert als die Herstellung neuer oder verbesserter Produkte bzw. die Einführung neuer Produktionsverfahren, mittels derer ein unverändertes Produkt in größerer Menge zu gleichbleibenden Kosten bzw. in gleichbleibender Menge zu geringeren Kosten hergestellt werden kann (vgl. HARABI 1997:4, OTT 1959:302).

Technischer Fortschritt entsteht entsprechend durch Produkt- und Prozeßinnovationen. Sowohl Produkt- als auch Prozeßinnovationen verlaufen in drei Phasen: In der ersten Phase, die als Inventionsphase bezeichnet wird, wird die Neuerung zum ersten Mal in der Öffentlichkeit vorgestellt. In der zweiten Phase wird die Neuerung erstmals zu kommerziellen Zwecken eingesetzt. In der letzten Phase, der sogenannten Diffusions- bzw. Imitationsphase, übernehmen andere Wirtschaftssubjekte die Neuerung (vgl. BOLLMANN 1990:7). Jede dieser Phasen stellt hierbei einen Teil des technischen Fortschritts dar bzw. trägt zu diesem bei. Technischer Fortschritt im engeren Sinne entsteht in der ersten Phase. Die konkrete Umsetzung

[1] Beispiele für die zahlreichen Modelle, die sich mit energiewirtschaftlichen Fragestellungen befassen, sind bei MOLT/ FAHL (1997) zu finden.

und somit der aus ökonomischen Gesichtspunkten eigentliche technische Fortschritt findet in der zweiten Phase statt. Betrachtet man anstelle von einzelnen Produkten und Produktionsverfahren, Güter- bzw. Prozeßbündel, so beschreibt auch die dritte Phase technischen Fortschritt, da sich durch Diffusion und Imitation das entsprechende Güterbündel ändert bzw. sich durch die Veränderung des Prozeßbündels die Produktionskosten eines bestimmten Güterbündels verändern.

Am Beispiel der Prozeßinnovationen werden im folgenden die einzelnen Phasen des Innovationsprozesses unter Berücksichtigung der phasenspezifischen Besonderheiten erläutert.

2.1.1 Entstehung von Neuerungen (Inventionen)

Die Entwicklung neuen Wissens wird als Invention bezeichnet (Bollmann 1990:7). Grundsätzlich wird zwischen „demand-pull" und „science-driven" Inventionen unterschieden (siehe z.B. Hall 1994, Perez 1985, Dosi 1988). Zu den „demand-pull" Inventionen gehören diejenigen Inventionen, die ausschließlich durch die Entwicklung des Marktes determiniert sind. Hierunter fallen z.B. Erfindungen, die erfolgen, weil seitens des Marktes ein Bedarf bzw. eine Notwendigkeit für Neuerungen besteht. So wurden beispielsweise Anfang dieses Jahrhunderts Verfahren zum Cracken von Erdöl entwickelt, da durch die stetig steigende Nachfrage nach Treibstoff die vorhandenen Verfahren zur Treibstofferzeugung nicht ausreichten, um den zunehmenden Bedarf zu decken (vgl. Freeman 1974:53 ff.). Andere „demand-pull" Inventionen wie z.B. Entwicklungen im Bereich der Mikroelektronik erfolgten aus Kostensenkungsgründen, aufgrund von Änderungen der relativen Preise oder aus der Absicht heraus, die Produktqualität zu erhöhen (Dosi 1988:1140 ff.). Die Suche nach Neuerungen findet hier zielgerichteter statt als im Bereich der „science-driven" Inventionen.

Unter „science-driven" Inventionen versteht man die Entwicklung von Techniken, ohne daß eine Notwendigkeit für Neuerungen besteht (Langrish et al. 1972). Als Beispiele für „science-driven" Inventionen führt Freeman (1974:165) die Entwicklung des Lasers an. Die Entwicklung dieser Technik erfolgte nicht, weil ein bestimmter Nachfragedruck bestand, sondern aufgrund der Weiterentwicklung im Bereich der wissenschaftlichen Grundlagenforschung.

Entwicklungen innerhalb eines vorhandenen Paradigmas[2], finden dabei aufgrund des vorhandenen Know-hows eher statt als Entwicklungen, die über eine reine Verbesserung vorhandener Techniken hinausgehen (Erdmann 1993:120). Durch die „normale" Weiterentwicklung von Techniken, d.h. durch Weiterentwicklungen innerhalb der vorhandenen Paradigmen, entstehen technologische Entwicklungspfade („technological trajectories") (Dosi 1988:1128). „Außerordentliche" Inventionen, d.h. Inventionen, die außerhalb der vorhandenen Paradigmen erfolgen, sind normalerweise Ausgangspunkt für die Entstehung neuer „technological trajectories".

---

[2] Unter einem „Paradigma" im ökonomischen Sinn versteht man die Menge an Entwicklungen und Entwicklungsmöglichkeiten, die zur Lösung einer techno-ökonomischen Problemstellung dienen (Dosi 1988:1127).

Die Unterscheidung zwischen den verschiedenen Formen von Inventionen ist für die Erstellung von Zukunftsszenarien von Bedeutung. So zeichnen sich die einzelnen Formen von Inventionen durch unterschiedliche ex-ante Prognostizierbarkeit aus: Außerordentliche Inventionen können aufgrund des unregelmäßigen Auftretens und der bzgl. der technischen und ökonomischen Eigenschaften der Neuerung bestehenden Unwissenheiten grundsätzlich nicht oder nur sehr eingeschränkt ex-ante erfaßt werden (siehe z.B. HALL 1994:158). „Normale" Inventionen erfolgen hingegen zumeist regelmäßig und sind i.d.R. durch die Beobachtung vergangener Entwicklungen in Kombination mit Expertenbefragungen, zumindest für einen kurzen Zeitraum, abschätzbar.

Sowohl bei den „normalen" als auch bei den „außerordentlichen" Inventionen kann es sich um „science-driven" oder „demand-pull" Inventionen handeln. Große Unsicherheit und Unwissenheit besteht bzgl. der Entstehung von „science-driven" Inventionen, da erstens nicht vorhersehbar ist, wie sich das Wissen in Zukunft ändert und zweitens, ob bzw. wie Änderungen des Wissens in neue Techniken umgesetzt werden. Hinsichtlich der „demand- pull" Inventionen liegt weniger Unwissenheit vor, weil deren Entstehung durch die Entwicklung des Marktes determiniert wird. Da die Entwicklung eines Marktes ex-ante nur eingeschränkt prognostiziert werden kann, besteht jedoch auch hinsichtlich der „demand-pull" Inventionen Unsicherheit bzw. Unwissenheit.

Zusammenfassend läßt sich festhalten, daß der zukünftige Bestand an Techniken aufgrund der unterschiedlichen Prognostizierbarkeit der einzelnen Inventionsformen ex-ante nur äußerst eingeschränkt erfaßt werden kann.

2.1.2 Einsatz von Neuerungen (Innovation)

Wie empirische Studien zeigen, hängt die Entscheidung ob - und wenn ja, wann - eine Invention zum ersten Mal eingesetzt wird und somit zu einer Innovation wird, von einer Vielzahl von Faktoren ab: Nach MANSFIELD (1968:4) wird die Umsetzung einer Invention wesentlich von der erwarteten Vorteilhaftigkeit (Profitabilität) des neuen Prozesses determiniert. Die Profitabilität ist hierbei ein Maß für die ökonomischen Vorteile, die die Einführung einen neuen Prozesses mit sich bringt. Die Profitabilität eines Prozesses ergibt sich aus finanziellen Größen wie z.B. Kostenersparnis und Größen wie Amortisationszeit und Marktstellung (siehe FRITSCH 1991:4 ff).[3] Da sich die Unternehmen i.d.R. als Profitmaximierer verhalten, steigt mit zunehmender Profitabilität der Neuerung die Wahrscheinlichkeit ihrer Einführung. Außerdem verringert sich die zeitliche Verzögerung zwischen der Entwicklung und der Einführung der Neuerung mit zunehmender erwarteter Vorteilhaftigkeit (MANSFIELD 1968:165).

Neben der Profitabilität wird das Innovationsverhalten durch den Umfang der für den neuen Prozeß notwendigen Investitionen beeinflußt. Hierbei gilt: Je geringer die notwendigen Investitionen sind, desto eher und desto früher ist ein Unternehmen bereit, einen neu entwickelten Prozeß einzusetzen bzw. desto früher kann ein neuer Prozeß eingesetzt werden (MANSFIELD 1968:204).

---

[3] FRITSCH (1991:5) weist darauf hin, daß Kostensenkungspotentiale teilweise nicht signifikant für das Innovationsverhalten sind.

In der Literatur wird des weiteren das mit dem neuen Prozeß verbundene Risiko als Einflußfaktor auf die Umsetzung der Invention angeführt (siehe z.B. FREEMAN 1974, SIEBERT 1986). Ein Teil der Unsicherheit bzw. des Risikos liegt in den mangelnden Erfahrungen und Kenntnissen bzgl. des Dauerbetriebs des neuen Prozesses begründet. So können beim dauerhaften Einsatz des neuen Prozesses Schwierigkeiten auftreten, die im Labor- bzw. Testbetrieb nicht auftraten (siehe z.B. PARKER 1978:56 ff.). Da Unternehmen i.d.R. bei größeren Investitionsentscheidungen risikoavers sind, wirkt sich ein erhöhtes Risiko negativ auf das Innovationsverhalten aus. Dies führt u.a. dazu, daß Prozesse, die lediglich eine Weiterentwicklung bereits vorhandener Prozesse darstellen und damit i.A. mit wesentlich weniger Investitionen und Unsicherheiten verbunden sind als Neuentwicklungen, eher eingeführt werden als außerordentliche Neuerungen.

Generell wird davon ausgegangen, daß ein neuer Prozeß schneller eingeführt wird, wenn ein starker Wettbewerb vorliegt (siehe z.B. ARROW 1962, LEIBENSTEIN 1969). Begründet wird dies damit, daß in einem Markt mit starkem Wettbewerb die einzelnen Unternehmen durch die Einführung eines neuen Prozesses ihre Marktsituation verbessern können.[4] Andererseits wird durch den normalerweise in Polypolen vorliegenden Preiskampf die Kapitalkraft der Unternehmen und somit auch die Möglichkeit bzw. Bereitschaft für die Suche nach Neuerungen gemindert. Im Monopolen hingegen fehlt der Preiskampf. Normalerweise führt dies dazu, daß in einem Monopol ein höhere Preise verlangt wird, als im einem Polypol (vgl. IHK-KARLSRUHE 1995:59). Da sich durch die Monopolmacht zusätzliche Gewinne realisieren lassen, liegen in einem Monopol bzgl. der Kapitalausstattung i.d.R. bessere Voraussetzungen für die Suche nach Neuerungen vor als in einem Polypol. Ein weiterer Grund für eine teilweise hohe Innovationstätigkeit in Monopolen resultiert aus dem Fehlen von Konkurrenten: Mit Innovationen verbundenen technischen und wirtschaftlichen Risiken können dadurch leichter getragen bzw. auf die Verbraucher abgewälzt werden als in einem Polypol (siehe z.B. ROTTMANN 1995:21).

Wie empirische Studien zeigen, neigen große Unternehmen eher dazu, Neuerungen einzuführen als kleine (siehe FRISCH 1993:286 ff., KAMIEN/SCHWARTZ 1974:24). Ein Grund hierfür liegt in der höheren Kapitalkraft von größeren Unternehmen. Außerdem können größere Unternehmen das mit Innovationen verbundene Risiko besser streuen (PARKER 1978:68).

ROGER (1995) und FRITSCH (1991) führen als weitere Einflußgröße noch die Kompatibilität an: Ihren Untersuchungen nach werden Entwicklungen, die sich in vorhandene organisatorische sowie institutionelle Strukturen einfügen, eher eingeführt als radikale Neuentwicklungen. Beeinflußt wird das Innovationsverhalten der Unternehmen auch durch die vorliegenden bzw. erwarteten rechtlichen Rahmenbedingungen. So führten gesetzliche Vorschriften im Umweltschutzbereich dazu, daß die Entwicklung und der Einsatz von umweltschonenden Neuerungen gefördert wurde (siehe z.B. HEMMELSKAMP 1996:22 ff.).

---

[4] Zu beachten ist, daß neue Techniken i.d.R. nur dann zu einem Vorteil führen, wenn der Innovator die anderen Wettbewerber von der Nutzung der Neuerung ausschließen kann. Entsprechend kommt dem Patentschutz eine wichtige Rolle zu (PARKER 1978:74).

Als weitere Einflußfaktoren nennt ROGER (1995) außerdem die Komplexität, die Erprobungsfähigkeit („trialability") und die Wahrnehmbarkeit („observability") der „results" der neuen Techniken. Inventionen, die eine geringe Komplexität, eine hohe Erprobungsfähigkeit aufweisen bzw. deren „results" ex-ante erfaßt werden können, werden seiner Meinung nach eher eingeführt als andere Neuerungen.

Da die einzelnen Sektoren aufgrund ihrer wirtschaftlichen Verflechtung und des Informationsflusses miteinander in Verbindung stehen, kann sich das Innovationsverhalten eines Sektors auch auf andere Sektoren auswirken (siehe DOSI 1993:84). So werden i.d.R. die wirtschaftlichen Aktivitäten der Sektoren einerseits durch die ausgelösten Veränderungen in der Nachfrage nach Investitions- und Vorleistungsgütern und andererseits durch Inventionen bzw. Innovationen in anderen Sektoren beeinflußt. Ein Beispiel hierfür stellt die Elektrizitätswirtschaft dar: Die Entwicklung von Dampfkraftwerken Ende des 19. Jahrhunderts führte dazu, daß in großem Umfang Elektrizität zur Verfügung stand, wodurch erstmals in der chemischen Industrie großtechnische Verfahren zur Elektrolyse eingesetzt werden konnten. Außerdem konnten Dampfmaschinen durch Elektromotoren ersetzt und somit Prozesse (z.B. in den Bereichen Maschinenbau, Verkehr) weiterentwickelt bzw. verbessert werden (siehe z.B. MILLER 1941). Gleichzeitig entstand durch die zunehmende Nutzung von Elektrizität (z.B. durch die Einführung von elektrischen Straßenbahnen) ein Anreiz, die Kraftwerke weiterzuentwickeln, um mehr und billiger Elektrizität bereitstellen zu können (siehe MILLER 1936:116 ff.).

Die zeitliche Verzögerung zwischen Invention und Innovation, d.h. die Verzögerung zwischen der Entwicklung einer Neuerung und deren kommerziellen Einsatz, hängt somit von den technischen Eigenschaften der Neuerung, von der Ausstattung, Größe und Risikobereitschaft der Unternehmen und von den vorliegenden allgemeinen Rahmenbedingungen ab.[5] Grundsätzlich können sich sowohl die technischen und wirtschaftlichen Eigenschaften der Neuerung als auch die allgemeinen Rahmenbedingungen im Zeitablauf ändern. So kann es beispielsweise durch „Spill-overs" aus der Entwicklung anderer Neuerungen und durch die Veränderung der Rahmenbedingungen dazu kommen, daß Prozesse, die anfangs keine Vorteile gegenüber den vorhanden Prozessen aufweisen, später doch noch eingeführt werden. Ein Beispiel hierfür stellt die Entwicklung der Solarzellen dar: Der erste Prototyp einer Solarzelle wurde bereits 1883 gebaut. Bedeutung erlangten die Solarzellen aber erst durch die gezielte Förderung ihrer technischen Weiterentwicklung im Rahmen der Raumfahrttechnik.

2.1.3 Verbreitung von Neuerungen (Diffusion)

Aufgrund der Heterogenität der Unternehmen, die sich u.a. aus deren unterschiedlicher Kapitalausstattung und Verhaltensweisen ergibt (vgl. ERDMANN 1993:97 ff.), wird ein von einem Unternehmen erfolgreich neu eingeführter Prozeß normalerweise nicht sofort von den anderen Unternehmen übernommen und eingesetzt: Zuerst sind i.d.R. nur wenige Unternehmen bereit, einen neuen Prozeß einzusetzen. Da mit Zeit durch die einsetzenden Lerneffekte und durch auftretende

[5] Beispiele für die zeitliche Verzögerung zwischen Invention und Innovation sind bei MARCHETTI (1980:555 f.) zu finden.

Skaleneffekte normalerweise das mit dem neuen Prozeß verbundene technische bzw. wirtschaftliche Risiko sinkt sowie die Vorteilhaftigkeit des neuen Prozesses steigt, sind im Laufe der Zeit immer mehr Unternehmen bereit sind, den Prozeß einzusetzen. Wie empirische Studien (z.B. MANSFIELD 1968, STONEMAN 1983, DAVIES 1979, RYAN/GROSS 1943) zeigen, verlangsamt sich ab einem bestimmten Zeitpunkt die Verbreitung von Neuerungen. Solange kein neuer Prozeß eingeführt wird bzw. sich die Rahmenbedingungen nicht ändern, nähert sich die Diffusionskurve langfristig an einen maximalen Verbreitungsgrad an, der bei gleichbleibenden Umweltfaktoren konstant bleibt (LAKHANI 1976:199 f.). Die Verbreitung eines Prozesses gleicht hierdurch einer S-Kurve (ROGER 1995:23).

Die einzelnen Stufen des Diffusionsprozesses verlaufen je nach Prozeß unterschiedlich lange (siehe z.B. LINSTONE/SAHAL 1976:4). Entsprechend variiert auch die Gesamtdauer von Prozeß zu Prozeß. Die Dauer der einzelnen Phasen hängt u.a. von den unter Abschnitt 2.1.2 genannten Größen Vorteilhaftigkeit (Profitabilität), Investitionsbedarf, Marktstruktur und Risiko ab (vgl. z.B. MANSFIELD 1968).

Wesentlich beeinflußt wird die Verbreitung eines Prozesses darüber hinaus durch den Informationsfluß zwischen Unternehmen (ROGER 1995:17 f., ERDMANN 1993:112). Je besser dieser ist, desto schneller können Informationen über den neuen Prozeß an andere Unternehmen weitergegeben werden und desto schneller verläuft normalerweise die Verbreitung des neuen Prozesses.

Beeinflußt wird der Diffusionsverlauf auch durch das Hinzukommen eines neuen Prozesses. Die Einführung eines neuen Prozesses kann dazu führen, daß ältere Prozesse ihren maximalen Verbreitungsgrad nicht erreichen (siehe BUNDGAARD-NIELSEN/FIEHN 1976:198 f.). In Abbildung 1 ist ein Beispiel hierfür abgebildet. Zu Beginn liegen zwei Prozesse vor: Bei Prozeß 1 handelt es sich um einen veralteten Prozeß, der schon zu einem geringen Teil durch den Prozeß 2 abgelöst wurde. Ab dem Zeitpunkt t_1 kommt der Prozeß 3 hinzu. Prozeß 3 ist den anderen zwei Prozessen hinsichtlich der Profitabilität usw. überlegen. Entsprechend verdrängt Prozeß 3 mit der Zeit die Prozesse 1 und 2. Neben Prozeß 2 verdrängt auch Prozeß 3 den alten Prozeß 1, wobei Prozeß 3 auch zu einer Verringerung des Anteils von Prozeß 2 führt.

Komm erneut ein Prozeß hinzu, so wird die Ablösung von Prozeß 1 beschleunigt. Außerdem führt die Diffusion des neuen Prozesses dazu, daß der maximale Anteil von Prozeß 2 stärker sinkt als im Fall zuvor. Die Diffusion von Prozeß 3 bzw. Prozeß 4 führt des weiteren dazu, daß der Diffusionsverlauf von Prozeß 2 einer Produktlebenszykluskurve gleicht (vgl. PARKER 1978:124f, FREEMAN/SOETE 1997:357 ff.)

Zu beachten ist, daß S-Kurven, wie sie im allgemeinen zur Beschreibung der Diffusion von Prozessen verwendet werden (siehe z.B. DAVIES 1979, LINSTONE/SAHAL 1976), lediglich ein Hilfskonstrukt zur Darstellung der Verbreitung von Prozessen sind: Sie lassen sich aus historischen Daten zwar leicht ableiten, werden aber grundsätzlich durch eine Vielzahl von Faktoren beeinflußt. Die Beschränkung auf wenige, als Haupteinflußfaktoren identifizierte Größen erleichtert die Analyse vergangener Entwicklungen sowie die Erstellung von Zukunftsszenarien. Hierbei muß berücksichtigt werden, daß bei der Verwendung von, auf

Basis historischer Daten geschätzter, S-Kurven unterstellt wird, daß die Verbreitung neuer Prozesse ebenso verläuft wie die Entwicklung bei den alten.

Abbildung 1: Entwicklung des Marktanteils von Prozeß 2 in verschiedenen Situationen

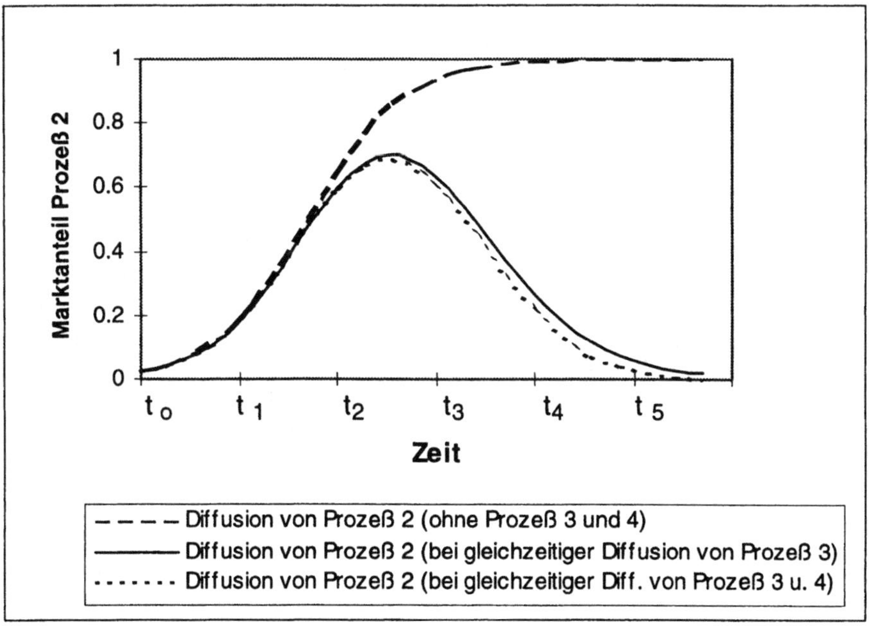

2.1.4 Fallbeispiel: Die Entwicklung der Elektrizitätswirtschaft in der Bundesrepublik Deutschland

Schon 585 v. Chr. entdeckte Thales die Elektrizität als Energieform (siehe SCHRAMEK 1955:16). Seitdem haben sich viele Naturwissenschaftler (z.B. Otto v. Guericke (1602-1686), Isaac Newton (1643-1727) und Luigi Galvani (1737-1798)) mit der Elektrizität beschäftigt. Die erste praktische Nutzung der Elektrizität erfolgte durch Sir Humphry Davy. Er zeigte im Jahre 1802, daß sich mittels elektrischer Energie Licht erzeugen läßt. Die elektrische Beleuchtung hatte gegenüber der damals üblichen Gasbeleuchtung den entscheidenden Vorteil, daß die Brandgefahr geringer war und daß es beim Einsatz in geschlossenen Räumen zu keiner wesentlichen Temperaturerhöhung kam. Aufgrund des hohen Aufwandes für die Gewinnung von Elektrizität kam die elektrische Beleuchtung jedoch zunächst nicht zum Einsatz. Auch weitere Erkenntnisse wie z.B. die Entdeckung der Eignung von Elektrizität zur Erzeugung mechanischer Energie durch William Sturgeon und für den Einsatz in chemischen Prozessen (z.B. Elektrolyse und Schmelzanalyse) durch Humphry Davy, blieben vorerst bedeutungslos (siehe BOHN/MARSCHALL 1992:39).

Erst als Werner Siemens 1866 den von H. Pixii 1832 entwickelten Generator verbesserte, ließen sich aus mechanischer Arbeit auf wirtschaftliche Weise große Mengen an Elektrizität erzeugen (BOHN/MARSCHALL 1992:41). Die mechanische Arbeit leistete dabei eine an einen Generator gekoppelte Dampfmaschine. Auch die Verbesserung der Lichttechnik durch Thomas Alva Edison (1879) trug dazu bei, daß Elektrizität in zunehmendem Maße zur Erzeugung von Licht eingesetzt wurde. So wurden seit Mitte der 70er Jahre des 19. Jahrhunderts größere Gebäude, z.B. das Fabrikgebäude der Friedrich Krupp Werke und den Reichstag in Berlin, mit Hilfe von elektrischem Licht beleuchtet (siehe GROSS 1936:126). Aufgrund der genannten Vorteile stieg die Nachfrage nach elektrischem Licht trotz der anfangs immer noch gegenüber der Gasbeleuchtung höheren Preise ständig (BOHN/MARSCHALL 1992:43). Um die Wirtschaftlichkeit zu erhöhen, begann man 1885 mit dem Bau des ersten deutschen Kraftwerks. Im Gegensatz zu den bis dahin verwendeten Kraftanlagen versorgte dieses Kraftwerk ein größeres Gebiet mit Elektrizität. Durch die höhere Auslastung und die Verwendung größerer Dampfanlagen bzw. Generatoren ließen sich die Kosten deutlich senken. Die niedrigen Kosten wiederum führten dazu, daß der Strompreis allmählich sank, was die Nachfrage nach Elektrizität steigen ließ. Im Laufe der Zeit wurden die vorhandenen Techniken weiterentwickelt. Gleichzeitig entstanden auf der Basis neuer Erfindungen neue Techniken für die Erzeugung von Elektrizität (siehe Tabelle 1).

Tabelle 1: Entdeckung, Erprobung und Einsatz von Techniken in der deutschen Elektrizitätswirtschaft (siehe GROSS 1936, BOHN/MARSCHALL 1992)

	Entdeckung[1]	erste Erprobung[2]	Einsatz[3]
Dampfmaschine gekoppelt an Generator	1844	1844	1855
Dampfturbine gekoppelt an Generator	1883	1892	1900
Wasserkraftwerke	1882	1882	1892
Gasturbine	1791	1914	1955
Atomkraftwerk	1938	1961	1961
Photovoltaik	1839	1883	1983

[1] Jahr, in dem die Technik erstmals der Öffentlichkeit präsentiert wurde,
[2] Jahr, in dem die Technik erstmals in der Öffentlichkeit erprobt wurde,
[3] Jahr, ab dem die Technik für die öffentliche Stromversorgung eingesetzt wurde.

Anhand von Tabelle 1 wird die zeitliche Verzögerung zwischen den Entwicklungen und dem kommerziellen Einsatz verschiedener Techniken in der Elektrizitätswirtschaft deutlich. So entwickelte John Barber bereits 1791 die erste Gasturbine. Aufgrund ihrer Unwirtschaftlichkeit wurde sie damals jedoch nicht eingesetzt. Erst nachdem die Technik weiterentwickelt wurde (z.B. durch Holzwarth 1914), kamen Gasturbinen in Kraftwerken zum Einsatz. Ebenso blieb die Entdeckung des photovoltaischen Effekts durch Bequerel 1839 zunächst ohne praktische Bedeutung. Zwar wurden, wie bereits erwähnt, schon 1883 die ersten Solarzellen gebaut, aber erst 100 Jahre später war die Technik so ausgereift, daß Solarzellen in größerem Umfang zur Erzeugung von Strom im Netzverbund tatsächlich verwendet wurden. Auch bei den anderen Techniken bestand eine zeitliche Verzögerung zwischen ihrer Entwicklung und dem ersten kommerziellen Einsatz: So dauerte es 17 Jahre bis die Dampfturbinen einsatzbereit waren, 10 Jahre bei den Wasserkraftwerken und 23 Jahre bei den Kernkraftwerken.

Schon sieben Jahre nach dem Bau des ersten Kraftwerks wurde mit der Inbetriebnahme eines Wasserkraftwerks eine neue Technik in der öffentlichen Stromversorgung eingeführt (siehe Tabelle 1). Anstelle der von Dampfmaschinen geleisteten mechanischen Arbeit nutzte man die mittels Wasserturbinen gewonnene Energie, um einen Generator anzutreiben. 1882 entwickelte und erprobte Oskar v. Miller erstmals die Nutzbarkeit von Wasserkraftwerken zur Elektrizitätsgewinnung. Aufgrund der hohen Verluste bei der Übertragung von Elektrizität war die neue ortsgebundene Technik anfangs der alten (Dampfmaschine gekoppelt mit Generator) unterlegen. Erst als Drehstromgeneratoren und Transformatoren eingesetzt wurden, wurde es möglich, wirtschaftlich Elektrizität über weite Strecken zu übertragen. Diese Weiterentwicklung der Technik führte dazu, daß die Wasserkraftwerke, die mit ihrem Standort an die Energiequellen gebunden sind, mit den herkömmlichen Kraftwerken, die verbrauchsnah gebaut werden können, konkurrieren konnten. Mit dem Ausbau des Stromnetzes und der Verringerung der Übertragungsverluste stieg die Anzahl der Wasserkraftwerke entsprechend stark an. So betrug der Anteil der mit Wasserkraftwerken erzeugten Elektrizität 1895 schon 11,6% an der insgesamt installierten Leistung (siehe BOHN/MARSCHALL 1992:55). Anfang des 20. Jahrhunderts wurden anstelle von Dampfmaschinen Dampfturbinen zur Elektrizitätserzeugung eingesetzt. Aufgrund der zahlreichen Vorteile, die Dampfturbinen gegenüber Dampfmaschinen aufwiesen (z.B. höherer Wirkungsgrad, geringere Investitionskosten, geringerer Raumbedarf), wurden Dampfmaschinen schnell von Dampfturbinen verdrängt. So wurden schon 1910 in Kraftwerken mit einer Leistung von über 2 MW ausschließlich Dampfturbinen eingesetzt (BOHN/MARSCHALL 1992:57).

Nach dem Zweiten Weltkrieg wurden Kraftwerke in Betrieb genommen, die mit Gas- anstelle von Dampfturbinen ausgerüstet waren. Der Einsatz von Gasturbinen hatte den Vorteil, daß der Wirkungsgrad der Anlage und dadurch auch die Wirtschaftlichkeit gesteigert werden konnte. Den höchsten Wirkungsgrad (bis zu 52%) erzielte man mit sogenannten GuD - Kombikraftwerken, bei denen sowohl Gas- als auch Dampfturbinen verwendet wurden. Aufgrund der Vorteilhaftigkeit der mit Gasturbinen ausgestatteten Kraftwerke stieg deren Anteil an den mit fossilen Energieträgern betriebenen Kraftwerken im Laufe der Jahre. Erst die Mitte der 70er Jahre einsetzenden Preissteigerungen für Erdöl und Erdgas schwächten die Wirtschaftlichkeit dieser Technik und führten dazu, daß der Zubau von Gasturbinen allmählich abnahm (siehe FREWER 1986:303).

Anfang der 60er Jahre kam mit den ersten Kernkraftwerken eine neue Technik hinzu. Die Vorteile der Kernenergie (vermeintlich niedrige Stromgestehungskosten, Unabhängigkeit von Importkohle, Erhaltung und Stärkung der internationalen Wettbewerbsfähigkeit der deutschen Energieunternehmen bzw. Möglichkeit zur verstärkten Monopolisierung der Stromversorgung durch die erforderliche

Mindestgröße von ca. 1 000 MW (Deubner 1977:34 f.)) führten dazu, daß ihr Anteil an der insgesamt erzeugten Elektrizität ständig wuchs. Mit zunehmendem Bewußtsein der Gefahren eines Kernkraftwerkunfalls wurden die Sicherheitsauflagen verschärft. Dies führte dazu, daß die Stromgestehungskosten allmählich stiegen, so daß der Kostenunterschied zu anderen Kraftwerkstypen nur noch gering ausfiel bzw. sich im Vergleich zu Grundlastkraftwerken auf Braunkohlebasis ein Kostennachteil ergab. Der Anteil der Kernkraftwerke an der Elektrizitätserzeugung in den alten Bundesländern pendelte sich (u.a. wegen der Akzeptanzprobleme in der Bevölkerung) bei etwa 39% ein.

Im Zuge des gestiegenen Umweltbewußtseins und staatlicher Förderprogramme kamen in den letzten Jahren verstärkt Windkraftwerke und Solarzellen zum Einsatz. Ihr Anteil liegt derzeit jedoch noch immer unter 1% an der deutschen Stromversorgung.

Die Entwicklung der Anteile der einzelnen Techniken an der Elektrizitätserzeugung von 1949 bis 1990 ist aus den Abbildungen 2 und 3 ersichtlich.

Abbildung 2: Entwicklung der Elektrizitätserzeugung in der Bundesrepublik Deutschland von 1949 bis 1990, differenziert nach dem Einsatz primärer Energieträger

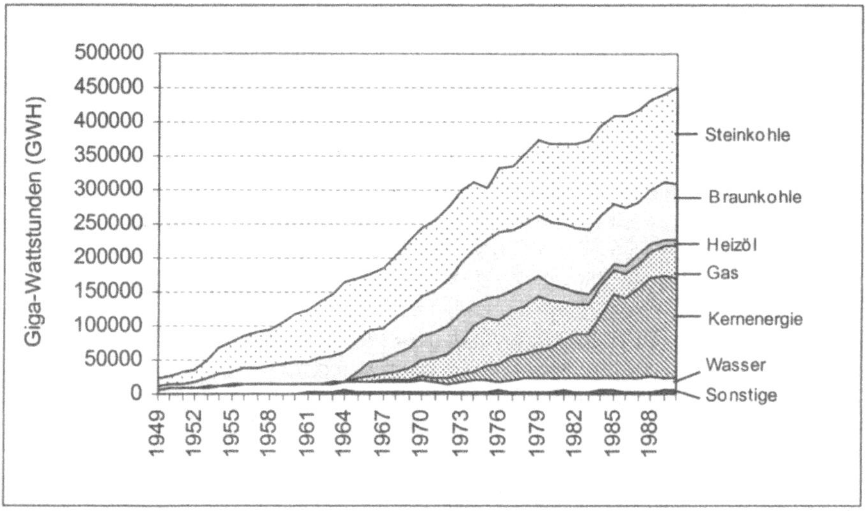

Datenquelle: Statistisches Bundesamt, Statistische Jahrbücher, 1953 - 1992
Anmerkung: bis 1964 werden Erdöl und Gas in den Statistiken des Statistischen Bundesamtes nicht separat ausgewiesen, sondern unter „Sonstige" erfaßt.

Die Menge der erzeugten Elektrizität stieg von 1949 bis 1990 stetig an (siehe Abbildung 2). Dies ist einerseits auf die zunehmenden wirtschaftlichen Aktivitäten der Unternehmen und andererseits auf die steigende Elektrizitätsnachfrage seitens der sonstigen Wirtschaftssubjekte (z.B. der privaten Haushalte) zurückzuführen.

Wie man anhand von Abbildung 3 erkennt, wurde im Jahre 1949 Strom ausschließlich mit Stein- und Braunkohle bzw. Wasserkraft erzeugt.

Der Anteil der durch den Einsatz von Steinkohle erzeugten Elektrizität an der insgesamt erzeugten Strommenge betrug hierbei 51%. Der Prozentsatz der Braunkohle lag bei 25% und der von Wasserkraft bei 24%. Während die mit Wasserkraftwerken produzierte Menge an Elektrizität konstant blieb, stieg die Elektrizitätserzeugung insgesamt an. Entsprechend ging der prozentuale Anteil der Wasserkraft zurück. Anfang der 60er Jahre begann man, Erdöl und Gas einzusetzen. Aufgrund des hohen Wirkungsgrades der mit Erdöl bzw. Gas betriebenen Kraftwerke, der relativ geringen Investitionskosten und der niedrigen Importpreise, stieg der Anteil von Erdöl auf 13% (1970) und der Anteil von Gas auf 23% (1975).

Abbildung 3: Entwicklung der Anteile der einzelnen primären Energieträger an der Elektrizitätserzeugung von 1949 bis 1990, differenziert nach dem Einsatz primärer Energieträger

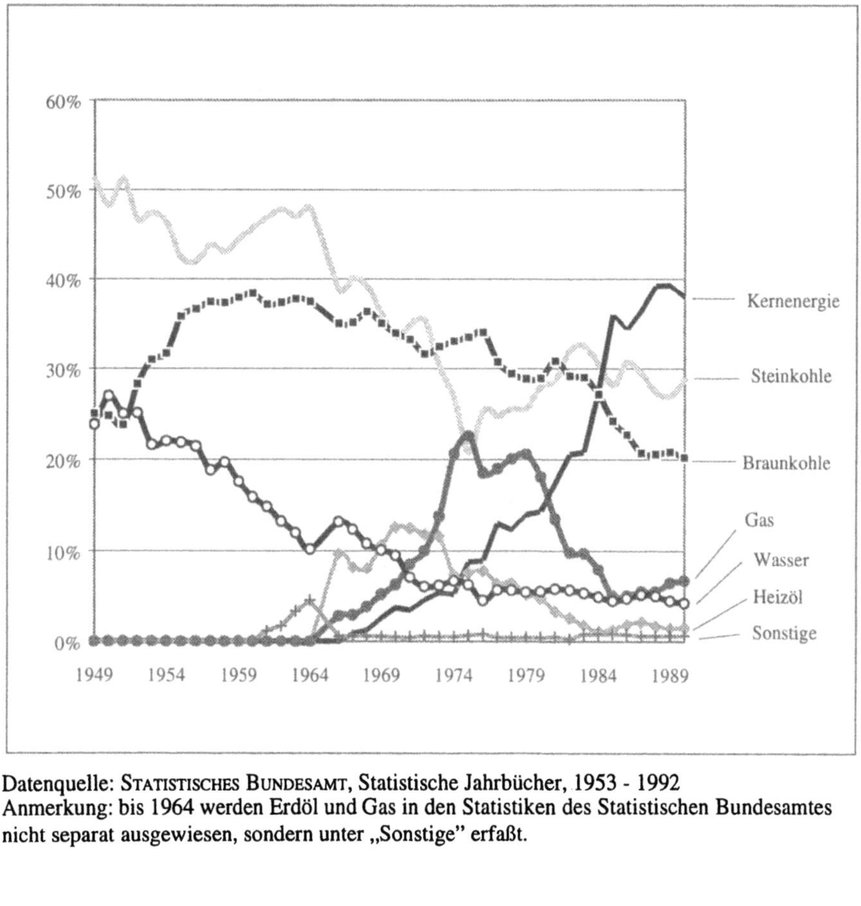

Datenquelle: STATISTISCHES BUNDESAMT, Statistische Jahrbücher, 1953 - 1992
Anmerkung: bis 1964 werden Erdöl und Gas in den Statistiken des Statistischen Bundesamtes nicht separat ausgewiesen, sondern unter „Sonstige" erfaßt.

Im Gegensatz zur Kohle besteht beim Bezug von Erdgas und Erdöl eine hohe Importabhängigkeit. Der Anstieg der Preise dieser Energieträger auf dem Weltmarkt führte in Verbindung mit staatlichen Maßnahmen zur Verminderung der Importabhängigkeit dazu, daß die Anteile von Gas und Erdöl nach der Überschreiten eines Maximums im Jahre 1975 (Gas) bzw. 1970 (Erdöl) langsam abnahmen (FREWER 1986:303).

Während der Anteil dieser fossilen Energieträger zurückging, wurde gleichzeitig verstärkt Kernenergie eingesetzt, wobei es wie beim Erdöl und Erdgas erst zu einem Ansteigen des Anteils und nach 1988 zu einer Stagnation bzw. zu einem Rückgang kam. So nahm bis zum Jahr 1988 der Anteil der Kernenergie an der insgesamt erzeugten Energie ständig zu. Gleichzeitig ging der Anteil der anderen Energieträger zurück, so daß die Kernenergie immer mehr dominierte. Ab 1989 setzte ein Sättigungseffekt ein, d.h. der Anteil der mittels Kernkraftwerke hergestellten Elektrizität ging zurück. Anhand der Kernenergie wird deutlich, wie Entwicklungen durch Veränderungen der Rahmenbedingungen beeinflußt werden können: Zwar besaßen Kernkraftwerke gegenüber Steinkohlekraftwerken Vorteile (insbesondere bzgl. der Stromgestehungskosten), aus politischen Gründen (z.B. zur Sicherung des heimischen Bergbaus) wurden jedoch weiterhin Steinkohlekraftwerke gebaut. Aus diesem Grunde und wegen der unzureichenden Eignung für die Mittellastversorgung konnten Kernkraftwerke andere Kraftwerke nur zu einem bestimmten Grad verdrängen. Die Entwicklung der Kernenergie wurde des weiteren durch die immer schärferen Sicherheitsvorschriften beeinflußt. Diese führten dazu, daß die Kosten für den Bau und die Unterhaltung von Kernkraftwerken zunahmen und daß die Kraftwerke kontinuierlich weiterentwickelt wurden.

Wie am Beispiel der Elektrizitätswirtschaft deutlich wird, verändert sich der auf sektoraler Ebene eingesetzte Prozeßmix ständig. Die Ursachen hierfür liegen einerseits in der Einführung neuer Techniken und andererseits in den ablaufenden Diffusionsprozessen. Bevor neue Techniken eingesetzt werden können, müssen sie zuerst entwickelt werden. Die Entwicklung von Neuerungen stellt den technischen Fortschritt im eigentlichen Sinne dar. Dieser ist jedoch nur dann für die technische Entwicklung des Sektors von Bedeutung, wenn er dazu führt, daß sich die technischen Produktionsmöglichkeiten auch tatsächlich ändern, d.h. wenn die Invention zur Innovation wird. Bevor Neuerungen großtechnisch zum Einsatz kommen, vergehen i.d.R. einige Jahre. Die zeitliche Verzögerung zwischen Entwicklung und Einsatz hängt ebenso wie die Verbreitung von Neuerungen u.a. von den technischen bzw. ökonomischen Eigenschaften der Neuerung sowie von den Eigenschaften der vorhandenen Prozesse ab. Hierzu gehören beispielsweise die unterschiedlichen Investitions- und Brennstoffkosten der einzelnen Kraftwerkstypen sowie Unterschiede in den technischen bzw. ökonomischen Risiken.

Außer den in Abbildung 4 als prozeßspezifischen Einflußfaktoren bezeichneten Größen, die aus den Eigenschaften der einzelnen Prozesse resultieren, wird die Entstehung und Verbreitung von Prozessen durch sektorspezifische Einflußfaktoren, d.h. von Faktoren, die gleichmäßig auf alle Prozesse eines Sektors wirken, beeinflußt. Hierzu zählen beispielsweise die Innovationsfreudigkeit der Unternehmen, die Heterogenität des Sektors sowie die Marktform und der Informationsfluß.

Die technische Entwicklung eines Sektors hängt zudem von der Entwicklung des Angebots bzw. der Nachfrage ab: Normalerweise versuchen die Unternehmen, den zusätzlichen Bedarf durch den Zubau von Prozessen des unter den gegebenen Rahmenbedingungen günstigsten Prozeßtyps zu decken. Dies hat zur Folge, daß der Anteil des günstigsten Prozeßtyps am Prozeßmix stärker zunimmt als bei konstanter Nachfrage. Die Höhe der Nachfrage wird hierbei sowohl vom Erweiterungs- als auch vom Ersatzbedarf bestimmt.

Abbildung 4: Einflüsse auf die Wahl und Zusammensetzung eines Prozeßmixes

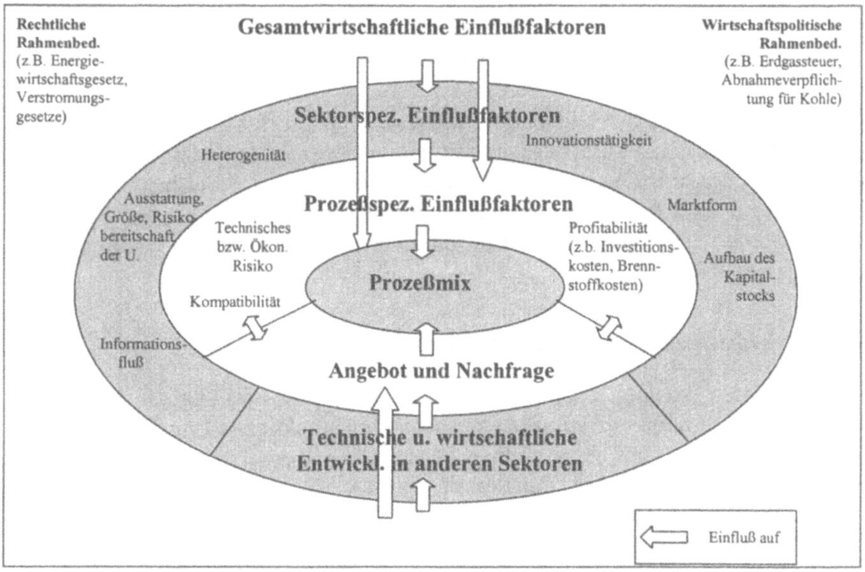

Das Beispiel der Elektrizitätswirtschaft zeigt überdies die Bedeutung gesamtwirtschaftlicher Einflußfaktoren, wie beispielsweise der wirtschaftlichen, rechtlichen und gesellschaftspolitischen Rahmenbedingungen, für die technische Entwicklung. Die gesamtwirtschaftlichen Rahmenbedingungen wirkten sich hierbei sowohl direkt (z.B. durch die Abnahmeverpflichtung von Steinkohle in Rahmen der Verstromungsgesetze) als auch indirekt (z.B. durch die Beeinflussung der Profitabilität der Erdgaskraftwerke durch die Besteuerung des Einsatzes von Erdgas) auf die technische Entwicklung der Elektrizitätswirtschaft aus.

Da sich die einzelnen Prozesse gemeinhin in ihren Eigenschaften nicht gleichen, sie in unterschiedlichem Maße durch die einzelnen Einflußfaktoren beeinflußt werden und nur ein Teil der Inventionen in regelmäßigen Abständen erfolgen, kann nicht erwartet werden, daß technischer Wandel auf sektoraler Ebene entlang von konstanten Entwicklungspfaden verläuft. Zudem kommt es zumindest langfristig immer wieder zu Neuerungen, die das „normale" Maß überschreiten und neue Entwicklungsmöglichkeiten eröffnen.

Aussagen über die Art und die technischen Eigenschaften von Neuerungen, den Zeitpunkt ihrer Entstehung sowie über ihre Einführung sind nur äußerst eingeschränkt im voraus möglich. Die zukünftige technische Entwicklung eines einzelnen Sektors kann daher ex-ante nur beschränkt erfaßt werden. Ein Teil der bestehenden Unwissenheit kann hierbei durch eine Erhöhung der vorhandenen Informationen über Zukunftstechniken (beispielsweise durch verstärkte Forschung), zukünftige Verhaltensweisen usw. verringert werden. Dennoch besteht stets noch Unwissenheit, durch die der Prognostizierbarkeit von Entwicklungen Grenzen gesetzt werden (vgl. FABER/PROOPS 1993:126 ff.).

2.2 Ansätze zur Erfassung des technischen Fortschritts in ökonomischen Modellen

Nachdem im Abschnitt 2.1 Invention, Innovation und Diffusion als Grundelemente des technischen Fortschritts beschrieben wurden, werden nun einige Ansätze vorgestellt, mit denen in ökonomischen Modellen technischer Fortschritt erfaßt wird. Hierbei wird zwischen Ansätzen unterschieden, in denen technischer Fortschritt modellendogen erklärt wird und Ansätzen, in denen technische Veränderungen wie *„Manna vom Himmel"* fallen.

2.2.1 Induzierter technischer Fortschritt

In den meisten ökonomischen Modellen werden zur Darstellung der technischen Produktionsstrukturen substitutionale Produktionsfunktionen verwendet, wobei angenommen wird, daß die einzelnen Wirtschaftssektoren stets die Kombination von Inputfaktoren einsetzen, mit der sie den höchsten Gewinn erzielen. Hieraus folgt, daß, sobald sich die Preise der Produktionsfaktoren so verändern, daß die bisherige Kombination der Inputs nicht mehr der gewinnmaximalen entspricht, eine Substitution der Produktionsfaktoren stattfindet. Zur Erstellung eines bestimmten Outputs wird entsprechend weniger von den gegenüber den anderen Produktionsfaktoren verteuerten bzw. mehr von den gegenüber den anderen Inputs verbilligten Faktoren eingesetzt, wobei i.d.R. angenommen wird, daß hierbei keine zusätzlichen Kosten anfallen (JONES 1975:94). Per Definition führt die Veränderung des Inputeinsatzes bei konstantem Output zur einer Veränderung der Produktionskoeffizienten.

Graphisch bedeutet dies eine Bewegung auf der entsprechenden Isoquante. Jede Isoquante entspricht einer Menge von Prozessen, mit der die gleiche Outputmenge erstellt werden kann (vgl. BÖHRINGER 1996:29, KOSCHEL/SCHMIDT 1997:34).

Eine Bewegung auf einer Isoquante kann sowohl eine Veränderung des Einsatzes von Inputs innerhalb eines Prozesses als auch einen Wechsel zu einem anderen Prozeß bzw. Prozeßmix bedeuten.

Während eine Bewegung auf einer Isoquante gemäß der in Abschnitt 2.1.1 getroffenen Definition für technischen Fortschritt zumindestens teilweise eine Form des technischen Fortschritts darstellt, wird in makroökonomischen Ansätzen lediglich die Verschiebung bzw. die Veränderung der Form der Isoquante als technischer Fortschritt bezeichnet (vgl. ERDMANN 1993:1, KOSCHEL/SCHMIDT 1997:11 f.). Zu einer Verschiebung der Isoquante kommt es, wenn sich die Produktionsmöglichkeiten so ändern, daß mit der gleichen Inputkombination wie in der Ausgangssituation sich in der neuen Situation eine größere Outputmenge erzeugen läßt bzw. wenn der gleiche Output mit einer Inputkombination produziert werden kann, bei der bei unverändertem Einsatz der restlichen Inputs mindestens ein Inputfaktor weniger eingesetzt wird. Dies ist beispielsweise dann der Fall, wenn der zur Verfügung stehende Prozeßmix durch eine Innovation erweitert wird.

Nach GEORGESCU-ROEGEN (1990), RICHTER (1991, 1985) und MEYER ET AL. (1999) stehen Veränderungen der Vorleistungen im engen Zusammenhang mit Veränderungen im Produktmix bzw. in der Qualität der Produkte. Neben Prozeßinnovationen wirken sich entsprechend auch Produktinnovationen auf die Vorleistungstruktur aus.

Erste Ansätze, Veränderungen in der Vorleistungsstrukur auf sektoraler bzw. gesamtwirtschaftlicher Ebene modellendogen zu erklären, sind bei SOLOW (1957) zu finden. In seinem Modell werden Veränderungen der Produktionsfunktion durch die Kopplung einer linear-limitationalen Produktionsfunktion mit einem Faktor erfaßt, mit dem die Richtung des technischen Fortschritts bzw. die Auswirkungen auf die Kapital- und Arbeitsproduktivität beschrieben wird (vgl. BOLLMANN 1990:20). Im Laufe der Zeit wurde dieser Ansatz weiterentwickelt. So wurden beispielsweise in den Modellen von ATTIYEH (1967), HENSELER-UNGER (1986) und dem Modell GREEN (BURNIAUX ET AL. 1992) zur Verbesserung der Darstellung technischer Entwicklungen „Jahrgangskonzepte"[6] integriert. Bei diesen Konzepten wird berücksichtigt, daß ein Großteil des technischen Fortschritts von der Anzahl und Art der neu hinzukommenden Techniken abhängt und somit faktorgebunden ist. Die neuen Prozesse bzw. das Prozeßbündel unterscheiden sich in den Modellen mit Jahrgangskonzepten von den älteren durch die Art (CES für neuere, linear-limitational Produktionsfunktion für ältere Technologie) bzw. die Form der Produktionsfunktion (z.B. unterschiedliche Substitutionselastizitäten) (KOSCHEL/SCHMIDT 1997:16). So geht z.B. WESTPHAL (1988:106) in seinem Modellansatz davon aus, daß neue Produktionsprozesse eine höhere Arbeitsproduktivität aufweisen als ältere.

Der Einsatz neuer Prozesse hängt im Modell von HENSELER-UNGER (1986:43) vom Umfang des erwarteten Produktionszuwachses und der Rate, um die sich die Produktionskapazität durch die Abnutzung des Kapitalstocks vermindert wird, ab. In einem von WESTPHAL (1988) beschriebenen Ansatz, wird die ökonomische Lebensdauer an den Preismechanismus des Arbeitsmarktes gekoppelt. Mit steigendem Lohnniveau sinkt die Wirtschaftlichkeit alter, arbeitsintensiver Prozesse, dagegen steigt die Wirtschaftlichkeit neuer Prozesse mit größerer Arbeitsproduktivität. Entsprechend entsteht ein Anreiz alte Prozesse vorzeitig durch neue zu ersetzen.

Normalerweise wird nur zum Zeitpunkt der Entscheidung ob und wenn ja, in welchem Umfang einen neuen Prozeß eingesetzt werden soll, zwischen verschiedenen Prozessen und Prozeßbündeln unterschieden. Nach der Einführung des

---

[6] Erste Modelle mit Jahrgangskonzepten wurden von JOHANSEN (1959), SOLOW (1959), SOLOW ET AL. (1966) und PHELPS (1962) verwendet.

neuen Prozesses geht dieser vollständig in den Kapitalstock ein. Dies führt dazu, daß weder eine Aussage über den Prozeß, der durch den neuen ersetzt wird, noch über die Entwicklung der Anteile der einzelnen Prozesse innerhalb des Prozeßmixes (z.B. durch Diffusion) getroffen werden kann.

Im Vergleich zu den anderen Ansätzen zeichnen sich die Jahrgangskonzepte durch eine große Realitätsnähe aus. Allerdings steigt der Datenbedarf, da die einzelnen Prozesse beschrieben werden müssen. Um den Datenbedarf gering zu halten, werden Jahrgangskonzepte oft in Kombination mit weiteren Ansätzen (z.B. Expertenbefragung, Unterstellung eines autonomen technischen Fortschritts) eingesetzt.

Auf die Möglichkeit der Endogenisierung des technischen Fortschritts durch die Berücksichtigung der Lerneffekte, die sich mit der Zunahme der produzierten Outputmenge einstellen und durch die Berücksichtigung der Auswirkungen von Investitionen in Weiterbildungsmaßnahmen auf die technische Produktionsstruktur weisen u.a. Uzawa (1965) und Wan (1971:215) hin. Im Rahmen der neuen Wachstumstheorie wurden solche Ideen aufgegriffen, um zusätzliche Erklärungsansätze in die Modelle zu integrieren (siehe z.B. Romer 1990, Lucas 1988). Durch die Berücksichtigung von Lerneffekten und Humankapitalinvestitionen kann die aus der unterschiedlichen Ausstattung und aus dem unterschiedlichen Verhalten der Unternehmen resultierende allmähliche Verbreitung von Techniken teilweise erfaßt werden.

Wie empirische Untersuchungen zeigen, ist jedoch der Zusammenhang zwischen der Entwicklung des Outputs und der Produktionskoeffizienten (als Indikator für technische Veränderungen) oft nicht signifikant (siehe z.B. Tilanus 1968:42 ff.). Somit können zwar durch die Kopplung der technischen Entwicklung an die Outputmenge Teile des technischen Wandels erfaßt werden. Da die modellendogen erklärten Effekte jedoch nur einen kleinen Teil der beobachtbaren Einflüsse auf technische Entwicklungen darstellen, ist man auf die Verwendung zusätzlicher Ansätze angewiesen. Auch durch Berücksichtigung von Investitionen in Weiterbildungsmaßnahmen kann die technische Entwicklung eines Sektors i.d.R. nur zu einem Teil erfaßt werden. Man ist deshalb auch bei diesem Ansatz auf die Kombination mit anderen Ansätzen (z.B. Trendfortschreibung) angewiesen (Hemmelskamp 1996:16).

Grundsätzlich liefern die aufgeführten Ansätze keine Erklärung, warum es zu „science-push" Inventionen kommt, warum Inventionen erst nach einiger Zeit eingesetzt werden und wie die Diffusion einzelner Prozesse verläuft. Zu beachten ist weiterhin, daß neoklassische Optimierungskalküle, die größtenteils in den oben kurz erläuterten Ansätzen unterstellt werden, sich i.d.R. nicht *„... als Handlungsmodell für Situationen, wo es grundsätzlich um unberechenbare Entscheidungsfolgen geht, wie dies bei innovationsbezogenen Entscheidungen generell der Fall ist"* eignen (Erdmann 1993:5).

Im Gegensatz zu den bisher erläuterten Ansätzen wird in der evolutionären Ökonomik davon ausgegangen, daß Volkswirtschaften die Fähigkeiten besitzen, technischen Wandel aus sich hervor zu bringen (Rahmeyer 1991:9). Die evolutionäre Ökonomik befaßt sich mit der Analyse des zeitlichen Ablaufs ökonomischer bzw. technischer Entwicklungen und der Suche nach Erklärungen, warum bzw. wodurch es zu Veränderungen kommt (Nelson 1995:56, Witt 1987:9).

Im Allgemeinen wird in der evolutionären Ökonomik unterstellt, daß es nicht nur aufgrund von Suchprozessen seitens der Unternehmen zu Neuerungen kommt sondern auch durch Zufall (ERDMANN 1993:131). Analog zur biologischen Evolutionstheorie wird davon ausgegangen, daß unter den Neuerungen eine Selektion stattfindet (NELSON/WINTER 1974:893, WITT 1993:xvii). Ob ein Prozeß tatsächlich eingesetzt wird, hängt davon ab, ob sie mit den anderen Techniken unter den gegebenen Umweltbedingungen konkurrieren kann. Die „Fitneß" eines Prozesses wird zumeist anhand der Profitabilität des Prozesses gemessen (siehe z.B. METCALFE 1988, NELSON/WINTER 1974): Ein Prozeß kommt nur zum Einsatz, wenn sie gegenüber den bisherigen Prozessen eine höhere Profitabilität aufweist (siehe Abschnitt 2.1.2). Je höher die Profitabilität eines Prozesses ist, desto eher wird er auch eingesetzt. Prozesse mit einer geringeren „Fitneß", d.h. mit einer geringen Profitabilität, fallen der Selektion zum Opfer.

Da durch die Annahme, daß Unternehmen stets danach streben, ihren Gewinn zu maximieren, nur bedingt deren Verhalten erklärt werden kann (ALCHIAN 1950), wird in den meisten evolutorischen Modellen anstelle von Verhaltensroutinen („behavioural approaches") ausgegangen, die über eine reine Gewinnmaximierung hinaus reichen (SMITH 1991:211). So wird beispielsweise in dem Modell von NELSON (1995) mittels Verhaltensroutinen beschrieben, wie sich die Unternehmen bei gegebenen Umweltbedingungen verhalten. Hierzu kommen Regeln bzgl. des Investitions- und Inventionsverhaltens (NELSON 1995:69). Um die Entstehung von Neuerungen erfassen zu können, werden normalerweise zusätzlich bzw. anstelle der deterministischen Inventionsroutinen wahrscheinlichkeitstheoretische Ansätze verwendet. ERDMANN (1993) geht beispielsweise von unternehmensspezifischen Wahrscheinlichkeiten aus. Begründet wird die Verwendung von verschiedenen Wahrscheinlichkeiten für die einzelnen Unternehmen mit der unterschiedlichen technischen Ausstattung und den empirisch belegten unterschiedlichen Verhaltensweisen der einzelnen Unternehmen (SILVERBERG/DOSI/ ORSENGIO 1988:71 ff.).

Die Wahrscheinlichkeit, mit der es zu Neuerungen kommt, hängt in den evolutionären Modellen i.d.R. von der Art der Inventionen ab (siehe z.B. NELSON/WINTER 1982:172 ff.): Die Wahrscheinlichkeit für inkrementelle Inventionen, d.h. für Inventionen, die sich nur gering von den vorhandenen Techniken unterscheiden, wird höher angesetzt als die Wahrscheinlichkeit für Inventionen, die sich deutlich von den derzeit verwendeten Techniken abheben. Außerdem wird in einigen Modellen die Wahrscheinlichkeit für die Entstehung einer Neuerung durch Erfahrungen aus der Vergangenheit (z.B. durch Lernen) und Erwartungen bzgl. der zukünftigen Entwicklung beeinflußt (NELSON 1995:69).

Teilweise werden zusätzlich zu wahrscheinlichkeitstheoretischen Ansätzen bzw. anstelle von diesen spieltheoretische Ansätze in die Modelle integriert (SILVERBERG 1988:551). Hierdurch können Unsicherheiten und Unwissenheiten bzgl. des Verhaltens der anderen Unternehmen ansatzweise mitberücksichtigt werden (vgl. HALL 1994:231 ff.).

Durch die Kombination von Verhaltensregeln und Selektionskriterien erhält man Modelle, in denen die Entstehung und Verbreitung von Techniken endogen erklärt wird. Zu beachten ist, daß die Entstehung von Neuerungen nur eingeschränkt mit Wahrscheinlichkeiten erfaßt werden kann. So erfolgt zwar ein Großteil der Neuentwicklungen zielgerichtet, es kommt jedoch auch zu Neuerungen, die selbst durch Expertenbefragungen nicht abgeschätzt werden können (siehe Abschnitt 2.1.1). Die Verwendung von Wahrscheinlichkeiten kann dadurch nur als Hilfskonstrukt zur Abschätzung von Entwicklungen dienen (FABER/PROOPS 1993:107 ff.).

Die Verwendung von Verhaltensroutinen und Wahrscheinlichkeiten bietet den Vorteil, daß nicht nur „demand-pull" sondern auch „sciene-driven" Inventionen, unabhängig davon, ob es sich um normale oder außerordentliche Inventionen handelt, erklärt bzw. abgebildet werden können.

2.2.2 Autonomer technischer Fortschritt

In vielen ökonomischen Modellen wird zusätzlich zu den oben aufgeführten Ansätzen noch von einem autonomen technischen Fortschritt ausgegangen, d.h. es wird unterstellt, daß technische Veränderungen wie *„Manna vom Himmel"* fallen bzw. kontinuierlich erfolgen. Die Darstellung technologischer Entwicklungen erfolgt hierbei durch die Vorgabe von Funktionen bzw. Parametern, die entweder an vorliegenden Zeitreihen bzw. Erfahrungen anknüpfen oder ad-hoc angenommen werden.

Bei dem Verfahren der Trendfortschreibung werden auf Basis vorliegender Zeitreihen mittels ökonometrischer bzw. statistischer Methoden Trends geschätzt und in die Zukunft projiziert (siehe z.B. SEVALDSON 1970). Voraussetzungen für die Verwendung des Verfahrens der Trendfortschreibung sind

- das Vorliegen konsistenter Zeitreihen,
- das Vorliegen beobachtbarer Trends in der Vergangenheit,
- das Vorliegen von Hinweisen, daß die Trends auch in der Zukunft anhalten werden

(vgl. AYRES 1969:94 ff). Die Zeit steht bei dem Verfahren der Trendfortschreibung als „Stellvertretervariable" für die vielfältigen Einflußfaktoren, durch die die technische Entwicklung eines Sektors beeinflußt wird (RICHTER 1991:213). Das Verfahren kann grundsätzlich sowohl zur Prognose der Entwicklung einzelner Prozesse als auch zur Fortschreibung der sektoralen technischen Entwicklung verwendet werden. Die Trendfortschreibung auf Prozeßebene dient dabei zumeist zur Unterstützung bzw. Ergänzung von Expertenbefragungen. So setzte beispielsweise ESD (1996) das Verfahren der Trendfortschreibung in Verbindung mit Expertenwissen ein, um die Diffusionsverläufe verschiedener Technologien im Bereich der erneuerbaren Energieträger und -quellen darstellen zu können.

Das Verfahren der Trendfortschreibung auf sektoraler Ebene wird u.a. in den Modellen AUSTRIA IV (RICHTER 1994), FIND (ERBER/HAAS/KIY 1984) und in dem Modell von FROHN/FRIEDMANN/LAKER (1989) verwendet. Mit ökonometrisch geschätzten linearen, exponentiellen oder logarithmischen Funktionen wird dort ein Teil der intertemporalen Entwicklung der sektoralen Produktionskoeffizienten beschrieben.[7]

Da bei dem Verfahren der Trendfortschreibung davon ausgegangen wird, daß die vergangenen Trends auch in Zukunft weiter anhalten, wird implizit unterstellt, daß, sobald die Grenzen der Weiterentwicklungsmöglichkeiten der vorhandenen Prozesse bzw. das Ende der Diffusionsprozesse erreicht werden, es zur Entwicklung neuer Prozesse kommt und neue Diffusionsprozesse anlaufen. Diese werden aber nicht explizit erklärt. Das Verfahren auf sektoraler Ebene eignet sich somit nur eingeschränkt zur Darstellung der Vielfalt möglicher technischer Entwicklungspfade.

Zu beachten ist, daß in den Modellen mit Trendfortschreibung faktorungebundener technischer Fortschritt unterstellt wird, d.h. es wird davon ausgegangen, daß die technische Entwicklung nicht an bestimmte Investitionsaktivitäten gekoppelt ist. Die Abhängigkeit der technischen Entwicklung vom Altersaufbau und der Struktur des Kapitalstocks wird entsprechend vernachlässigt.

In den Modellen GEM-E3 (Conrad/Schmidt 1995), GREEN (Burniaux et al. 1992) und MSG (Brendemoen 1993) wird wie in vielen anderen ökonomischen Modellen u.a. von einem autonomen technischen Fortschritt ohne Trendfortschreibung ausgegangen. Hierbei wird zwar wie bei dem Verfahren der Trendfortschreibung die Zeit als erklärende Variable verwendet, anstelle von ökonometrisch geschätzten Funktionen für den technischen Fortschritt wird jedoch von festen Raten ausgegangen, mit denen es im Zeitablauf zu technischen Veränderungen kommt. Ein Beispiel hierfür ist das Modell MSG. In diesem wird für den Zeitraum von 1990 bis 2010 ein faktor-neutraler technischer Fortschritt in Höhe von 1% pro Jahr unterstellt, d.h. es wird angenommen, daß mit dem gleichen Inputeinsatz jedes Jahr 1% mehr Output produziert werden kann (Brendemoen 1993:8).

In vielen Modellen wie beispielsweise den Modellen MIS (Pfaffenberger/Ströbele 1995), MERGE (Manne et al. 1995) und GREEN (Burniaux et al. 1992) wird von einem autonomen technischen Fortschritt in Form eines „autonomous energy efficiency improvement" (AEEI) ausgegangen, d.h. es wird unterstellt, daß der Verbrauch an Energie pro Outputeinheit in jeder Periode um einen zeitstabilen Faktor gesenkt wird.

Durch die Vorgabe eines exogenen Fortschritts besteht bei nicht ausreichender Fundierung der vorgegebenen Wachstumsraten die Gefahr einer möglichen Fehleinschätzung zukünftiger Entwicklungen. So können zu hohe bzw. zu geringe Fortschrittsraten zu einer Fehleinschätzung des tatsächlichen Bedarfs an Kapital, Arbeit und Energie bzw. der durch die Nachfrage nach den einzelnen Gütern ausgelösten Effekte sowie der durch die ökonomischen Aktivitäten induzierten Umweltbelastungen führen. Zudem ist zu beachten, daß bei einer Beschränkung auf die Vorgabe bestimmter Entwicklungsraten ebenso wie bei der Vorgabe von Trendfunktionen die sektorale bzw. gesamtwirtschaftliche technische Entwicklung ex-ante vollständig festgeschrieben wird.

Nach Richter (1991:232) „... *stellt das Wissen von Experten ein großes Reservoir dar, aus dem nützliche Hinweise über künftige technische Entwicklungen*

---

[7] Ein weiterer Teil der Entwicklung der Produktionskoeffizienten wird in diesen Modellen durch Preisveränderungen erklärt.

geschöpft werden können." Häufig wird in ökonomischen Modellen auf dieses Reservoir zurückgegriffen, um Szenarien bzgl. zukünftiger Entwicklungen zu erstellen. Experten zeichnen sich per Definition dadurch aus, daß sie über ein besonderes Wissen bzgl. bestimmter Sachverhalte (z.B. über technische, wirtschaftspolitische oder rechtliche Entwicklungspotentiale bzw. -tendenzen) verfügen:[8] Durch die Verwendung des Wissens von Experten können, ohne daß größere mathematische Modelle verwendet bzw. stark vereinfachende Annahmen getroffen werden müssen, Szenarien erstellt und die Auswirkungen technischer Entwicklungen analysiert werden.

So wird bzw. wurde beispielsweise in den Modellen SAFIRE und INFORUM auf Expertenwissen zurückgegriffen, um Diffusionsverläufe einzelner Technologien ex-ante zu prognostizieren und die Auswirkungen des dadurch induzierten technischen Wandels auf ökonomische Größen wie z.B. Bruttowertschöpfung und Beschäftigung analysieren zu können, ohne auf pauschalierende Annahmen z.B. über die Form der S-Kurve zurückgreifen zu müssen (ESD 1996:42 bzw. Ayres/Shapanka 1976:152 f.). Auf Expertenwissen wird auch in dem Modell von Edler (1990:139) und dem Modell EMI 2.0 (Hohmeyer et al. 1998) zurückgegriffen. Auch in diesen Modellen diente das Wissen von Experten zur Gewinnung von Informationen über einzelne Techniken und der Ermittlung von prozeßspezifischen Entwicklungspfaden, die anschließend in ökonomische Modelle integriert wurden.

Zu beachten ist, daß Experten oft nur Wissen über Teilaspekte besitzen und ihre Prognosen mit Unsicherheiten bzw. Unwissenheit behaftet sind (Richter 1991:233). So gingen viele Experten in den 70er Jahren des letzten Jahrhunderts davon aus, daß elektrisches Licht die Gasbeleuchtung in den privaten Haushalten nicht verdrängen würde. Aufgrund der raschen technischen Entwicklung in der Elektrizitätstechnik revidierten sie schon wenige Jahre später ihre Meinung (Miller 1941:26 f.).

Trotz der Unsicherheit in den Prognosen von Experten stellt die Verwendung von Expertenwissen eine wichtige Grundlage für die technische Fundierung ökonomisch-technischer Prognosen dar.

2.2.3 Schlußfolgerungen

In den Abschnitten zuvor wurden unterschiedliche Ansätze dargestellt, mit denen technischer Fortschritt in ökonomischen Modellen erfaßt wird. Die einzelnen Ansätze unterscheiden sich hinsichtlich des Aggregationsgrades, der Kontinuität mit der technische Entwicklungen erfolgen und durch den Grad, in dem technische Entwicklungen durch endogene bzw. exogene Größen erklärt werden.

Normalerweise wird in den beschriebenen Ansätzen davon ausgegangen, daß technischer Wandel in Form einer kontinuierlichen Veränderung erfolgt bzw. jederzeit zu gleichen Bedingungen möglich ist.

Die einzelnen Einflüsse auf die Entwicklung, Einführung und Verbreitung von technischen Neuerungen sowie der Verlauf des gesamten Innovationsprozesses

[8] So liegen bevor *„ein Produktionsprozeß in Serie geht, [...] die Pläne und Kalkulationen (und damit das Wissen über künftige Kostenanteile) bei den Verantwortlichen vor."* (Richter 1991:232).

werden i.d.R. nur äußerst eingeschränkt berücksichtigt bzw. völlig außer Acht gelassen. Aus Tabelle 2 sind die einzelnen Verfahren und der Umfang, in dem die unterschiedlichen Arten von Einflußfaktoren berücksichtigt werden, zu ersehen. In vielen ökonomischen Modellen werden substitutionale Produktionsfunktionen zur Darstellung der Produktionsmöglichkeiten verwendet. Aufbauend auf historischen Erkenntnissen können mit diesen zwar die Auswirkungen von Preisveränderung auf die Nachfrage nach Vorleistungen erfaßt werden, es geht jedoch nicht daraus hervor, ob es sich hierbei um eine Veränderung des Einsatzes von Inputs innerhalb eines Prozesses oder um einen Wechsel zu einem anderen Prozeß bzw. Prozeßmix handelt. Ohne Erweiterung des Ansatzes (beispielsweise durch die Verwendung von Jahrgangskonzepten), können bei der ausschließlichen Verwendung von substitutionalen Produktionsfunktionen nur Einflußfaktoren berücksichtigt werden, die die Preise bzw. die Kosten beeinflussen. Andere Einflußfaktoren wie beispielsweise die Höhe der Nachfrage, rechtliche bzw. technische Restriktionen sowie sektorspezifische Einflußfaktoren werden entsprechend außer Acht gelassen.

Bei der Verwendung von Jahrgangskonzepten können sowohl prozeßspezifische Einflußfaktoren, beispielsweise die unterschiedlichen Kostenstrukturen der einzelnen Prozesse, als auch der Einfluß der Entwicklung der Absatzmenge auf die technische Entwicklung sowie gesamtwirtschaftliche Einflußfaktoren, die sich auf die Preise bzw. Kosten auswirken, berücksichtigt werden (vgl. HENSELER-UNGER 1986:43). Andere Einflußfaktoren wie beispielsweise Wechselwirkungen mit technischen Entwicklungen in anderen Sektoren und das Innovationsverhalten der Unternehmen bleiben hingegen normalerweise in diesem Ansatz außen vor.

Nur einen geringen Erklärungsbeitrag für den technischen Fortschritt liefert die Kopplung des technischen Wandels an den kumulierten Output. Die Gründe liegen in der mangelnden empirischen Beobachtbarkeit des Zusammenhanges zwischen kumulierter Outputmenge und technischem Fortschritt auf sektoraler Ebene bzw. die Überlagerung durch andere Effekte. Weitere Indikatoren für den technischen Fortschritt sind die Ausgaben für Forschung und Entwicklung bzw. die Humaninvestitionen. Die Verwendung dieser Indikatoren eignet sich insbesondere für die Berücksichtigung von gesamtwirtschaftlichen Einflüssen (z.B. Innovations- förderprogrammen). Wie im Abschnitt 2.1.2 beschrieben, hängt die Entwicklung des eingesetzten Prozeßmixes jedoch nicht nur von den Ausgaben für die Forschung ab sondern auch von prozeß- und sektorspezifischen Faktoren (z.B. technisches Risiko, Heterogenität des Sektors) sowie von der Entwicklung der Absatzmenge. Durch die Kopplung des technischen Wandels an die Ausgaben für Forschung bzw. für Humaninvestitionen kann entsprechend nur ein kleiner Teil der tatsächlichen Einflüsse erfaßt werden.

In den evolutorischen Ansätzen wird anstelle von Gewinnmaximierungsansätzen von Verhaltensmustern ausgegangen, die über einen reinen Gewinnmaximierungsansatz hinaus gehen. Bezüglich der Zukunft bestehende Unsicherheiten bzw. Unwissenheiten können so (zumindestens teilweise) aufgezeigt werden. Zudem können sektorspezifische bzw. gesamtwirtschaftliche Einflußfaktoren wie z.B. die Heterogenität der Unternehmen innerhalb eines Sektors und Innovationsfördermaßnahmen zur Überbrückung von Markteintrittshemnissen berücksichtigt werden (siehe z.B. ERDMANN 1993:183). Aufgrund des hohen Informationsbedarfs wurden evolutorische Ansätze bisher jedoch nur für ex-post Analysen verwendet. Sehr häufig wird hingegen das Verfahren der Trendfortschreibung zur Erfassung des technischen Wandels verwendet. Ebenso wie bei der Verwendung fester Veränderungsraten erfolgt auch bei der Trendfortschreibung keine Differenzierung zwischen den einzelnen Einflußfaktoren.

Tabelle 2: Die Berücksichtigung von Einflußfaktoren auf den technischen Fortschritt in verschiedenen Ansätzen zur Erfassung des technischen Fortschritts in ökonomischen Modellen

	Berücksichtigung von				
	Prozeßspez. Einfluß-faktoren	**Angebot bzw. Nach-frage**	**Sektor-spez. Einfluß-faktoren**	**Gesamtwirt-schaftlichen Einflußfakt.**	**Tech. Entwickl. in anderen Sektoren**
Induzierter technischer Wandel					
Verwendung von substitutionalen bzw. einem Bündel linear-limitationaler Produktionsfunktionen	beschränkt auf Preiseffekte	i.d.R. Keine Berück-sich-tigung	keine Be-rücksich-tigung bzw. be-schränkt auf Preis-effekte	beschränkt auf Faktoren, die die Kosten bzw. Preise beeinflussen	beschränkt auf Faktoren, die die Kosten bzw. Preise beeinflussen
Verwendung von Jahrgangskonzepten	beschränkt auf Preiseffekte (differenziert nach einzelnen Prozessen)	ja	beschränkt möglich	beschränkt auf Faktoren, die die Kosten bzw. Preise beeinflussen	beschränkt auf Faktoren, die die Kosten bzw. Preise beeinflussen
Kopplung der tech. Entwicklung an den kumulierten Output	-	ja	beschränkt	-	-
Kopplung der tech. Entwicklung an Humaninvest. bzw. Ausgaben für Forschung	-	-	beschränkt	-	-
Verwendung von evol. Ansätzen	möglich	möglich	möglich	möglich	möglich
Autonomer technischer Fortschritt					
Trend	Pauschale Erfassung der technischen Entwicklung				
Expertenbefragung	möglich	möglich	möglich	möglich	möglich

Bei dem Verfahren der Expertenbefragung wird ausgenutzt, daß Experten über ein besonderes Wissen bzgl. bestimmter Sachverhalte (z.B. bzgl. technischer Entwicklungs- potentiale) verfügen. Die verschiedenen Arten von Einflußfaktoren können hierbei nur soweit berücksichtigt werden, wie die Experten sie antizipieren und einschätzen können. Während beispielsweise für den Einsatz eines exogen vorgegebenen Entwicklungspfades lediglich Informationen über die Entwicklung der Vorleistungen und über die intra- und intertemporale Struktur der Investitionen erforderlich sind, benötigt man in evolutorischen Ansätzen zusätzlich noch Informationen über die einzelnen Einflußfaktoren auf das Innovationsverhalten bzw. über die Wahrscheinlichkeiten für das Eintreten der einzelnen Formen von Neuerungen. Außerdem müssen, um die Auswirkungen von technischen Entwicklungen in voller Breite untersuchen zu können, Algorithmen in das Modell integriert werden, mit denen die technischen, ökonomischen und ökologischen Eigenschaften der alten und neuen Techniken erfaßt werden können. Hierzu gehören beispielsweise Informationen über den Umfang und die zeitliche Struktur der Investitionsnachfrage bzw. der benötigten Vorleistungen.

Da durch die Vielzahl der Parameter, die modellendogen bestimmt werden müssen, ein Teil der Übersichtlichkeit verlorengeht, muß bei der Entscheidung für einen bestimmten Ansatz eine Abwägung zwischen Komplexität und Übersichtlichkeit stattfinden. Zu beachten ist hierbei, daß der Datenbedarf nicht nur von der Komplexität des Modellansatzes sondern auch stark vom Untersuchungsobjekt abhängt. So ist beispielsweise die Entwicklung von Sektoren, in denen viele unterschiedliche Techniken eingesetzt werden und die eine geringe Innovationsaktivität aufweisen, i.d.R. einfacher zu modellieren als die Entwicklung von Sektoren, bei denen dies nicht der Fall ist.

2.3 Die Erfassung der Auswirkungen des technischen Fortschritts in ökonomischen Modellen

Nachdem in Abschnitt 2.2 einige Ansätze beschrieben wurden, mittels derer technische Entwicklungen in ökonomischen Modellen dargestellt werden, wird im folgenden anhand ausgewählter Modelltypen gezeigt, wie bzw. inwieweit die Auswirkungen technischer Veränderungen erfaßt werden.

2.3.1 Technische Prozeßmodelle

Im Mittelpunkt technischer Prozeßmodelle stehen einzelne Prozesse bzw. Prozeßkombinationen mit ihren spezifischen technischen und ökonomischen Eigenschaften (siehe z.B. LEV 1983). Zu den technischen Prozeßmodellen gehören beispielsweise die Submodelle von IKARUS (siehe z.B. GERSTER 1996) und RIM+ (siehe z.B. RIVM 1993) sowie das Modell SAFIRE (ESD 1996). In diesen wird mittels Optimierungsansätzen die unter den gegebenen ökonomischen, rechtlichen und gesellschaftlichen Rahmenbedingungen kostenoptimale Kombination verschiedener Prozesse bestimmt.

Nach AYRES (1995:225 f.) zeichnen sich Prozeßmodelle gegenüber anderen Modellen durch folgende Vorteile aus: *„First a material process model explicitly satisfies the materials and energy balance conditions implied by the first and second laws of thermodynamics. [...] Second process analysis reduces aggregation errors, which are inherent in sectoral models based on national accounts based on the standard industrial classification. [...] The third advantage of integrating process analysis with sectoral analysis is its ability to reflect a combination of co-input and co-product relationships. [...] The final advantage of process analysis is its ability to handle nonlinearities, such as recycling loops and scale effects."* Prozeßmodelle weisen jedoch nicht nur Vorteile auf: So steigt mit zunehmender Zahl von Einzelprozessen und zunehmender Disaggregation des Modells der Informationsbedarf. Durch die gleichzeitig steigende Komplexität der Modelle wird die Übersichtlichkeit und die Nachvollziehbarkeit der einzelnen Wechselwirkungen beeinträchtigt. Zudem steht die benötigte Datenmenge oftmals nicht vollständig zur Verfügung (GROSCURTH/SCHWEIKER 1995:172).

Um den Datenbedarf und die Komplexität in überschaubaren Grenzen zu halten, werden in den Modellen deshalb nur technisch-ökonomische Teilbereiche (z.B. Wärmeversorgung der Haushalte) untersucht. Die Ermittlung gesamtwirtschaftlicher Größen erfolgt hierbei, indem die auf der Mikroebene gewonnenen Ergebnisse mittels Gewichtungsfaktoren hochgerechnet werden (GROSCURTH/SCHWEIKER 1995:173).

Um Szenarien bzgl. der zukünftigen technischen Entwicklungen erstellen zu können, wird in den Modellen zumeist auf Expertenwissen bzw. auf Trendfortschreibungen zurückgegriffen. Aufgrund des Fehlens von Algorithmen zur Darstellung der Entstehung und Verbreitung von Neuerungen können nur Entwicklungen entlang bekannter bzw. prognostizierbarer Entwicklungspfade erfaßt werden.

2.3.2 Input-Output Modelle

LEONTIEF (1941) entwickelte in den dreißiger Jahren aufbauend auf den Arbeiten von QUESANY, MARX und WALRAS ein Modell, das neben der Analyse der direkten Effekte von Nachfrageveränderungen, auch die Erfassung von Anzieh-, Mitzieh-, und Rückkopplungseffekten ermöglicht (STÄGLIN 1985:44 f.). Dieses Modell war das erste *„... large-scale model to deal with major issues including technological change (Leontief, 1941), natural resources (Leontief, 1953b), international trade (Leontief, 1953c), and disarmament (Leontief and Hoffenberg, 1961)"* (ROSE 1995:297). Durch die Einfachheit und die leichte Erweiterbarkeit fand das statische Input-Output Modell vielfachen Einsatz. So wurde es sowohl zur Analyse von Wachstums-, Struktur- und Technikeffekten (siehe HOLUB/SCHNABL 1994:294 ff.) als auch zur Untersuchung der Auswirkungen von ökonomischen bzw. technischen Auswirkungen auf die Umwelt eingesetzt. Hierbei sind z.B. die Arbeiten von LEONTIEF/FORD (1972), STAHMER (1993), GRASKAMP ET AL. (1992), PROOPS/FABER/WAGENHALS (1993) und HOHMEYER ET AL. (1992) zu nennen.

Um die zwischen verschiedenen Zeitpunkten vorliegenden Abhängigkeiten der ökonomischen Größen berücksichtigen zu können, wurde das ursprünglich rein statische Modell 1953 von LEONTIEF um dynamische Elemente erweitert. Im Laufe der Zeit wurde sowohl das dynamische als auch das statische Modell verfeinert und ausgebaut (siehe z.B. ROSE/MIERNYK 1989, AULIN-AHMAVAARA 1990, MEYER ET AL. 1997).

Grundsätzlich basieren alle Input-Output Modelle auf Input-Output Tabellen. Diese werden normalerweise regelmäßig von den nationalen bzw. regionalen Statistischen Ämtern erstellt und veröffentlicht. Diese Tabellen sind i.d.R. nach funktionalen Gesichtspunkten gegliedert (vgl. STATISTISCHES BUNDESAMT 1990:22 f.). Normalerweise wird der hohe Disaggregationsgrad dieser Tabellen auch in den Modellen beibehalten. Aufgrund der Einfachheit des Modellansatzes und der Anlehnung an die offiziellen Statistiken sind die Ergebnisse der mit Input-Output Modellen durchgeführten Analysen daher leicht nachvollzieh- und verifizierbar (ROSE 1995:297). Durch die Ergänzung um technische Informationen kann der Disaggregationsgrad der Modelle erhöht werden. Auf diese Weise lassen sich die Auswirkungen von mikroökonomischen Veränderungen untersuchen. Da sich mit Input-Output Modellen auch makroökonomische Größen (z.B. Beschäftigung) ermitteln lassen, werden Input-Output Modelle oft als „Mikro-Makro-Brücke" eingesetzt (siehe DIW 1988:6 f.).

Aufgrund des hohen Disaggregationsgrades und der leichten Erweiterbarkeit werden Input-Output Modelle bevorzugt für die Untersuchung von technischen Veränderungen eingesetzt. Zu beachten ist, daß es sich bei statischen Input-Output Modellen oft um reine Mengenmodelle handelt. Solche Input-Output Modelle eignen sich vorwiegend für Fragestellungen, bei denen nicht mit wesentlichen Preisänderungen zu rechnen ist bzw. bei denen die Entwicklung der Preise im Hintergrund steht. So eignen sich nach ROSE (1995:297) Input-Output Modelle besonders für Untersuchungen *„... at the small-area level, where prices can be taken as given in most cases"*.

Einen ersten Versuch, das statische Input-Output-Modell um dynamische Komponenten zu erweitern, unternahm LEONTIEF (1953a). Sein Ansatz basiert auf dem Akzeleratorprinzip: Die einzelnen Sektoren treffen ihre Investitionsentscheidung in Hinblick auf die erwartete Nachfrage nach ihren Produkten. Die Nachfrage nach Investitionsgütern wird somit im Modell endogen bestimmt, während die Nachfrage seitens der privaten Haushalte und des Staates sowie der Export weiterhin exogen vorgegeben werden müssen. In der empirischen Wirtschaftsforschung fand das dynamische Input-Output-Modell von LEONTIEF nur eingeschränkt Anwendung. Das läßt sich wie folgt erklären: In der Regel besitzt die Kapitalkoeffizientenmatrix, auf der die Dynamik des Modells beruht, nicht den vollen Rang, d.h. es existieren Sektoren, die keine Kapitalgüter erzeugen (EDLER 1990:43). Dies erschwert die Lösbarkeit des dem dynamischen Input-Output Modells zugrunde liegenden Gleichungssystems bzw. schränkt die Einsatzfähigkeit des Modells ein (HOLUB/SCHNABL 1994:564 ff.). Die Anwendbarkeit des Modells wird zudem beeinträchtigt, da man bei den Simulationen nicht notwendigerweise ökonomisch sinnvolle Lösungen: So stellen sich i.d.R. auch bei invertierbarer Kapitalkoeffizientenmatrix nach einer bestimmten Zahl von Perioden negative Werte für die sektoralen Produktionsmengen ein (vgl. EDLER 1990:51).

Mittels eines Modells mit gleichgewichtigem proportionalem Wachstum der sektoralen Produktionsmengen kann dieses Problem umgangen werden (vgl. z.B.

KOGELSCHATZ 1992:1 ff., HOLUB/SCHNABL 1994:585). Hierbei aber unterstellt, daß die Produktion in jeder Periode mit der gleichen Wachstumsrate ansteigt. Außerdem müssen, um garantiert ökonomisch sinnvolle Lösungen zu erhalten, bestimmte Startwerte vorliegen (EDLER 1990:47 bzw. MEYER 1980:18 f.). Durch Einschränkung der Startwerte und durch die Vorgabe einer gleichgewichtigen Wachstumsrate wird die empirische Anwendbarkeit stark beeinträchtigt. Diese Einschränkung der empirischen Operationalität wirkt sich insbesondere auf die Erstellung von Szenarien mit ungleichen sektoralen Wachstumsraten und intertemporalen Veränderungen der Struktur der Bruttoproduktion aus (EDLER 1990:46 f.).

Das von Input-Output Modell von LEONTIEF (1953) wurde im Laufe der Zeit insbesondere hinsichtlich der empirischen Operationalität, der Darstellung von zeitlichen Entwicklungen und wirtschaftlichen Zusammenhängen weiterentwickelt (siehe z.B. MEYER/SCHUMANN 1977, LEONTIEF/DUCHIN 1986, AULIN-AHMAVAARA 1990). Große Bedeutung im Bereich der empirischen Wirtschaftsforschung erlangten die gekoppelten und die integrierten Input-Output Modelle. Bei den gekoppelten Modellen werden in einem ersten Schritt die Entwicklung der wichtigsten makroökonomischen Größen (z.B. Bruttowertschöpfung, Beschäftigung) mit Hilfe eines ökonometrischen Modells ermittelt. Anschließend werden die Größen in ein Input-Output Modell übertragen (HOLUB/SCHNABL 1994:228). Auf diese Art können mit geringem Aufwand dynamische Entwicklungen dargestellt werden, ohne daß bestimmte Einschränkungen bzgl. der Startwerte und der sektoralen Wachstumsraten beachtet werden müssen. Aufgrund des Fehlens von Rückkopplungsbeziehungen werden jedoch eine Vielzahl von Effekten wie z.B. die Auswirkungen von Strukturveränderungen nicht berücksichtigt (MEYER/EWERHART 1993:217).

Bei den integrierten Modellen werden ökonometrisch geschätzte Reaktions- und Verhaltensannahmen in ein Input-Output Modell integriert (siehe z.B. WEST 1995:211 f.). Hierdurch können die Auswirkungen von gesamtwirtschaftlichen und sektoralen Veränderungen ebenso wie die Interdependenzen zwischen Preis- und Mengenänderungen simultan ermittelt werden (MEYER/EWERHART 1996:3). Beispiele für integrierte Modelle sind auf nationaler Ebene das Bonner Prognosemodell (siehe z.B. ERBER/KIY 1983, KIY 1984), das FIND-Modell (siehe z.B. ERBER/HAAS/KIY 1984) und das Modell des RWI (RETTIG 1982), INFORGE (MEYER/Ewerhart 2000) und auf internationaler Ebene INFORUM (Almon 1991), AUSTRIA IV (Richter 1994) und MSG (Brendemoen 1993).

Grundsätzlich wird in diesen Modellen zwischen preisinduziertem und ökonomisch unabhängigem technischen Wandel unterschieden (vgl. z.B. MEYER ET AL. 1999:56). Auf die Herleitung von Nachfragefunktionen aus neoklassischen Optimierungskalkülen in Verbindung mit substitutionalen Produktions- bzw. Nachfragefunktionen wird hierbei verzichtet. Hierdurch werden Probleme, die mit der Spezifizierung der entsprechenden Funktionen und mit der Realitätsnähe der dabei unterstellten Annahmen verbunden sind, vermieden (vgl. MEYER ET AL. 1999:38).[9]

[9] Als kritisch ist insbesondere die i.d.R. unterstellte Annahme der perfekten Information anzusehen (vgl. MEYER ET AL. 1999:38). Die Verwendbarkeit von neoklassischen Optimierungskalkülen wird zudem eingeschränkt, da teilweise verschiedene Optimierungskalküle unter unterschiedlichen Restriktionen gleichzeitig verfolgt werden, wodurch eine Zuordnung von ökonomischen Aktivitäten zu einem bestimmten Optimierungskalkül oft nicht möglich ist.

Um die verschiedenen Formen des technischen Wandels berücksichtigen zu können, werden in den genannten Modellen Nachfragefunktionen unterstellt, die eine preisabhängige und eine preisunabhängige Komponente aufweisen. Durch Verwendung der so ausgestalteten Nachfragefunktionen wird unterstellt, daß es, sobald sich die Preise der Produktionsfaktoren ändern, zu einer Veränderung des Einsatzes der Produktionsfaktoren kommt bzw. daß sich die Nachfrage nach den einzelnen Gütern unabhängig von der Entwicklung der Preise kontinuierlich ändert. Sowohl beim preisinduzierten als auch beim ökonomisch unabhängigen technischen Wandel kann es sich um eine Veränderung des Einsatzes von Inputs innerhalb eines Prozesses, um einen Prozeßwechsel oder um eine Veränderung des Prozeßmixes handeln.

Durch die Einbindung von Entwicklungspfaden für einzelne, ausgewählte Prozesse in Input-Output Modelle können die durch die Veränderungen im Prozessmix induzierten wirtschaftlichen Effekte erfaßt und analysiert werden (siehe z.B. EDLER/RIBAKOVA 1994, FRANKE/KATERMANN 1987, LEONTIEF/DUCHIN 1986). Während bei der Einbindung der Entwicklungspfade in statische Modelle endogen keine Preis- und Substitutionseffekte abgebildet werden, können durch die Verwendung erweiterter Input-Output Modelle auch dynamische Effekte (WEST 1995:214 f.) sowie die Auswirkungen technischer Veränderungen auf Preise und der dadurch in anderen Sektoren induzierte technische Fortschritt erfaßt werden (siehe z.B. MEYER/EWERHART 1993:217).

2.3.3 Angewandte Allgemeine Gleichgewichtsmodelle

In den Allgemeinen Gewichtsmodellen wird davon ausgegangen, daß auf allen Märkten stets ein Gleichgewicht zwischen Angebot und Nachfrage vorliegt. Dieses wird durch das Streben der Unternehmen nach maximalem Gewinn und das Streben der Haushalte nach maximalem Nutzen determiniert.

Normalerweise wird zusätzlich noch davon ausgegangen, daß die Haushalte und Unternehmen vollständige Informationen bzgl. der Auswirkungen ihres Handelns besitzen und daß alle Wirtschaftssubjekte Preisnehmer sind, d.h. sie die Preise einzelner Güter nicht direkt beeinflussen können.[10]

Außerdem besteht teilweise zwischen den Entscheidungen, die aufgrund eines Optimierungskalküls gefällt werden und den dadurch induzierten ökonomischen Handlungen eine zeitliche Verzögerung, wodurch u.U. Effekte überlagert werden. Hinzu kommt noch, daß mit substitutionalen Produktionsfunktionen die tatsächlichen Substitutionsmöglichkeiten nur bedingt erfaßt werden können. Insbesondere die kurz-, mittel- und langfristigen Substitutionsmöglichkeiten auf disaggregierter Ebene können aufgrund von Schätzproblemen und technischer Restriktionen i.d.R. nicht realitätsnah mit substitutionalen Produktionsfunktionen beschrieben werden (siehe Abschnitt 3.2.4)

[10] vgl. COOMBS/SAVOTTTI/WALSH (1987), BRENDEMOEN (1993), CONRAD/SCHMIDT (1995), WEST (1995), BÖHRINGER (1996).

Abbildung 5: Grundstruktur von Gleichgewichtsmodellen

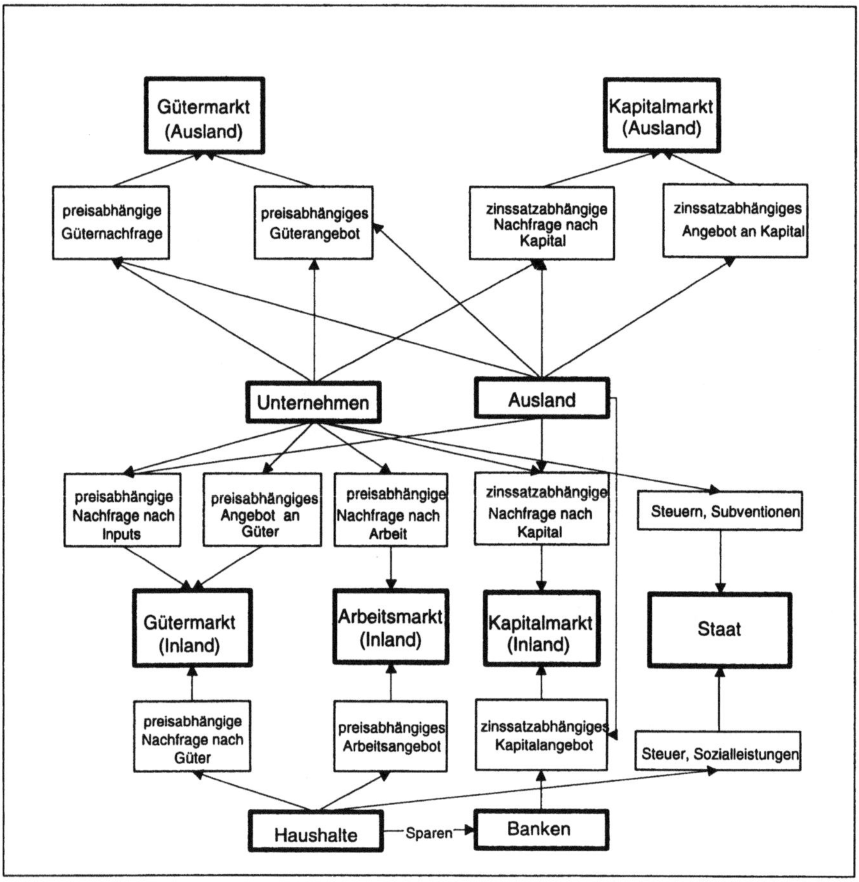

In die Nutzenfunktion der privaten Haushalte gehen i.d.R. nicht nur der Nutzen einzelner Güter unter Berücksichtigung der zwischen den Gütern bestehenden Abhängigkeiten (z.B. zwischen Fahrzeugbestand und Benzinverbrauch) sondern auch die zur Verfügung stehende Freizeit ein. Entsprechend können beispielsweise die Auswirkungen von Veränderungen des Lohnniveaus auf das Arbeitsangebot der privaten Haushalte berücksichtigt werden.

Die unternehmerischen Entscheidungen werden in den AGE-Modellen durch die Entwicklungen auf dem Kapitalmarkt, dem Arbeitsmarkt und auf dem Weltmarkt mitbeeinflußt (vgl. Abbildung 4). Zudem werden bei der Ermittlung der kostenoptimalen Produktion noch vom Staat erhobene Steuern bzw. Subventionen berücksichtigt. Die Produktionsmöglichkeiten ergeben sich aus den Produktionsfunktionen, die den einzelnen Sektoren zugrunde liegen. In den AGE-Modellen wird vom Vorliegen neoklassischer Produktionsfunktionen mit preisabhängigen Produktionskoeffizienten ausgegangen. Normalerweise werden geschachtelte CES oder Cobb-Douglas Produktionsfunktionen zur Darstellung der sektoralen Produktionsmöglichkeiten verwendet (siehe z.B. CONRAD/SCHMIDT 1995:3, BRENDEMOEN 1993:3), d.h. es wird unterstellt, daß die einzelnen Produktionsfaktoren in einem substitutionalen Verhältnis zueinander stehen, wobei die einzelnen Produktionsfunktionen jeweils ein Mix verschiedener Prozesse widerspiegeln, der sich in Abhängigkeit von den Inputpreisen ändert.

Die Bestimmung der auf den einzelnen Märkten bestehenden Gleichgewichte zwischen Angebot und Nachfrage erfolgt simultan, wobei die Gleichgewichtsmengen und -preise jeweils für ein Jahr bestimmt werden (siehe z.B. CONRAD/SCHMIDT 1995).

Aufgrund des hohen Datenbedarfs werden in den Modellen eine Vielzahl von formalen und datentechnischen Vereinfachungen getroffen. Hierzu zählt z.B. die Annahme der Homogenität der Präferenzstruktur der Haushalte, der Homogenität des Arbeitsangebots bzw. der Arbeitsnachfrage[11], die Annahme, daß sich die Substitutions- und Nachfrageelastizitäten auch bei größeren Veränderungen der Inputkombinationen nicht ändern und die Aggregation der abzubildenden Volkswirtschaft auf wenige Wirtschaftsbereiche. Da viele Daten, die für die Spezifizierung der Modelle notwendig sind i.d.R. nicht vorliegen, werden normalerweise eine Reihe von *„heroic assumptions"* (ROSE 1995:301) bzw. *„best guess values"* (WEST 1995:217) zur Schließung der Informationslücken verwendet. Zudem wird normalerweise aus Gründen der Vereinfachung und aus Konsistenzgründen der größte Teil der notwendigen Parameter (z.B. die Elastizitäten) auf Basis von Einpunktschätzungen, d.h. auf Basis der Daten aus einem einzigen Jahr und nicht auf Zeitreihen, ermittelt (siehe z.B. BÖHRINGER 1996:122 ff., MEYER ET AL. 1997:2). Hinzu kommt, daß AGE-Modelle i.d.R. sensibler gegenüber Fehlern in den Ausgangsdaten sind als ökonometrisch geschätzte Input-Output Modelle (WEST 1995:216).

Da durch die Verwendung von substitutionalen Produktionsfunktionen in Kombination mit neoklassischen Optimierungskalkülen nur ein Teil des technischen Wandels erklären läßt, wird in den neoklassischen Modellen normalerweise zusätzlich von einem konstanten, exogen vorgegebenen technischen Fortschritt ausgegangen (siehe KOSCHEL/SCHMIDT 1997:14 ff.). Hierbei wird angenommen, daß die Kapital- und bzw. oder die Arbeitsproduktivität kontinuierlich gesteigert werden kann, ohne daß hierfür Kosten anfallen.

In manchen Modellen wie z.B. dem Modell von JORGENSON/WILCOXEN (1993) wird versucht, durch eine teilweise Endogenisierung des technischen Fortschritts, die Entstehung von Neuerungen zu erklären bzw. darzustellen. Hierbei wird zumeist ein neoklassisches Erklärungskalkül unterstellt, d.h. die Entscheidung neue Prozesse zu entwickeln und einzusetzen, erfolgt aufgrund rationaler Kosten-Nutzenkalküle. Wie in Abschnitt 2.2.1 beschrieben, können durch die Orientierung an Kosten-Nutzenkalkülen nur Entwicklungen, die aus rationalen Gründen erfolgen, dargestellt werden (ERDMANN 1993:5). Entsprechend können solche AGE-Modelle nur zur Darstellung von „market-driven" Innovationen herangezogen werden,

[11] Hieraus folgt z.B. die uneingeschränkte Mobilität von Arbeitskräften zwischen den einzelnen Sektoren.

wobei bestehende Unsicherheiten bzgl. der zukünftigen Entwicklung des Marktes und der intertemporalen Konstanz des Einflusses auf das Innovationsverhalten in den Modellen i.d.R. unberücksichtigt bleiben. Keine Erklärung liefern diese Modelle warum und wann es zu „science-push" Innovationen kommt.

„Jahrgangskonzepte" werden z.B. in Modellen von HENSELER-UNGER (1986) und dem Modell GREEN (BURNIAUX ET AL. 1992) eingesetzt. Sie dienen in diesen Modellen dazu, die Ablösung ausgewählter Technologien darzustellen und die dadurch ausgelösten Effekte analysieren zu können. Normalerweise wird hierbei nur zwischen einer alten und einer neuen Technologie unterschieden.

In AGE-Modellen wie dem Modell GREEN (MENSBRUGGHE 1994) und dem Modell MERGE von MANNE ET AL. (1995) werden die Entwicklungen des Prozeßmixes innerhalb bestimmter Sektoren teilweise exogen vorgegeben. Die Entwicklungspfade für die Technologien werden größtenteils mittels Marktpenetrationsmodellen ermittelt. Dadurch können die Auswirkungen auf Preise und Mengen abgeschätzt werden. Die Rückwirkungen von Preisänderungen auf das Marktpenetrationsmodell bleiben jedoch bei solchen Ansätzen meistens unberücksichtigt.

Zwar wird in den AGE-Modellen eine möglichst hohe mikroökonomische Fundierung des Angebots- und Nachfrageverhaltens der Wirtschaftssubjekte angestrebt, aufgrund der unterstellten Homogenität der Wirtschaftssubjekte, Sektoren und Produkte können eine Vielzahl von mikroökonomischen Effekten aber nicht erfaßt werden (vgl. VOSSKAMP 1996:69 f., 1996:31 ff.). So bleiben beispielsweise in diesen Modellen die unterschiedliche Ausstattung der Unternehmen mit Kapital und Wissen und das daraus resultierende unterschiedlichen Innovationsverhalten bzw. Investitionsverhalten außer Acht. Hinzu kommt der i.d.R. hohe Aggregationsgrad der Modelle (GEM-E3 11 Produktions- sektoren, GREEN 8 Produktionssektoren).

Durch den hohen Aggregationsgrad und aufgrund des rein deterministischen Ansatzes erweist sich nach der Meinung von KOSCHEL/SCHMIDT (1997:23) die Darstellung von Inventionen, Innovationen und Diffusion in den AGE-Modellen sowie in anderen Top-down-Modellen als *„nahezu unlösbares Problem*".

2.3.4 Neo-österreichische Modelle

Im Mittelpunkt der neo-österreichischen Kapitaltheorie steht die Rolle der Zeit in ökonomischen Systemen, die Bedeutung von Kapitalgütern und die Ablösung von Techniken (vgl. z.B. STEPHAN 1995).[12] Von zentraler Bedeutung ist in der neoösterreichischen Kapitaltheorie die Unterscheidung zwischen Techniken und Prozessen: Ein „Prozeß" wird definiert als minimale Kombination von Produktionsfaktoren, die für die Erstellung eines Outputs erforderlich ist. Als „Technik" wird die minimale Kombination von Prozessen, die zur Erstellung eines Konsumgutes notwendig sind, bezeichnet (FABER/PROOPS 1991:147). Im Gegensatz zu den anderen Modellen werden somit auch die vor- und nachgelagerten Prozesse wie z.B. Produktion der Vorleistungen, Erstellung des Kapitalstocks, Entsorgung der mit

[12] Die neo-österreichische Kapitaltheorie beruht auf den Arbeiten von BÖHM-BAWERK (1921) und HICKS (1965, 1973). Weiterentwickelt wurde sie u.a. durch VON WEIZSÄCKER (1971), JAKSCH (1975) und FABER (1979).

der Produktion verbundenen Emissionen mitberücksichtigt. Ob und wenn ja, in welchem Umfang die einzelnen Techniken eingesetzt werden, hängt von dem Verbrauch an originären Inputs ab, die für die jeweilige Technik insgesamt erforderlich sind, unabhängig davon auf welcher Produktionsstufe und zu welchem Zeitpunkt die originären Inputs benötigt werden.

Bei der Entscheidung über den Einsatz der Techniken werden sowohl der Einsatz der originären Inputs, die zur Erstellung des für die Produktion notwendigen Kapitalstocks dienen als auch z.B. die Arbeit, die für die Rohstoffextraktion oder für die Entsorgung der mit der Produktion verbundenen Schadstoffe erforderlich ist, der entsprechenden Technik zugerechnet (siehe z.B. FABER/NIEMES/ STEPHAN 1983:120 ff.).

Können mit einer Technik mehr Konsumgüter produziert werden als mit einer anderen, so ist sie mehrergiebiger als diese (BERNHOLZ/BREYER 1984:76). Technik 1 ist somit gegenüber Technik 2 mehrergiebiger, wenn gilt:

$$\sum_{t=0}^{T} Q^{I}(t) > \sum_{t=0}^{T} Q^{II}(t) \tag{2.1}$$

mit $Q^{I}(t)$: Anzahl der Konsumgüter, die mit Technik I zum Zeitpunkt t produziert werden können,

$Q^{II}(t)$: Anzahl der Konsumgüter, die mit Technik II zum Zeitpunkt t produziert werden können.

Wie man anhand von Gleichung (2.1) erkennt, hängt die Mehrergiebigkeit wesentlich vom Zeithorizont ab. Je länger der Zeithorizont ist, desto mehr werden die zukünftigen Produktionsmöglichkeiten mitberücksichtigt. Ein zu kurzer Zeithorizont kann u.U. dazu führen, daß Unternehmen Techniken einsetzen, die zwar kurzfristig anderen überlegen sind, langfristig jedoch den anderen Techniken bzgl. der Mehrergiebigkeit unterlegen sind (vgl. FABER/PROOPS 1991:143 ff.).

Zu beachten ist, daß sich im Laufe der Zeit der für eine Technik insgesamt notwendige Einsatz an primären Inputs, etwa durch die Weiterentwicklung der einzelnen Prozesse, verändern kann. Die Veränderung des Einsatzes der primären Inputs führt per Definition auch zu einer Veränderung der Mehrergiebigkeit. Im Zeitverlauf können somit Techniken mehrergiebig werden, die am Anfang den anderen Techniken unterlegen waren (siehe z.B. FABER/NIEMES/STEPHAN 1983:32 ff.).

Ist eine Technik gegenüber einer anderen mehrergiebig, so bedeutet das noch nicht, daß sie auch eingesetzt wird: Da die Einführung einer neuen Technik i.d.R. mit einem anfänglichen Konsumverzicht bzw. mit einer veränderten Konsumstruktur verbunden ist, hängt die Entscheidung bzgl. der Einführung einer neuen Technik von der Präferenzstruktur und insbesondere auch von der Zeitpräferenz der Konsumenten ab (FABER 1979:126). Unter der Zeitpräferenz versteht man das Austauschverhältnis zwischen zukünftigem und gegenwärtigem Konsum (BERNHOLZ/BREYER 1984:76). Die Zeitpräferenz erhält man durch:

$$\left.\frac{dQ_i(t+1)}{dQ_i(t)}\right|_{\substack{dW=0 \\ Q_i(t+1)=Q_i(t)}} = -\left.\frac{\dfrac{\partial W(Q)}{\partial Q_i(t)}}{\dfrac{\partial W(Q)}{\partial Q_i(t+1)}}\right|_{\substack{dW=0 \\ Q(t+1)=Q(t)}} \tag{2.2}$$

mit $Q_i(t)$: Nachfrage nach Konsumgut i in der Periode t,
$W(Q_i(t))$: Nutzen, der mit dem Konsumgut Q_i in der Periode t erzielt wird.

Ist die Zeitpräferenz

- größer 1, so liegt Minderschätzung des zukünftigen Konsums vor, d.h. die Konsumenten sind nur bereit auf gegenwärtigen Konsum zu verzichten, wenn sie dafür in der Zukunft mehr konsumieren können,
- gleich 1, so liegt Gleichschätzung des zukünftigen Konsums und des gegenwärtigen Konsums vor, d.h. die Konsumenten sind bereit auf gegenwärtigen Konsum zu verzichten, wenn sie dafür die gleiche Menge an zukünftigem Konsum bekommen,
- kleiner 1, so liegt Höherschätzung des zukünftigen Konsums vor, d.h. die Konsumenten sind bereit auf gegenwärtigen Konsum zu verzichten, auch wenn sie in Zukunft weniger konsumieren können.

In der neo-österreichischen Kapitaltheorie wird davon ausgegangen, daß die Wirtschaftssubjekte eine neue Technik präferieren, wenn sie durch den Einsatz der neuen Technik insgesamt ein höheres Nutzenniveau realisieren können als im Falle der Weiternutzung der herkömmlichen Technik. Je länger der Zeithorizont der Konsumenten ist, desto mehr werden die zukünftigen Konsummöglichkeiten berücksichtigt. Für eine Technik, für die zuerst noch ein Kapitalstock aufgebaut oder Produktionsfaktoren extrahiert und aufbereitet werden müssen, ist i.d.R. am Anfang ein höherer Konsumverzicht notwendig als für eine bestehende Technik. Dies hat unter der Annahme, daß Minderschätzung zukünftiger Güter vorliegt, zur Folge, daß in der Anfangsphase eine größere Bereitschaft vorliegen muß, auf Konsum zu verzichten als in den Folgeperioden.

In den neo-österreichischen Modellen wird davon ausgegangen, daß, wenn sich eine Technik gegenüber einer anderen als vorteilhaft erwiesen hat, sie im größtmöglichen Umfang eingesetzt wird. Danach wird die Technik eingesetzt, die die zweithöchste Vorteilhaftigkeit aufweist, usw. Der Einsatz der einzelnen Techniken wird durch den Umfang der zur Verfügung stehenden Vorleistungen, die für die Produktion benötigt werden sowie durch den Kapitalstock begrenzt.

Der verzögerte Einsatz der Techniken in den einzelnen Unternehmen und die langsame Verbreitung einer Technik können damit erklärt werden, daß Zeit für den Aufbau des Kapitalstocks der Techniken erforderlich ist. Die neo-österreichischen Modellen liefern somit einen Erklärungsansatz für die langsame Verbreitung von Techniken. Einflußfaktoren wie z.B. die Heterogenität der Unternehmen hinsichtlich der finanziellen Ausstattung und hinsichtlich ihres Investitionsverhaltens bleiben hierbei jedoch unberücksichtigt.

2.4 Schlußfolgerungen

Bis auf die Modelle, in denen explizit die Auswirkungen einzelner, ausgewählter Techniken untersucht werden sollen, steht in ökonomischen Modellen die Darstellung technischer Entwicklungen auf mikroökonomischer Ebene im Hintergrund. So werden in den meisten Modellen aus Vereinfachungsgründen technologische Entwicklungspfade oder feste Fortschrittsraten verwendet, die auf Expertenwissen, auf der Analyse vergangener Zeitreihen bzw. auf Abschätzungen durch die Modellentwickler basieren. Die aufgeführten Einflußfaktoren auf die Entwicklung, Einführung und Verbreitung technischer Neuerungen bleiben größtenteils unberücksichtigt (vgl. Tabelle 3).

Zu den Modellen, in deren Mittelpunkt einzelne Techniken stehen, gehören die Prozeßmodelle wie z.B. das Modelle von ESD (1996), PERSEUS und E3-Net (FEES 1999). Diese Modelle haben jedoch den Nachteil, daß Wechselwirkungen mit den Entwicklungen in anderen Sektoren bzw. Rückkopplungseffekte von technischen Veränderungen aus Vereinfachungsgründen nicht bzw. nur eingeschränkt berücksichtigt werden.

Mit Input-Output Modellen, wie beispielsweise den Modellen von MEYER ET AL. (1999), EDLER/RIBAKOVA (1994), FRANKE/KATERMANN (1987) und LEONTIEF/DUCHIN (1986), können hingegen sowohl die direkt durch Veränderungen des Prozeßmixes eines Sektors entstehenden Effekte als auch die Auswirkungen auf andere Sektoren inklusive von Rückkopplungseffekten erfaßt werden. Dafür weisen diese Modelle jedoch meistens einen höheren Aggregationsgrad als die Prozeßmodelle auf, wodurch die Identifikation (und dadurch auch die Modellierung der Entwicklung) einzelner Prozesse erschwert wird. Technischer Wandel wird in diesen Modellen i.d.R. mittels Nachfragefunktionen mit preisabhängigen bzw. preisunabhängigen Komponenten erfaßt. Da durch die alleinige Verwendung dieser Ansätze technischer Wandel nur teilweise erklärt werden kann, eignen sich Input-Output Modelle ohne zusätzliche Erweiterungen nur eingeschränkt für Fragestellungen, in deren Mittelpunkt technische Entwicklungen (beispielsweise die Entwicklung des Prozeßmixes in bestimmten Lastbereichen) stehen.

Gleiches gilt für die Allgemeinen Gleichgewichtsmodelle. Zwar wird in den letzten Jahren verstärkt versucht, Teile des technischen Wandels in diesen Modellen zu endo- genisieren, aufgrund des hohen Aggregationsgrades der Modelle, fehlender oder unzureichender Datengrundlagen bzw. durch die Ausrichtung auf gesamtwirtschaftliche Entwicklungen sind diese Modelle jedoch nur eingeschränkt für technisch-ökonomische Fragestellungen verwendbar.

Der Schwerpunkt neo-österreichischer Modelle liegt in der Darstellung der zeitlichen Struktur von Technikablösungen und in der Berücksichtigung von „Zeit" bei der Entscheidung über die Einführung einer Technik. Durch die Betrachtung von Techniken anstelle von Einzelprozessen werden inter- und intratemporale Struktureffekte von technischen Veränderungen deutlicher sichtbar als bei neoklassischen Modellen. Aufgrund der eingeschränkten Berücksichtigung der Einflußfaktoren auf den technischen Wandel eignet sich jedoch auch dieser Modelltyp nur begrenzt für technisch-ökonomische Fragestellungen.

Tabelle 3: Ökonomische Modelle und technischer Fortschritt

	Berücksichtigung des technischen Wandels in den Modellen	**Umfang, in dem die Auswirkungen des technischen Wandels erfaßt werden können**	**Eignung für Szenarien mit tech.-ökonomischen Fragestellungen**
Prozeßmodelle	detaillierte Erfassung der Entwicklungen auf Prozessebene	eingeschränkt (wegen z.B. fehlenden Rückkopplungsmechanismen)	eingeschränkt
Input-Output Modelle	eingeschränkt (i.d.R. keine explizite Erfassung von Innovations- und Diffusionsverläufen auf Prozessebene, i.d.R. bei konstanten Preisen unabhängig von der Altersstruktur des Kapitalstocks kontinuierliche Veränderung des Prozessmixes)	hoch (Erfassung der direkten und der induzierten Effekte auf sektoraler bzw. gesamtwirtschaftlicher Ebene)	eingeschränkt
Allgemeine Gleichgewichtsmodelle	eingeschränkt (i.d.R. keine explizite Erfassung von Innovations- und Diffusionsverläufen auf Prozessebene, i.d.R. bei konstanten Preisen unabhängig von der Altersstruktur des Kapitalstocks kontinuierliche Veränderung des Prozessmixes)	je nach Aggregationsgrad eingeschränkt bis hoch	eingeschränkt
Neoösterreichische Modelle	eingeschränkt (keine Erfassung von Einflußfaktoren wie z.B. Marktstruktur, Verhalten und Ausstattung der einzelnen Unternehmen)	je nach Aggregationsgrad eingeschränkt bis hoch	eingeschränkt

Um die Abbildung des technischen Wandels zu verbessern, werden oft Kombinationen verschiedener Modelle eingesetzt. Beispiele hierfür sind z.B. IKARUS (siehe z.B. GERSTER 1996) und RIM+ (siehe z.B. RIVM 1993). Für die

Bestimmung der Entwicklung des Prozeßmixes bzw. des Einsatzes der einzelnen Prozesse werden i.d.R. Prozeßmodelle verwendet. Aufbauend auf den Ergebnissen aus den Prozeßmodellen werden mit Input-Output Modellen bzw. Allgemeinen Gleichgewichtsmodellen die ökonomischen Auswirkungen der technischen Veränderungen ermittelt. Die Probleme bei der Verwendung von mehreren Modellen liegen in der Modellierung der Übergänge und in der Berücksichtigung von Rückkopplungseffekten. Hinzu kommen noch Konsistenzprobleme (vgl. BÖHRINGER 1996:61).

In der Regel wird in all diesen Modellen nicht darauf eingegangen, wie technische Entwicklungen auf regionaler Ebene verlaufen, ob dort technische bzw. umweltpolitische Ziele erreicht werden können und welche Auswirkungen der Einsatz ökonomischer Instrumente auf die technische Entwicklung einzelner Regionen hat:

Wie die Analyse historischer Entwicklungen zeigt, verändert sich das auf regionaler Ebene eingesetzte Prozeßmix oft nicht kontinuierlich sondern diskret (vgl. z.B. StaLa-BW 1993:34). Die Ursachen hierfür liegen u.a. in der geringen Anzahl von Beobachtungsobjekten bzw. dem Aufbau der Kapitalstöcke. Um Entwicklungen auf regionaler Ebene erfassen zu können, sind entsprechende Modelle erforderlich, in denen die Ursachen des diskreten Verlaufs des technischen Wandels berücksichtigt werden können.

Im folgenden wird ein solches Modell beschrieben. Dieses Modell wird so spezifiziert, daß sowohl eine Vielzahl der prozeß- und sektorspezifischen sowie gesamtwirtschaft- lichen Einflußfaktoren auf technische Entwicklungen auf regionaler Ebene als auch die Abhängigkeit von der Nachfrage unter Beachtung des Altersaufbaus des Kapitalstocks erfaßt werden können. Besonderer Wert wird hierbei auf die Berücksichtigung von intertemporalen Abhängigkeiten wie z.B. dem langen Zeithorizont bei Investitionsentscheidungen und der intertemporalen Struktur von Investitionsaktivitäten gelegt.

3 Beschreibung des Modells DIOGENES

Aufbauend auf den Erkenntnissen aus den vorausgegangen Kapiteln wird im folgenden das Modell DIOGENES erstellt. Im Mittelpunkt steht hierbei die Einbindung technischer Informationen in ein dynamisches Input-Output Modell. Das Modell wird so ausgestaltet, daß mit ihm die technische Entwicklung der Elektrizitätswirtschaft inklusive der in anderen Wirtschaftbereichen induzierten Effekte untersucht werden kann. Besonderer Wert wird auf die Berücksichtigung der Entwicklungen auf Prozessebene gelegt.

Zunächst wird das Grundmodell beschrieben. Das Modell wird anschließend an die Besonderheiten der Elektrizitätswirtschaft angepaßt.

3.1 Aufbau des Grundmodells

In den nächsten Abschnitten wird zunächst ein sequentiell-statisches Modell beschrieben, mit dem die Auswirkungen technischer Veränderungen untersucht werden können. Anschließend wird dieses zu einem dynamischen Modell erweitert, d.h. zu einem Modell, in dem die intertemporale Entwicklung der Produktionswerte endogen bestimmt wird. Dieses Modell bildet das ökonomische Grundgerüst von DIOGENES.

3.1.1 Beschreibung des Grundmodells

Um die Auswirkungen technischer Veränderungen untersuchen zu können, wird unterstellt, daß Prozesse des gleichen Typs stets die gleichen technischen Eigenschaften aufweisen und daß für den Einsatz der einzelnen Prozesse jeweils ein bestimmter Kapitalstock notwendig. Zudem wird davon ausgegangen, daß die Nutzungsdauer der für einen einzelnen Prozeß notwendigen Kapitalstöcke aus technischen bzw. ökonomischen Gründen beschränkt ist. Nach dem Ende der Nutzungsdauer kann der Prozeß nicht weiter eingesetzt werden.

Aus der letzten Annahme folgt, daß sich zum Zeitpunkt t die installierte Kapazität der Sektoren, deren technische Entwicklung auf Prozeßniveau erfaßt wird, jeweils um

$$Re_i\ (t) = \sum_{k=1}^{s_i(t)} \left(a_i^k(t-u_k)\ \cdot Kap_i^{Neu}(t-u_k) \right) \tag{3.1}$$

mit $Re_i(t)$: Verminderung der Kapazität von Sektor i zum Zeitpunkt t durch das Ausscheiden der Prozesse, deren Nutzungsdauer zum Zeitpunkt t endet,

$s_i(t)$: Anzahl der zum Zeitpunkt t im Sektor i eingesetzten Prozeß- typen,

u_k: technische Nutzungsdauer des für den Prozeß k notwendigen Kapitalstocks,

$\alpha_i^k(t-u_k)$: Anteil des Prozesses k an der zum Zeitpunkt $t-u_k$ neu installierten Kapazität,

$Kap_i^{Neu}(t-u_k)$: in der Periode $t-u_k$ im Sektor i neu installierte Leistung,

vermindert, falls in der Periode t keine neuen Prozesse hinzukommen.

Für die Sektoren, für die keine Informationen über die Altersstruktur des Kapitalstocks vorliegen bzw. deren technische Entwicklung nicht im Detail untersucht werden soll, wird in Anlehnung an die Vorgehensweise von LEONTIEF/DUCHIN (1986) vereinfachend unterstellt, daß der Bedarf an Ersatzinvestitionen ausschließlich vom Umfang der Produktion abhängt. Der Ersatzbedarf des Sektors i, der zu diesen Sektoren gehört, ergibt sich entsprechend durch

$$Re_i^*(t) = R_i X_i(t) \tag{3.2}$$

mit $Re_i^*(t)$: Vektor mit der Nachfrage des Sektors i nach Ersatz- invesitionen,

R_i: Vektor mit den Kapitalkoeffizienten für Ersatzinvestitionen,

$X_i(t)$: Produktionswert des Sektors i

Eine erwartete Erhöhung der Nachfrage über die vorhandenen Kapazitätsgrenzen hat zur Folge, daß mehr Prozesse neu hinzukommen müssen, als zur Deckung des Bedarfs an Ersatzinvestitionen notwendig sind. Wird erwartet, daß die Nachfrage konstant bleibt, so besteht lediglich ein Ersatzbedarf. Eine Verminderung der Nachfrage hat zur Folge, daß nur ein Teil der ausscheidenden Prozesse durch neue ersetzt werden müssen.

Wie in dynamischen Input-Output Modellen üblich, wird im folgenden davon ausgegangen, daß die Entscheidung der Unternehmen über eine Ausweitung der vorhandenen Kapazität bzw. die Entscheidung ob und inwieweit die durch das Ausscheiden von Teilen des Kapitalstocks induzierte Verminderung der Kapazität durch den Einsatz neuer Prozesse kompensiert werden soll, linear von der Entwicklung der Nachfrage abhängt (siehe z.B. ROSE/MIERNYK 1989:234). Hierzu wird unterstellt, daß die Anpassung der Kapazität aufgrund folgender Gleichung erfolgt:

$$Erw_i(t) = \kappa_i(X_i^*(t+1) - X_i(t)) \tag{3.3}$$

mit $Erw_i(t)$: Nachfrage des Sektors i nach Erweiterungsinvestitionen,

κ_i: Bedarf an Investitionen um die Absatzmenge um eine Einheit erhöhen zu können,

$X_i^*(t+1)$: vom Sektor i für die Periode t+1 erwartete Absatzmenge.

In der Periode t besteht somit in den einzelnen Sektoren jeweils ein Bedarf an neuer Kapazität im Umfang von

$$Kap_i^{Neu}(t) = Re_i(t) + Erw_i(t). \tag{3.4}$$

wobei für die Sektoren, deren Bedarf an Ersatzinvestitionen mittels Gleichung (3.2) erfaßt wird, $Re_i(t)$ Null ist.

Die Anzahl der Sektoren wird expliziter Prozeßdarstellungn wird im folgenden mit n_k angesetzt. Unter der Annahme, daß der neue Kapazitätsbedarf dieser Sektoren vollständig durch den Einsatz neuer Prozesse gedeckt wird, erhält man für diese Sektoren folgende Gleichung:[13]

$$\sum_{k=1}^{s_i(t)} a_i^k(t)\, Kap_i^{Neu}(t) = Kap_i^{Neu}(t)$$

bzw.

$$\sum_{k=1}^{s_i(t)} a_i^k(t) = 1 \tag{3.5}$$

mit $1 \le i \le n_k$.

Die Anteile der einzelnen Prozesse an dem im Sektor i neu zu installierenden Kapitalstock ergeben sich aufgrund der Annahme, daß die Anteile der einzelnen Prozesse am vorhandenen Prozeßmix bekannt sind, durch

$$a_i^k(t) = \frac{\Delta Kap_i\, g_i^k(t-1) + Kap_i(t)\, \Delta g_i^k + a_i^k(t-u_k)\, Kap_i^{Neu}(t-u_k)}{Kap_i^{Neu}(t)}$$

mit ΔKap_i: Veränderung des Kapitalstocks von Sektor i von Periode t-1 auf Periode t,

[13] Grundsätzlich können Veränderungen in der Nachfrage auch durch vermehrte Importe ausgeglichen werden. Aus Vereinfachungsgründen werden Veränderungen der Importnachfrage jedoch zunächst vernachlässigt.

$g_i^k(t)$:	Anteil von Prozeß k am zum Zeitpunkt t vorhandenen Prozeßmix ,
Δg_i^k:	Veränderung des Anteils von Prozeß k von Periode t-1 auf t,

d.h. aus dem Verhältnis des Bedarfs, der besteht, weil sich die Kapazität des Sektors gegenüber der Vorperiode verändert hat, zuzüglich des Bedarfs, der aus der Veränderung des Anteils des Prozesses k von Periode t-1 auf t resultiert und zuzüglich der Nachfrage nach Prozeß k, der besteht, weil Prozesse dieses Typs aus Altersgründen ausscheiden, zur insgesamt neu zu installierenden Kapazität. Die Kapazität des Sektors i zum Zeitpunkt t erhält man hierbei durch

$$Kap_i(t) = Kap_i(t\text{-}1) + Erw_i(t\text{-}1) \tag{3.6}$$

d.h. durch die um die Erweiterungsinvestitionen erhöhte Kapazität der Vorperiode.

Zu beachten ist, daß sich die Planung und die Erstellung der für die einzelnen Prozesse notwendigen Kapitalstöcke i.d.R. über einen längeren Zeitraum erstrekken (vgl. z.B. AULIN-AHMAVAARA 1990:329 ff.). So sind beispielsweise für die Planung und Konstruktion eines Steinkohlekraftwerks zwei Jahre nötig. Weitere drei Jahre sind erforderlich, um das Kraftwerk zu bauen (FZJ 1994:F1/8). Um die zeitlichen Strukturen der Investitionsaktivitäten berücksichtigen zu können, wird in Anlehnung an die Vorgehensweise von FABER/NIEMES/STEPHAN (1983) für jeden Prozeß ein n-dimensionaler Vektor definiert, dessen Elemente die Nachfrage nach Investitionsgütern widerspiegeln, die zu einem bestimmten Zeitpunkt notwendig sind, damit zum Zeitpunkt t der entsprechende Prozeß zur Verfügung steht. n entspricht hierbei der Gesamtzahl der vorhandenen Produktionssektoren.

Die Matrix der zeitlichen Struktur der für den Prozeß k notwendigen Investitionsaktivitäten lautet:

$$(C^k(1), \ldots , C^k(\tau_k), \Delta Kap_k)$$

mit	$C^k(1)$:	Vektor mit der Nachfrage nach den Gütern 1 bis n, die τ_k Perioden vor dem Zeitpunkt benötigt werden, zu dem der Prozeß k zur Verfügung stehen soll,
	τ_k:	Anzahl von Perioden, die zur Erstellung des Kapitalstocks für Prozeß k notwendig sind,
	ΔKap_k:	für den Einsatz von Prozeß k erforderlicher Kapitalstock. Dieser steht in der Periode τ_k+1 zur Verfügung, wenn in den vorangegangenen Perioden die entsprechen den Investitionen erfolgten.

(vgl. FABER/NIEMES/STEPHAN 1983:92). Durch

$$B^k = \left(\frac{C^k(1)}{\Delta K_k}, \dots, \frac{C^k(\tau_k)}{\Delta K_k}, 1\right) = (B^k(1), \dots, B^k(\tau_k), 1)$$

mit B^k: Vektor mit der Nachfrage nach den Gütern 1 bis n, die t-τ_k bis t-1 Perioden vor dem Zeitpunkt, zu dem der Kapitalstock eines Sektors um eine Einheit erhöht werden soll, benötigt werden,

wird die Kapazität des Sektors i um eine Einheit erhöht.[14] Damit in der Periode $t+\tau_k$ eine um $\alpha_i^k(t+\tau_k)Kap_i^{Neu}(t+\tau_k)$ erhöhte Kapazität zur Verfügung steht, sind in der Periode t entsprechend Investitionen in Höhe von

$$I_i^k(t, t+\tau_k) = B^k(1)\; a_i^k(t+\tau_k)\; Kap_i^{Neu}(t+\tau_k) \tag{3.7}$$

mit $I_i^k(t,\, t+\tau_k)$: Vektor mit der Nachfrage nach Investitionen, die in der Periode t benötigt werden, damit in der Periode $t+\tau_k$ der Prozeß k zur Verfügung steht,

notwendig, in der Periode t+1 müssen Investitionen im Umfang von

$$I_i^k(t+1, t+\tau_k) = B^k(2)\; a_i^k(t+\tau_k)\; Kap_i^{Neu}(t+\tau_k) \tag{3.8}$$

erfolgen, usw.

Zu beachten ist, daß zum Zeitpunkt t nicht nur die Investitionsgüter nachgefragt werden, die notwendig sind, damit der Prozeß k zum Zeitpunkt $t+\tau_k$ zur Verfügung steht, sondern auch die Investitionsgüter, die benötigt werden, um den in den Perioden $t+\tau_k$-1, $t+\tau_k$-2 usw. anfallenden Kapazitätsbedarf zu decken (vgl. DUCHIN/SYZLD 1985:274). Insgesamt besteht zum Zeitpunkt t eine Nachfrage nach Investitionsgütern für Prozesse des Typs k im Umfang von

$$I_i^k(t) = \sum_{\theta=1}^{\tau_k} I_i^k(t, t+\theta) = \sum_{\theta=1}^{\tau_k} B^k(1+\tau_k-\theta)\; a_i^k(t+\theta)\; Kap_i^{Neu}(t+\theta) \tag{3.9}$$

Da zum Zeitpunkt t auch Investitionsgüter für die Erstellung der Prozesse 1 bis k-1 und k+1 bis $s_i(t)$ nachgefragt werden, besteht zum Zeitpunkt t in dem Sektor i insgesamt eine Nachfrage nach Investitionsgütern im Umfang von

---

[14] Implizit wird hierbei die uneingeschränkte Teilbarkeit der Investitionsaktivitäten unterstellt.

$$I_i(t) = \sum_{k=1}^{s_i(t)} I_i^k(t) \tag{3.10}$$

mit $I_i(t)$: Vektor mit der Nachfrage des Sektors i nach Investitions- gütern, die in der Periode t benötigt werden, um die Kapazität der Perioden t+1 bis t +max(τ_k) zu erhalten bzw. auszuweiten,

bzw. bei einer Differenzierung nach Erweiterungs- und Ersatzinvestitionen

$$I_i(t) = \sum_{k=1}^{s_i(t)} \left(\sum_{\theta=1}^{\tau_k} B^k(1+\tau_k-\theta)\,(Erw_i^k(t+\theta)+Re_i^k(t+\theta)) \right) \tag{3.11}$$

mit $Erw_i^k(t+\theta)$: Vektor mit der Nachfrage nach Investitionsgütern, die zum Zeitpunkt t benötigt werden, um die Kapazität des Sektors i in der Periode $t+\theta$ zu erhöhen bzw. zu senken,

$Re_i^k(t+\theta)$: n x 1 Vektor mit der Nachfrage des Sektors i nach den einzelnen Investitionsgütern, die zum Zeitpunkt t nachgefragt werden, um den Teil der Kapazität zu ersetzen, dessen Nutzungsdauer in der Periode $t+\theta$ endet,

wobei $a_i^k(t)\ Kap_i^{Neu}(t) = Erw_i^k(t) + Re_i^k(t)$

und $Erw_i(t) = \sum_{k=1}^{s_i(t)} Erw_i^k(t)$

bzw. $Re_i(t) = \sum_{k=1}^{s_i(t)} Re_i^k(t)$.

Da auch bei den Sektoren, für die keine Informationen über Einzelprozesse vorliegen, zeitliche Verzögerungen zwischen Investitionsplanung und Kapazitätserhöhung zu beobachten sind, wird im folgenden auch für jeden dieser Sektoren ein Vektor definiert, mittels dessen die intertemporale Struktur der sektoralen Investitionsnachfrage erfaßt wird (vgl. Leontief/Duchin 1986, Edler 1990) Der Vektor für Sektor i mit $n_k < i \leq n$ lautet:

$$B_i = (B_i(1), \dots, B_i(\tau_i), 1)$$

mit $B_i(1)$: Vektor mit der Nachfrage nach den Gütern der Sektoren 1 bis n, die τ_i Perioden vor dem Zeitpunkt benötigt werden, zu dem der Kapitalstock des Sektors i um eine Einheit erhöht werden soll,

τ_i: Anzahl der Perioden, die zur Erhöhung des Kapitalstocks des Sektors i notwendig sind.

Unter der Annahme, daß erst alle Investitionsgüter vorliegen müssen, bevor es zu einer Veränderung der Kapazität kommt, ergibt sich τ_i durch

$$\tau_i = \max(\tau_{ij})$$

mit τ_{ij}: Zeit, die Sektor i benötigt, um das Investitionsgut j zu beschaffen bzw. bis es für eine Kapazitätserweiterung verwendbar ist.

d.h. als Maximum der Ausreifungszeiten der einzelnen Investitionsgüter im Sektor i (vgl. LEONTIEF/DUCHIN 1986:136). Die Nachfrage des Sektors i zum Zeitpunkt t erhält man durch

$$I_i(t) = \sum_{\theta=1}^{\tau_i} B_i(1+\tau_i-\theta)\, Kap_i^{Neu}(t+\theta), \tag{3.12}$$

d.h. aus der Summe der für die Erhöhung der Kapazität in den Perioden t+1 bis $1+\tau_i$ notwendigen Investitionen, die sich aus den jeweiligen Elementen des Investitionsvektors B_i und der erwarteten Veränderung der Kapazität ergeben.

Um die Auswirkungen technischer Veränderungen auf die Nachfrage nach den Vorleistungen erfassen zu können, werden variable Produktionskoeffizienten verwendet. Die Produktionskoeffizienten der Sektoren 1 bis n_k hängen hierbei vom Prozeßmix in dem entsprechenden Sektor ab. So ergibt sich der Produktionskoeffizient $a_{ij}(t)$ des Sektors i mit $1 \leq i \leq n_k$ durch

$$a_{ij}(t) = \sum_{k=1}^{s_i(t)} g_i^k(t)\, a_{ij}^k \tag{3.13}$$

mit: a_{ij}(t): Vorleistungen, die Sektors j von Sektor i zum Zeitpunkt t, um eine Outputeinheit zu produzieren,

a_{ij}^k: Produktionskoeffizient für Prozeß k,

d.h. als gewichtetes Mittel der Produktionskoeffizienten der einzelnen innerhalb des Sektors i eingesetzten Prozesse (siehe z.B. FORSCHUNGSGRUPPE „TECHNOLOGISCHER WANDEL UND BESCHÄFTIGUNG" 1989:58).

In Anlehnung an die Vorgehensweise von MEYER/EWERHART (1998) wird unterstellt, daß die Produktionskoeffizienten der Sektoren, deren technische Entwicklungen nicht in disaggregierter Form analysiert werden, von den relativen Preisen und von Trendfunktionen abhängen. Die Produktionskoeffizienten dieser Sektoren ergeben sich entsprechend durch

$$a_{ij}(t) = \gamma_{ij}^{0} \left[\frac{p_i(t)}{p_j(t)}\right]^{\gamma_{ij}^{1}} e^{w_{ij} t} \tag{3.14}$$

mit

γ_{ij}^{0}:	Faktor zur Erfassung des preis- und trendunabhängigen Teils des Produktionskoeffizienten,
p_j:	Preis für Gut j,
γ_{ij}^{1}:	Faktor für die Preisabhängigkeit der Nachfrage des Sektors j nach Gut i von den relativen Preisen,
w_{ij}:	Trendrate.

Die Preise der einzelnen Güter erhält man hierbei durch folgendes Leontiefsche Preismodell

$$p_j = \sum_{i=1}^{n} p_i \, a_{ij}(t) + \sum_{l=1}^{m} p_l^{prim} \, prim_{lj}(t) \tag{3.15}$$

mit

p_l^{prim}:	Preis des primären Inputfaktors l,
m:	Anzahl der unterschiedlichen Arten von primären Inputs,
$prim_{lj}$:	Menge des primären Inputfaktors l, der zur Produktion einer Outputeinheit in Sektor j benötigt wird,

d.h. als Summe der mit den Preisen bewerteten Güter, die von den Produktionssektoren produziert wurden und als Inputs in die Produktion des Sektors j eingehen, zuzüglich der Kosten für die primären Produktionsfaktoren.

Außer auf die Preise wirken sich technische Veränderungen u.a. auch auf die sektoralen Wertschöpfungskoeffizienten und damit auf das Volks einkommen aus, was wiederum Auswirkungen auf die Nachfrage der privaten Haushalte hat. Die Auswirkungen von Veränderungen des Volkseinkommens können erfaßt werden, indem man die nicht- investive Nachfrage in die Nachfrage der privaten Haushalte und die Nachfrage der sonstigen nicht-investiven Endnachfragekomponenten aufspaltet (vgl. z.B. HOLUB/SCHNABL 1994:430). Man erhält dadurch

$$Y^R(t) = C(t) + Y^{NC}(t) \tag{3.16}$$

mit $Y^R(t)$: Vektor mit der nicht-investiven Endnachfrage,
$C(t)$: Vektor mit der Nachfrage der privaten Haushalte nach den einzelnen Gütern,
$Y^{NC}(t)$: Vektor mit der sonstigen nicht-investiven Endnachfrage (z.B. Exporte, Vorratsveränderungen, Nachfrage des Staates).

Um die Auswirkungen von Einkommensveränderungen berücksichtigen zu können, wird im folgenden zusätzlich die Nachfrage nach Konsumgütern (teilweise) endogenisiert. Hierzu wird die Konsumnachfrage in einen einkommens- und einen autonomen Teil unterteilt. Zur Erklärung der Konsumnachfrage existieren unterschiedliche Ansätze. So wird teilweise davon ausgegangen, daß die Konsumnachfrage vom in der entsprechenden Periode zur Verfügung stehenden Einkommen, vom zukünftig erzielbaren Einkommen und vom vorhandenen Vermögen abhängt (vgl. WINKER 1997:122). Zur Vereinfachung wird im folgenden in Analogie zur Vorgehensweise von FLEISSNER ET AL. (1993:292) davon ausgegangen, daß die Konsumnachfrage ausschließlich vom Einkommen der Vorperiode abhängt. Man erhält dadurch

$$C(t) = C^o(t) + c(t)\, V(t-1) \tag{3.17}$$

mit $C^o(t)$: Vektor mit der einkommensunabhängigen Nachfrage nach den einzelnen Gütern,
$c(t)$: Vektor mit den Konsumkoeffizienten $c_i(t)$,
$V(t-1)$: in der Periode t-1 verfügbares Einkommen.

Das Einkommen, das für Konsumzwecke zur Verfügung steht, ergibt sich durch

$$V(t) = v(t)\, X(t) \tag{3.18}$$

mit $v(t)$: 1 x n Vektor mit den sektoralen Wertschöpfungs- koeffizienten $v_i(t)$, die man durch

$$v_i(t) = \sum_{k=1}^{s_i(t)} g_i^k(t)\, v^k$$

mit v_k: Wertschöpfungskoeffizient des Prozesses k,

für $1 \leq i \leq n_k$ bzw. durch

$v_i(t) = v_i$

für $n_k < i \leq n$ erhält,

d.h. als Summe der in den einzelnen Sektoren entstehenden Einkommen (HOLUB/SCHNABL 1994:438). Zu beachten ist, daß auch die Konsumkoeffizienten i.d.R. von der Entwicklung der Preise abhängen. Um die Auswirkungen von Preisveränderungen auf die Konsumnachfrage erfassen zu können, wird in Analogie zur Gleichung (3.14) folgende Gleichung unterstellt:

$$c_i(t) = \zeta_i^0 \left[\frac{p_i(t)}{p_v(t)} \right]^{\zeta_i^1} e^{\zeta_i^2 t} \tag{3.19}$$

mit	ζ_i^0:	Faktor für die Erfassung des einkommsunanhängigen Anteils an der Konsumnachfrage,
	p_v:	durchschnittlicher Preisindex für Konsumgüter,
	ζ_i^1:	Faktor, der die Abhängigkeit der Konsumnachfrage von den relativen Preisen widerspiegelt,
	ζ_i^2:	Trendrate.

Berücksichtigt man die Gleichungen (3.1) bis (3.19) so erhält man

$$X(t) = A(t)\, X(t) + RX(t) + \sum_{\theta=1}^{\tau^{max}} (\tilde{B}^{\theta}(t)\; Kap^{Neu}(t+\theta)) + C(t) + Y^{NC}(t) \tag{3.20}$$

mit	$A(t)$:	Matrix der Produktionskoeffizienten $a_{ij}(t)$.
	R:	Matrix der Kapitalkoeffizienten für Ersatzinvestitionen der Sektoren 1 bis n, R setzt sich hierbei aus den Vektoren R_i der Sektoren 1 bis n zusammen, wobei es sich bei den Vektoren R_i der Sektoren 1 bis n_k um Nullvektoren handelt,
	τ^{max}:	Ausreifungszeit, die sich durch $\tau^{max} = \max_{i,j,k} (\tau_{ij}, \tau_k)$ ergibt,
	$\tilde{B}^{\theta}(t)$:	Matrix, deren Elemente den Umfang der Investitionen angibt, die zum Zeitpunkt t notwendig sind, um die Kapazität der einzelnen Sektoren in der Periode $t + \theta$ um eine Einheit zu erhöhen,

$Kap^{Neu}(t+\theta)$: Matrix mit der Nachfrage nach neuer Kapazität. Die Matrix setzt sich hierbei aus den Vektoren $Kap_i^{Neu}(t+\theta)$ zusammen.

Die Matrix $\tilde{B}^{\theta}(t)$ erhält man aus den Vektoren $\tilde{B}_i^{\theta}(t)$ der Sektoren i=1 bis n_k, mit

$$\tilde{B}_i^{\theta}(t) = \sum_{k=1}^{s_i(t)} B^k(1+\tau^{\max}-\theta)a_i^k(t+\theta)$$

und den Vektoren

$$\tilde{B}_i^{\theta}(t) = B_i \ (1+\tau^{\max}-\theta)$$

der Sektoren n_k+1 bis n. Löst man Gleichung (3.20) nach X auf, so erhält man

$$X(t) = [I - A(t) - R]^{-1} \left[\sum_{\theta=1}^{\tau^{\max}} (\tilde{B}^{\theta}(t)\ Kap^{Neu}(t+\theta)) + C(t) + Y^{NC}(t) \right] . \quad (3.21)$$

Die Elemente der Matrix $[I\text{-}A(t)\text{-}R]^{-1}$ geben an, wieviel Einheiten eines Produktes direkt und indirekt produziert werden müssen, damit die Nachfrage seitens der privaten Haushalte, die sonstige nicht-investive Nachfrage und die Nachfrage nach Investitionsgütern befriedigt werden (vgl. GOWDY/MILLER 1994).

Unter der Voraussetzung, daß die Entwicklung der Anteile der einzelnen Prozesse, die Nutzungsdauer der einzelnen Komponenten, die intertemporale Struktur der für die Errichtung der einzelnen Prozesse notwendigen Investitionsaktivitäten sowie die Entwicklung der Produktionswerte bekannt sind, können mittels Gleichung (3.21) die Auswirkungen von technischen Veränderungen einschließlich der Rückwirkungen von Veränderungen der Produktionskoeffizentenmatrix und des Konsumverhaltens der privaten Haushalte erfaßt werden. Die Entwicklung der sektoralen nicht-investiven Nachfrage muß zunächst exogen vorgegeben werden.

3.1.2 Die Endogenisierung der Investitionsnachfrage

Im folgenden wird das Modell durch eine Endogenisierung der Investitionsnachfrage dynamisiert, d.h. der Umfang der notwendigen Erweiterungsinvestitionen wird aus dem Modell heraus bestimmt und muß nicht mehr vorgegeben werden. Durch die Endogenisierung der Investitionsnachfrage können die Auswirkungen technischer Veränderungen auf den Verlauf der gesamtwirtschaftlichen Entwicklung untersucht werden (vgl. z.B. EDLER 1990). Hierzu wird in Anlehnung an LEONTIEF/DUCHIN (1986) bzw. DUCHIN/SZYLD (1985) davon ausgegangen, daß über die Investitionstätigkeit eine bestimmte Kapazität erreicht werden soll. Die angestrebte Kapazität muß hierbei nicht der tatsächlich realisierten Produktion entsprechen. Bei einer Überauslastung wird z.B. durch den Einsatz von Überstunden mehr produziert als langfristig mit der gegebenen Ausstattung erwünscht ist, bei Unterauslastung der Kapazität wird entsprechend weniger herstellt als möglich ist. Durch die Orientierung an der Kapazität anstelle der tatsächlichen Produktionsmenge werden entsprechend Über- und Unterauslastungen der sektoralen Kapazitäten zugelassen (DUCHIN/SZYLD 1985: 273).

Des weiteren wird angenommen, daß Sektor i seine Kapazität erweitert, wenn er mit einer erhöhten Auslastung rechnet (vgl. LEONTIEF/DUCHIN 1986:136). Wird eine Kapazitätsabnahme erwartet, so wird nicht investiert. Der Umfang der Kapazitätsänderung $Erw_i(t)$ ergibt sich entsprechend durch

$$Erw_i(t) = \max\ [0,\ Kap_i^*(t) - Kap_i(t-1)] \tag{3.22}$$

mit $Kap_i^*(t)$: für die Periode t geplante Kapazität des Sektors i.

Wie in dem Modell von LEONTIEF/SYZLD/DUCHIN wird auch in diesem Modell davon ausgegangen, daß sich der Sektor i bei der Planung der zukünftigen Kapazität an der Entwicklung der Produktionswerte der letzten drei Perioden $X_i(t-3)$, $X_i(t-2)$ und $X_i(t-1)$ orientiert. Um unrealistisch hohe Wachstumsraten bei der Entscheidung über den Umfang der geplanten Investitionen zu vermeiden, wird eine obere sektorale Wachstumsschranke δ_i für die sektorale Kapazität vorgegeben (FORSCHUNGSGRUPPE „TECHNOLOGISCHER WANDEL UND BESCHÄFTIGUNG" 1989:61 f.). Die geplante Kapazität $Kap_i^*(t)$ ergibt sich somit durch

$$Kap_i^*(t) = \min\left[1+\delta_i, \frac{X_i(t-1)+X_i(t-2)}{X_i(t-2)+X_i(t-3)}\right]^{\tau^{\max}} Kap_i(t-1) \tag{3.23}$$

mit
δ_i: max. Wachstumsrate der Kapazität des Sektors i,
$X_i(t-1)$: Produktionswert des Sektors i zum Zeitpunkt t-1,
$X_i(t-2)$: Produktionswert des Sektors i zum Zeitpunkt t-2,
$X_i(t-3)$: Produktionswert des Sektors i zum Zeitpunkt t-3.

Die restlichen Gleichungen entsprechen denen aus dem Abschnitt zuvor. Als Basisgleichung erhält man

$$X(t) = [I - A(t) - R]^{-1}\left[\sum_{\theta=1}^{\tau^{\max}} (\tilde{B}^{\theta}(t)Kap^{Neu}(t+\theta)) + C(t) + Y^{NC}(t)\right] \tag{3.24}$$

Die Basisgleichung des dynamisierten Modells entspricht somit der des statischen Grundmodells: In den einzelnen Sektoren wird die Menge produziert, die notwendig ist, um die Nachfrage nach Investitionen, nach den Gütern für den privaten

Konsum und nach der restlichen Endnachfrage direkt und indirekt befriedigen zu können. Die intertemporale Dynamik des Modells resultiert aus der Entwicklung der Investitionen und aus den unterstellten zeitlichen Trends.

Zu beachten ist, daß auch innerhalb dieses Ansatzes die Anteile der einzelnen Prozesse in den Sektoren *1* bis n_k exogen vorgegeben werden müssen, da keine Regeln bzgl. der Entstehung und Verbreitung von Techniken in das Modell integriert sind. Zudem müssen sowohl bei dem statischen als auch bei dem dynamischen Modell die intertemporalen Veränderungen der restlichen Endnachfragekomponenten (z.B. Staatsnachfrage und Exporte) vorgegeben werden, da diese innerhalb des Modells nicht endogen bestimmt werden.

Des weiteren ist zu beachten, daß in dem Modell die einzelnen Sektoren in jeder Periode einem nicht negativen Wachstum unterliegen. Die Abbildung von sterbenden Industriezweigen („dying industries") ist daher nicht möglich (FRANKE/KATERMANN 1987:6).

3.1.3 Erweiterung des Modells zur Erfassung der ökologischen Auswirkungen ökonomischer Aktivitäten

Im folgenden soll das Modell so erweitert werden, daß auch die Auswirkungen von technischen Veränderungen auf die Entstehung von Luftschadstoffen erfaßt werden können. Hierzu wird Gleichung (3.24) um sektorspezifische Emissionskoeffizienten erweitert.[15] Man erhält dadurch

$$E_{Prod}(t) = E(t)\,[I - A(t) - R]^{-1} \left[\sum_{\theta=1}^{\tau^{max}} (\tilde{B}^{\theta}(t)\, Kap^{Neu}(t+\theta)) + C(t) + Y^{NC}(t) \right] \tag{3.25}$$

Die einzelnen Elemente $e_{ui}(t)$ der m x n Emissionskoeffizientenmatrix $E(t)$ geben an, wieviel Einheiten des Schadstoffes u mit $1 \leq u \leq m$ bei der Produktion einer Bruttoproduktionseinheit in der Periode t in dem Sektor i freigesetzt werden.

Mit Gleichung (3.25) werden nur die durch die Aktivitäten in den Produktionssektoren entstehenden Emissionen erfaßt. Neben den Produktionssektoren verursachen jedoch auch die privaten Haushalte (z.B. durch die Verbrennung fossiler Energieträger) Emissionen. Die Emissionen der Haushalte werden im folgenden durch

$$E_{Haus}(t) = E_{HH}(t)\, C(t) \tag{3.26}$$

mit $E_{HH}(t)$: m x n Matrix der Emissionskoeffizienten e_{ui} der privaten Haushalte. Jedes Element dieser Matrix gibt an, wieviel Emissionen des Schadstoffes u

[15] Siehe hierzu z.B. LEONTIEF/FORD (1972), GRASKAMP ET AL. (1992), PROOPS/FABER/WAGENHALS (1993) und HOHMEYER ET AL. (1992).

	pro Einheit der Nachfrage der privaten Haushalte nach dem Gut *i* freigesetzt werden,
$C(t)$:	Vektor mit der Nachfrage der privaten Haushalte.

berücksichtigt. Insgesamt werden somit

$$E_{ges}(t) = E_{Prod}(t) + E_{Haus}(t) \tag{3.27}$$

Emissionen in der Periode *t* durch die direkte bzw. indirekte Nachfrage nach Gütern emittiert. Die Berechnung der sektoralen Emissionskoeffizienten $e_{ui}(t)$ erfolgt mit der in Gleichung (3.28) dargestellten Formel.[16]

$$e_{ui} = \left(\sum_{k1=1}^{m1} et_{k1}^{u} \cdot q_i \cdot g_{ki} + \sum_{k1=1}^{m1} \sum_{k2=1}^{m2} et_{k2}^{u} \cdot q_{k2} + \sum_{k3=1}^{m3} et_{k3}^{u} \cdot q_{k3} + s_i^u \right) / X_i \tag{3.28}$$

mit

e_{ui}:	Emissionen des Sektors *i* an Schadstoff *u* in Tonnen,
$k1$:	Index der in Sektor *i* eingesetzten Energieträger,
$m1$:	Anzahl der in Sektor *i* eingesetzten Energieträger,
et_{k1}:	technischer Emissionskoeffizient für den Einsatz des Energieträgers *j* im Sektor *i* in Tonnen/TeraJoule,
q_i:	Gesamter Energieverbrauch des Sektors i in TeraJoule,
g_{k1}:	Gewichtungsfaktor für den Anteil des Energieträgers am gesamten Energieverbrauch in Sektor *i*,
$k2$:	Index der erfaßten Produktionsprozesse mit spezifischen, energetisch determinierten Emissionskoeffizienten des Sektors *i*,
$m2$:	Anzahl der in Sektor *i* einzeln erfaßten energetischen Produktionsprozesse,
et_{k2}:	technischer Emissionskoeffizient für die mit Produktions- prozeß *k2* erzeugten Güter [Tonnen Emissionen/Tonnen Produkt],
q_{k2}:	Menge der mit Produktionsprozeß *k2* erzeugten Güter in Tonnen,

[16] Vgl. hierzu HOHMEYER/KIRSCH/VÖGELE (1997:206).

$k3$:	Index der erfaßten Produktionsprozesse mit spezifischen, nicht energetisch determinierten Emissionskoeffizienten des Sektors i,
$m3$:	Anzahl der im Sektor i einzeln erfaßten Produktionsprozesse,
et_{k3}:	technischer Emissionskoeffizient für die mit Produktions- prozeß $k2$ erzeugten Güter [Tonnen Emissionen/Tonnen Produkt],
q_{k3}:	Menge der mit Produktionsprozeß $k3$ erzeugten Güter in Tonnen,
s_i^u:	aus nicht technischen Informationsquellen entnommene Emissionsmengen des Sektors i.

Mittels der ersten in Gleichung (3.28) aufgeführten Summe werden die Emissionen berechnet, die aus Feuerungen mit normaler Emissionscharakteristik resultieren. Diese Emissionen erhält man durch die Multiplikation der technischen Emissionskoeffizienten mit den Anteilen der einzelnen Energieträger an dem eingesetzten Energieträgermix und dem gesamten Energieverbrauch. Die zweite Summe bezieht sich auf die Emissionen, die durch energieintensive Einzelprozesse (z.B. bei der Zement-, der Kalk- bzw. der Stahlherstellung) entstehen. Um diese Emissionen erfassen zu können, werden technische Emissionskoeffizienten mit der entsprechenden Prozeßmenge multipliziert. Da außer durch energieintensive Einzelprozesse auch durch andere Einzelprozesse (z.B. bei der Steinkohle-Aufbereitung bzw. -Brikettierung, bei der Herstellung von Schwefelsäure und bei der Düngemittelherstellung) Emissionen freigesetzt werden können, ist noch eine weitere Summe erforderlich. In dieser werden die materialprozeßspezifischen Emissionskoeffizienten mit der entsprechenden Produktionsmenge verknüpft. Der letzte Summand dient zur Erfassung der Emissionen, die keinem speziellen Teilprozeß bzw. Energieträger zugeordnet werden können. Durch die Addition der energieträger- mit den prozeßspezifischen und den sonstigen Emissionen erhält man die in einem Sektor insgesamt anfallenden Emissionen. Die sektorspezifischen Emissionskoeffizienten erhält man, indem man diese durch den Produktionswert des Sektors teilt.

Gleichung (3.28) erlaubt die Erfassung der Auswirkung von prozeßspezifischen Veränderungen auf die Emissionen, wobei Gleichung (3.28), unter der Annahme, daß die Emissionen des Sektors ausschließlich durch den Einsatz der Prozesse 1 bis $s_i(t)$ verursacht werden, die Emissionskoeffizienten der einzelnen Prozesse vorliegen sowie der Anteil der Prozesse an der Gesamtproduktion bekannt ist, zu

$$e_{ui}(t) = \sum_{k=1}^{s_i(t)} g_i^k(t)\, e_u^k$$

mit e_u^k: Emissionskoeffizient für Prozeß k,

vereinfacht werden kann. Die sektoralen Emissionskoeffizienten erhält man in diesem Fall aus der mit dem Anteil der einzelnen Prozesse gewichteten Summe der prozeßspezifischen Emissionskoeffizienten.

3.1.4 Erfassung des technischen Wandels

Mit dem in den Abschnitten zuvor dargestellten Modell können die Auswirkungen von technischen Veränderungen einschließlich der Rückwirkungen von Veränderungen der Produktionskoeffizentenmatrix und des Konsumverhaltens der privaten Haushalte erfaßt werden. Im folgenden soll das Modell so erweitert werden, daß technischer Wandel, d.h. Veränderungen des eingesetzten Prozeßmixes, in den Sektoren 1 bis n_k modellendogen erfaßt werden kann. Hierbei wird unterstellt, daß jeder dieser Sektoren stets bestrebt ist, seine Produktionskosten zu minimieren. Das Optimierungskalkül für den Sektor j $(1 \leq j \leq n_k)$ lautet:

$$\min K_j(t) = \min \left(\sum_{i=1}^{n} p_i \, a_{ij}(t) + \sum_{\substack{l=1 \\ l \neq prof}}^{m} p_l^{prim} \, prim_{lj}(t) \right)$$

mit *prof*: Index für die Gewinne aus Unternehmertätigkeit.

Zu beachten ist, daß sich, wie unter Abschnitt 3.1.1 beschrieben, der eingesetzte Prozeßmix nur dann ändert, wenn entsprechender Bedarf an neuer Kapazität vorliegt. Im Gegensatz zu den Sektoren n_k+1 bis n verändert sich der in den Sektoren 1 bis n_k eingesetzte Prozeßmix hierdurch i.d.R. nicht kontinuierlich sondern schrittweise. Der Anteil neuer, ökonomisch vorteilhafterer Prozesse nimmt in dem erweiterten Modell dabei ebenso wie in den Modellen, in denen S-förmige Diffusionsfunktionen verwendet werden, im Zeitablauf zu, während der Anteil alter Prozesse sinkt.

Der Verzicht auf die Vorgabe von Diffusionsfunktionen führt dazu, daß Entwicklungen, die nur in diskreten Zeitabschnitten erfolgen, realitätsnäher erfaßt werden können. Zudem müssen die Formen der Diffusionsfunktionen nicht vorgegeben werden. Der Ansatz eignet sich entsprechend besonders für die Darstellung von Sektoren, in denen große Prozesse mit langen Nutzungsdauern eingesetzt werden und bei denen sich der sektorale Prozeßmix normalerweise nicht kontinuierlich verändert.

Wie die Modelle, in denen prozeßspezifische S-förmige Diffusionsfunktionen unterstellt werden, liefert auch der beschriebene Ansatz keine Erklärung für das tatsächliche Verhalten eines einzelnen Unternehmens (COOMBS/SAIVOTTI/WALSH 1987:124). So ist aus diesem Ansatz nicht ersichtlich, warum die einzelnen Unternehmen unterschiedlich schnell eine neue Technik einsetzen und wie die Adaption in den Unternehmen erfolgt.[17]

---

[17] In Studien, in denen mikroökonomische Verhaltensweisen untersucht werden, wird der

Die Abhängigkeit der Diffusionsverläufe einzelner Prozesse von rechtlichen, wirtschafts- und gesellschaftspolitischen Rahmenbedingungen sowie von technischen Beschränkungen kann berücksichtigt werden, indem man die Zielfunktion modifiziert bzw. bei der Lösung des Optimierungsproblems entsprechende Restriktionsgleichungen mit in das Modell aufnimmt. Hierdurch kann u.a. berücksichtigt werden, daß Prozesse, die sich anfangs als unvorteilhaft erwiesen, nach Jahren bzw. Jahrzehnten doch noch eingeführt werden, weil technische Potentiale erreicht werden bzw. sich die Randbedingungen verändert haben. Durch die Ergänzung des Ansatzes um Restriktionen können ferner die technischen Eigenschaften und die Einsatzbereiche einzelner Prozeßtypen berücksichtigt werden (vgl. Abschnitt 3.3.2).

Zu beachten ist, daß zur Beurteilung der Vorteilhaftigkeit eines Prozesses, Wissen über dessen ökonomischen und technischen Eigenschaften notwendig ist. Bei der Erstellung von Zukunftsszenarien können mit dem dargestellten Ansatz entsprechend nur Neuerung entlang prognostizierbarer Entwicklungspfade, für die zumindest mit einer gewissen Wahrscheinlichkeit Aussagen über ihre Profitabilität erfolgen können, berücksichtigt werden. Entwicklungen, deren Entstehung mittels Wahrscheinlichkeiten grob abgeschätzt werden können, deren Erscheinungsbild jedoch nicht im voraus bestimmt werden kann, können hingegen nicht erfaßt werden.

Im folgenden wird deshalb davon ausgegangen, daß für die technischen Entwicklungen, die innerhalb des Modells betrachtet werden, Informationen über die einzelnen Entwicklungspfade und über die technischen Eigenschaften der auf diesen Pfaden befindlichen Prozesse vorliegen bzw. mit einer bestimmten Sicherheit bekannt sind.

Für diese Vorgehensweise spricht u.a., daß für große Einzelprozesse technische Informationen normalerweise, zumindest für einen kurz- bis mittelfristigen Zeithorizont, vorliegen bzw. prognostiziert werden können (vgl. z.B. FZJ 1994). Außerdem ist eine Fortsetzung der vorhandenen Entwicklungslinien sehr wahrscheinlich, da hierbei vorhandene Wissenspotentiale genutzt werden können und überdies ein Wechsel hin zu neuen Technologielinien zumeist mit hohen Kosten und Risiken verbunden ist (Erdmann 1993:89, Kurz et al. 1989:25). Zudem suchen Unternehmen „*... insbesondere in der Reifephase des Marktes, nach Entwicklung einer Standardtechnologie, nach technischen Neuerungen vorwiegend im Umkreis ihrer bestehenden Artefakte und Produktionstechniken und ihres bestehenden Marktes* [...] *nicht aber nach „major innovations" bzw. einer radikal neuen Technik*" (Rahmeyer 1991:14), was dazu führt, daß die Wahrscheinlichkeiten bzgl. der Entwicklung von inkrementalen Verbesserungsinnovationen i.d.R. sehr hoch sind. Die gleichzeitige Entwicklung unterschiedlicher Einzelprozesse auf einem Entwicklungspfad ist ebensowenig auszuschließen wie die gleichzeitige Weiterentwicklung entlang unterschiedlicher Entwicklungspfade (vgl. Dosi 1988:1128 f.).

Grundsätzlich können die technischen sowie ökonomischen Eigenschaften zukünftiger Inventionen nur eingeschränkt erfaßt werden. Die Eigenschaften von inkrementalen Weiterentwicklungen können besser prognostiziert werden als die außerordentlicher Neuerungen, da sich diese per Definition nur gering von den

Ansatz daher i.d.R. noch weiter differenziert (siehe z.B. Stoneman 1983:74 f.).

vorhandenen Techniken unterscheiden. So können die technischen und ökonomischen Eigenschaften der Kraftwerke, in denen mittels Kernfusion Strom erzeugt wird, nur sehr schwer prognostiziert werden, während die Eigenschaften der zukünftigen Kraftwerkstypen, die eine Weiterentwicklung des vorhandenen Kraftwerksbestandes darstellen, eher abgeschätzt werden können (vgl. z.B. FZJ 1994).

Zu beachten ist überdies, daß mit zunehmender Ausgereiftheit der einzelnen Prozesse die Wahrscheinlichkeit für die Entstehung von „Basisinnovationen" und somit für die Entstehung neuer Entwicklungspfade steigt (Erdmann 1993:89).

Der gewählte Ansatz eignet sich somit für die Erstellung von Prognosen falls Informationen über die Entwicklung von Einzelprozessen vorliegen und die Wahrscheinlichkeiten für eine Abweichung von den vorliegenden Entwicklungspfaden gering sind. Für langfristige Analysen bzw. wenn hohe Unsicherheiten und Unwissenheiten bzgl. zukünftiger Entwicklungen vorliegen, ist dieser Ansatz um zusätzliche Komponenten (z.B. Wahrscheinlichkeiten) zu ergänzen.

3.2 Besonderheiten des Sektors Elektrizitätswirtschaft

Die Elektrizitätswirtschaft weist einige Besonderheiten auf, die bei der Erstellung von Modellen bzw. Zukunftsszenarien berücksichtigt werden müssen. Die wichtigsten werden im folgenden kurz erläutert.

3.2.1 „Produktspezifische" Besonderheiten

Zu den allgemeinen Besonderheiten der Elektrizitätswirtschaft zählen die

1) schwere Speicherbarkeit von elektrischem Strom
Aufgrund der schweren Speicherbarkeit von elektrischem Strom, müssen Reservekapazitäten bereit gehalten werden, die im Falle von Versorgungsengpässen (z.B. Ausfall eines Kraftwerks, Auftreten von Lastspitzen) eingesetzt werden können. Die Elektrizitätswirtschaft ist entsprechend durch das Vorhandensein von Überkapazitäten gekennzeichnet (Bräuer et al. 1997:50).

2) Leitungsgebundenheit von elektrischem Strom
Aufgrund der Leitungsgebundenheit der Elektrizität können Verbraucher nur mit Strom versorgt werden, wenn zwischen dem Ort der Erzeugung und dem des Verbrauchs eine Verbindung besteht. Bei der Kapazitätsplanung ist entsprechend zu berücksichtigen, ob ein Netzaufbau bzw. ein Netzausbau erforderlich ist oder nicht bzw. welche Kosten hierfür anfallen (Nitz 1990:213).

Beide Punkte förderten die Entwicklung hin zu einem Sektor mit einem relativ hohen Fixkostenanteil. Die Energieversorgungsunternehmen (EVU) sind deshalb bestrebt, ihre Anlagen möglichst lange zu nutzen (Castello 1996:15). Beeinflußt wurde die Entwicklung der Elektrizitätswirtschaft u.a. durch die gesetzlichen Rahmenbedingungen, wobei aufgrund der großen Bedeutung, die die Stromversorgung für die wirtschaftliche Entwicklung eines Landes hat, die Elektrizitätswirtschaft stets einer besonderen Überwachung durch den Staat unterlag.

3.2.2 Rechtliche Situation der Elektrizitätswirtschaft

Schon von Anfang an war die Elektrizitätswirtschaft einer Vielzahl von gesetzlichen Regelungen unterworfen. So wurden die EVU durch das 1935 in Kraft getretene gültige Energiewirtschaftsgesetz (EnWG) dazu verpflichtet, alle natürlichen und juristischen Personen in ihrem Versorgungsgebiet kostengünstig und sicher mit Elektrizität zu versorgen. Sie müssen somit u.a. auch dafür Sorge tragen, daß bei einmalig auftretenden Lastspitzen genügend Engpaßleistung zur Verfügung steht (vgl. OBERNOLTE/DANNER 1995:I A EnWG 14c). Im Gegenzug wurden den EVU im Rahmen der Konzessionsverträge gegen die Zahlung einer Konzessionsabgabe[18] ein lokales Versorgungsmonopol zugesichert. Um die sichere und kostengünstige Elektrizitätsversorgung durch die EVU kontrollieren und gewährleisten zu können, wurden die EVU einer Investitions- (§4 EnWG) und Preisaufsicht (§7 EnWG bzw. Bundestarifordnung (BTO)) unterworfen. Der Bau eines Kraftwerks konnte beispielsweise untersagt werden, wenn bereits eine ausreichende Versorgung besteht (siehe z.B. PFAFFENBERGER 1993:63).
1996 wurde, um den Handel mit leitungsgebundenen Energien innerhalb des Europäischen Binnenmarktes zu verbessern, die EU-Richtlinie „Strom" erlassen. Als Maßnahmen zur Erhöhung des Wettbewerbs auf dem Strommarkt sieht die Richtlinie Regelungen bzgl. Durchleitungsrechte vor, d.h. die Inhaber von Leitungsnetzen können verpflichtet werden, den Strom anderer Stromerzeuger durch ihre Netze zu leiten. Als Reaktion auf diese Richtlinie erfolgte 1998 eine Neufassung des deutschen Energiewirtschaftsrechtes. Diese sieht eine stufenweise Öffnung des Strommarktes vor. Bis zum Jahr 1999 muß mindestens 23 % des Strommarktes für den freien Wettbewerb geöffnet werden. Weitere 5 % des Marktes sind bis zum Jahre 2000 zu öffnen. Im Jahre 2003 soll schließlich ein Drittel des Marktes geöffnet sein.

Zur Unterstützung des heimischen Bergbaus wurden die Gesetze zur Förderung der Verwendung von Steinkohle in Kraftwerken (Verstromungsgesetze) erlassen. In den ersten beiden Verstromungsgesetzen wurde der Bau und Betrieb von Kohlekraftwerken durch die Gewährung von Steuervorteilen bzw. Subventionen unterstützt. Das Ziel dieser Gesetze war es, den Anteil der Steinkohle bei der Erzeugung von Elektrizität bei ca. 50% zu stabilisieren (Zweites Verstromungsgesetz, §1). Trotz der ersten beiden Verstromungsgesetze ging jedoch der Anteil der Steinkohle weiter zurück. 1974 wurde deshalb das 3. Verstromungsgesetz erlassen. In diesem wurden zur „Sicherheit der Elektrizitätsversorgung" feste Abnahmemengen festgelegt (1981 bis 1985 191 Mio. SKE, 1986 bis 1990 215 Mio. SKE, 1991 bis 1995 232 Mio. t SKE) und die Genehmigungspflicht für neue Öl- und Erdgaskraftwerke eingeführt. Außerdem wurde der „Kohlepfennig" eingeführt. Bei dem Kohlepfennig handelt es sich um eine Ausgleichsabgabe, die erhoben wurde, um die durch die Abnahmeverpflichtung von Steinkohle entstehenden Mehrkosten auszugleichen. In dem vierten bzw. fünften Verstromungsgesetz wurde die Subventionierung des Einsatzes der heimischen Kohle neu geregelt: Seit 1995 werden

[18] Seit 1992 beträgt die Konzessionsabgabe 1,2 Pf in und 3,12 Pf außerhalb der Schwachlastzeiten (IHK-Karlsruhe 1995:78).

die Bergbauunternehmen direkt subventioniert, so daß sie ihre Kohle zu Weltmarktpreisen anbieten können.

1974 trat das Bundesimissionsschutzgesetz (BImSchG) in Kraft, das Menschen, Tiere und Pflanzen oder andere Sachen vor schädlichen Umwelteinwirkungen sowie vor besonderen Gefahren genehmigungsbedürftiger Anlagen schützen soll (§ 1 BImSchG). Konkretisiert wurde das BImSchG für die Elektrizitätswirtschaft durch die Großfeuerungsanlagenverordnung (GFAVO), die 1983 in Kraft trat. In der GFAVO werden für konventionelle Kraftwerke mit einer Wärmeleistung über 50 MW Grenzwerte bzgl. der Kohlenmonoxid-, Schwefeldioxid- und Stickoxidemissionen sowie für Staub, Chloride und Fluoride vorgegeben (siehe Bank 1994:24 ff.). Grenzwerte für kleinere Anlagen wurden in der 1974 in Kraft getretenen Technischen Anleitung Luft (TA) festgelegt.

Hinzu kommen noch das Gesetz gegen Wettbewerbsbeschränkungen (GWB), in dem die kartellrechtliche Sonderstellung der EVU geregelt wird, verschiedene Gesetze und Vorschriften, die die Errichtung von Kraftwerken regeln (z.B. Bundesraumordnungs- und Landesplanungsgesetz, Gesetze zur Durchführung von Umweltverträglichkeitsprüfungen (UVP)) sowie für den Bau und Betrieb von Kernenergieanlagen das „Gesetz für die friedliche Verwendung der Kernenergie und den Schutz gegen ihre Gefahren" (Atomgesetz).

Im Gegensatz zu den meisten anderen Sektoren handelt es sich bei der Elektrizitätswirtschaft um einen Sektor, der sehr stark durch rechtliche und wirtschaftspolitische Maßnahmen beeinflußt wurde bzw. wird. Die zukünftige Entwicklung des Kraftwerkparks hängt entsprechend davon ab, ob und wie sich die rechtlichen Rahmenbedingungen ändern. Da auch für die Zukunft mit weiteren Maßnahmen bzw. Modifikationen der vorhandenen Regelungen gerechnet werden muß, müssen diese ebenso wie wirtschaftspolitische Maßnahmen (z.B. die Erhebung von Sondersteuern auf Heizöl und Erdgas) im Modell als Restriktionen berücksichtigt werden.

3.2.3 Preisbildung in der Elektrizitätswirtschaft

Aufgrund des EnWG in Verbindung mit der BTO und dem GWB sind die EVU zur kostengünstigen Versorgung ihrer Gebiete mit Strom verpflichtet. Die Kosten in der Elektrizitätswirtschaft hängen aufgrund der hohen Importabhängigkeit stark von den Weltmarktpreisen der einzelnen Energieträger bzw. von den Preisen der heimischen Energieträger ab, wobei durch das fünfte Verstromungsgesetz die heimischen Bergbauunternehmen so subventioniert werden, daß sie ihre Kohle zu Weltmarktpreisen anbieten können. Durch die Kopplung der Preise für heimische Kohle an den Weltmarktpreis macht es für die EVU keinen Unterschied, ob sie heimische Kohle oder Importkohle verwenden.

Der Anteil der Energieträger an den Gesamtkosten und damit auch die Beeinflussung der Gesamtkosten durch die Preisentwicklung der einzelnen Energieträger variiert je nach Kraftwerkstyp: Bei Gaskraftwerken und Heizölkraftwerken beträgt der Anteil der Kosten der eingesetzten Energieträger an den Gesamtkosten je nach Einsatz zwischen 50 % und 70 %, bei Steinkohlekraftwerken zwischen 7 % und 30 % und bei Kernkraftwerken zwischen 5 % und 22 % (siehe Tabelle 4).

Tabelle 4: Vergleich der Kostenstruktur verschiedener Kraftwerkstypen für das Jahr 1995

	Kernkraftwerk	Steinkohle - kraftwerk	Erdgas (GuD)	Heizöl (GasTurbine)
		Spitzenlast		
Kosten pro kWh in DM		0,29	0,20	0,27
Energieträger		12 %	30 %	72 %
Kapitalkosten		55 %	47 %	17 %
Personal		15 %	20 %	1 %
Sonstige fixe Kosten		14 %	1 %	4 %
Sonstige variable Kosten		4 %	2 %	6 %
		Mittellast		
Kosten pro kWh in DM	0,14	0,13	0,12	0,24
Energieträger	17 %	27 %	54 %	67,63%
Kapitalkosten	59 %	42 %	29 %	9,40%
Personal	5 %	11 %	12 %	0,38%
Sonstige fixe Kosten	14 %	10 %	1 %	0,17%
Sonstige variable Kosten	5 %	10 %	4 %	22,42%
		Grundlast		
Kosten pro kWh in DM	0,10	0,10	0,11	0,24
Energieträger	23 %	35 %	64 %	69,76%
Kapitalkosten	52 %	35 %	22 %	6,72%
Personal	4 %	10 %	9 %	0,27%
Sonstige fixe Kosten	12 %	8 %	1 %	0,12%
Sonstige variable Kosten	7 %	12 %	4 %	23,13%

Datenquelle: FZJ 1994, eigene Berechnungen

Im Gegensatz zu den Erdgas- und Heizölkraftwerken, bei denen die variablen Kosten (Energieträger und sonstige variable Kosten) den größten Teil der anfallenden Kosten ausmachen, dominieren bei den Steinkohle- und Kernkraftwerken die Kapitalkosten. Durch die hohe Fixkostendegression eignen sich Steinkohle- und Kernkraftwerke vorwiegend für den Bereich der Grundlast. Im Bereich der Spitzen- und Mittellast sind derzeit Erdgaskraftwerke am günstigen.

In die Kostenberechnung fließen hierbei nicht nur die gegenwärtigen Preise der einzelnen Inputfaktoren sondern auch Erwartungen bzgl. der zukünftigen Entwicklung mit ein (vgl. NITZ 1990:217). Aufgrund der vielfältigen Faktoren, von denen das Angebot und die Nachfrage nach den Energieträgern auf dem Weltmarkt abhängen, kann die Entwicklung der Preise der Energieträger mittel- bzw. langfristig nur eingeschränkt abgeschätzt werden. Die EVU sind i.d.R. auch bei Abschluß von Verträgen mit langen Laufzeiten mit den Lieferanten der Energieträger, in denen die Preise bzw. Preisentwicklung festgeschrieben wird, Planungsunsicherheiten unterworfen, die sie bei der Entscheidung über den Bau neuer Kraftwerke z.B. durch die Verwendung von Risikoaufschlägen berücksichtigen müssen (STELZER 1992:1041).

Angebot und Nachfrage spielen nach Ansicht der IHK-KARLSRUHE (1995) aufgrund der teilweise noch vorliegenden Gebietsmonopolen und der Vielzahl staatlicher Eingriffe bei der Preisbildung nur eine untergeordnete Rolle. Nach ihrer Ansicht handelt es sich um *„... politische Preise, in die zwar die Kosten der Stromerzeugung mit einfließen, aber nicht die Grundlage der Preisbildung darstellen"* (IHK-KARLSRUHE 1995:85).

Einen relativ geringen Preis für eine kWh zahlt die Aluminiumindustrie: Der Preis, den sie für eine kWh zahlt, liegt ca. 60 % unter dem Preis, den die privaten Haushalte durchschnittlich zahlen.[19] Teilweise bieten die EVU spezielle Tarife für Schwachlastzeiten an, um die Auslastung ihrer Grundlastkraftwerke zu erhöhen. Die Strompreise variieren aufgrund der unterschiedlichen Kostenstruktur auch regional. So kostete 1993 eine kWh Industriestrom netto (d.h. ohne Ausgleichsabgabe und Mehrwertsteuer) der Kraftwerke Altwürttemberg AG, Ludwigsburg 19,76 Pfennig, während die Technischen Werke der Stadt Stuttgart AG, Stuttgart 21,83 Pfennig für eine kWh verlangten (IHK-KARLSRUHE 1995:88, vgl. hierzu auch OHNE NAMEN 1996:6). In Frankreich kostete im gleichen Jahr eine kWh 14 Pfennig (IHK-KARLSRUHE 1995:94).

Bei der Erstellung von Modellen, in denen energiewirtschaftliche Fragestellungen untersucht werden sollen, ist die Preisdifferenzierung zu beachten, da es ansonsten zu einer Fehleinschätzung der tatsächlichen Effekte (insbesondere hinsichtlich der Entstehung von Emissionen) kommen kann.

Die Weitergabe von Preisveränderungen hängt von der Preispolitik der EVU ab, d.h. von der Weitergabe der Preisveränderungen an die einzelnen Wirtschaftssubjekte bzw. Produktionssektoren. Von Strompreiserhöhungen sind i.d.R. besonders die Sektoren „Verteilung von Wasser", „Zellstoff, Holzschliff, Papier, Pappe", „Dienstleistungen der Eisenbahnen", „NE-Metalle, NE-Metallhalbzeugnisse", „Bergbauerzeugnisse", „Eisen u. Stahl" betroffen: Der Anteil von Strom an den insgesamt eingesetzten Produktionsfaktoren liegt in diesen Sektoren über 4 %. In den anderen Sektoren liegt der Anteil bei durchschnittlich 1 %. Da die Güter der stromintensiven Sektoren in anderen Sektoren als Produktionsfaktor genutzt werden, pflanzen sich Strompreisveränderungen innerhalb einer Volkswirtschaft fort (vgl. z.B. MAYER 1993:233). Neben den direkten Preiseffekten sind entsprechend auch die indirekten Auswirkungen von Preisveränderungen zu beachten.

---

[19] Die Berechnung erfolgt auf Basis von Daten, die das STATISTISCHE BUNDESAMT freundlicherweise zur Verfügung stellte.

3.2.4 Besonderheiten hinsichtlich der Produktion

Normalerweise werden in ökonomischen Modellen CES bzw. Cobb-Douglas Produktionsfunktionen zur Darstellung der sektoralen Anpassung der Produktionsmöglichkeiten an die Veränderungen der Umweltbedingungen verwendet (Abschnitt 2.3). Hierbei wird unterstellt, daß in den Sektoren Prozesse vorliegen, bei denen die Vorleistungen substituierbar sind, bzw. daß eine unendliche Anzahl von linear-limitationalen Techniken vorliegt, zwischen denen jederzeit gewechselt werden kann (JONES 1975:94). Der Umfang, in dem einzelne Prozesse eingesetzt werden bzw. in dem eine Substitution von Prozessen erfolgt, hängt hierbei von der Entwicklung der Preise der Inputfaktoren und den unterstellten Substitutionselastizitäten ab.

Mit solchen Produktionsfunktionen können die tatsächlich im Sektor „Elektrizitätswirtschaft" vorliegenden technischen Möglichkeiten, wie z.B. die geringen Substitutionsmöglichkeiten der Inputfaktoren und die Faktorgebundenheit der Substitutionsmöglichkeiten, jedoch nur eingeschränkt dargestellt werden: Grundsätzlich kann mit den im Sektor „Elektrizitätswirtschaft" eingesetzten Techniken eine Einheit Strom effizient stets nur mit einer bestimmten Kombination der Inputfaktoren erzeugt werden. Das Verhältnis der Inputfaktoren variiert hierbei mit der Ausbringungsmenge, da ein Teil der Einsatzfaktoren unabhängig vom Einsatz der Techniken benötigt wird,[20] während der Bedarf an anderen Inputfaktoren wie z.B. der Bedarf an Brennstoffen oder die benötigten Arbeitskräfte vom Auslastungsgrad abhängt (vgl. HILLEBRAND 1997:13 ff.). Innerhalb einer Periode kann bei gleichbleibender Stromnachfrage eine Substitution der Inputs nur stattfinden, wenn sich der Einsatz der Kraftwerke ändert, d.h. wenn ein Kraftwerkstyp weniger und ein anderer vermehrt eingesetzt wird. Eine Veränderung der Einsatzverhältnisse der einzelnen Kraftwerkstypen ist kurzfristig nur möglich, wenn innerhalb eines Lastbereichs entsprechende Kapitalbestände (d.h. Kraftwerke) vorhanden sind, die nicht ausgelastet sind, bzw. wenn ein Wechsel zwischen den Lastbereichen möglich ist. Generell streben die EVU eine hohe lastbereichspezifische Auslastung ihrer Kraftwerke an. Entsprechend liegen innerhalb eines Lastbereichs kurzfristig zumeist nur geringe Substitutionspotentiale vor. Normalerweise sind die einzelnen Kraftwerke hinsichtlich des Einsatzes in den einzelnen Lastbereichen optimiert, so daß ein Wechsel des Lastbereichs nur eingeschränkt sinnvoll ist und entsprechend auch in diesem Fall nur eingeschränkte Substitutionsmöglichkeiten vorliegen (vgl. z.B. FZJ 1994).

Größere Veränderungen der sektoralen Einsatzverhältnisse der Inputs sind möglich, wenn Kraftwerke ausscheiden und bzw. oder neue hinzukommen. Sobald die neuen Kraftwerke im Betrieb sind, bestehen wiederum bis das nächste ausscheidet bzw. bis ein neues hinzukommt, nur eingeschränkte Substitutionsmöglichkeiten. Falls nur zwei verschiedene Kraftwerkstypen eingesetzt werden, ergibt sich für die Elektrizitätswirtschaft eine technische Situation, wie sie in Abbildung 6 dargestellt wird: Bis zur Outputmenge X' kann der Output sowohl durch den alleinigen Einsatz eines Kraftwerkstyps als auch durch eine Kombination verschiedener Kraftwerkstypen erzeugt werden. Die Menge der zulässigen Kombination ergibt sich

[20] Zu den leistungsunabhängigen Faktoren gehören insbesondere die Kapitalkosten.

aus der Verbindungsgeraden AB (vgl. HOLUB/SCHNABL 1994:337 ff.). Da mit den vorhandenen Kraftwerken aufgrund von technischen Restriktionen jeweils nur eine beschränkte Menge an Strom erzeugt werden kann, ist die Produktion einer größeren Kombination als *X'* nur durch eine Kombination verschiedener Kraftwerke möglich. So kann beispielsweise die Menge *X"* effizient nur durch Kombinationen erzeugt werden, die auf der Verbindungsgeraden A'''B''' liegen. Die Verbindungsgerade A"B" stellt hierbei eine Teilmenge der ohne Restriktion möglichen Kombination dar. Mit Zunahme der Auslastung der Kraftwerke verringert sich die Anzahl der Kombinationsmöglichkeiten und dadurch auch die Möglichkeit zur Substitution. Die Outputmenge X^{max} stellt die Grenze der maximal in einer Periode produzierbaren Outputmenge dar. Um X^{max} produzieren zu können, müssen beide Kraftwerkstypen im maximal möglichen Umfang eingesetzt werden. X^{max} kann somit nur mittels einer einzigen Kombination erstellt werden. Solange sich die vorhandenen Kapazitäten nicht ändern, und solange die Outputmenge X^{max} nachgefragt wird, liegen entsprechend keine Substitutionsmöglichkeiten vor.

Abbildung 6: Produktionsstruktur bei Einsatz zweier unterschiedlicher Kraftwerkstypen

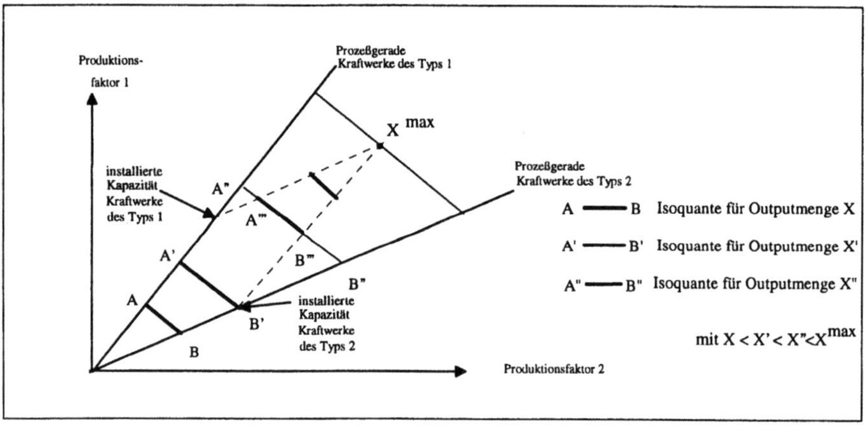

In Abbildung 7 ist die technische Situation der Elektrizitätswirtschaft dargestellt, wenn drei verschiedene Kraftwerkstypen eingesetzt werden können. Die Menge der zulässigen Kombinationen ergibt sich aus der Fläche ABC. Effizient sind jedoch nur die Kombinationen auf den Verbindungsgeraden AC und CB (siehe ALLEN 1971:409 ff.).

Aufgrund der vorliegenden Restriktionen, die sich z.B. aus dem Vorhandensein eines Kraftwerksbestandes mit einer bestimmten Auslastung ergeben, kann nur ein Teil der in der Fläche ABC befindlichen Kombinationen genutzt werden. Substitutionen sind entsprechend nur innerhalb der Untermenge von ABC möglich.

Durch die Zunahme der Auslastung der einzelnen Kraftwerke verkleinert sich die Fläche der möglichen Kombinations- bzw. Substitutionsmöglichkeiten. Je mehr unterschiedliche Kraftwerkstypen vorhanden sind und je geringer die

Auslastung der Kraftwerke ist, desto größer ist die Fläche der möglichen Kombinationen und desto mehr Substitutionsmöglichkeiten bestehen. Verringert sich die Kapazität eines Kraftwerkstyps (z.B. durch Ausscheiden eines Kraftwerks des entsprechenden Typs), so verkleinert sich die Untermenge, d.h. die Menge der tatsächlichen Produktionsmöglichkeiten. Eine Vergrößerung der Kapazität eines Kraftwerkstyps führt entsprechend zu einer Vergrößerung der Untermenge in Richtung der Prozeßgeraden des Kraftwerkstyps, dessen Kapazität erhöht wurde.

Abbildung 7: Produktionsstruktur bei Einsatz dreier unterschiedlicher Kraftwerkstypen

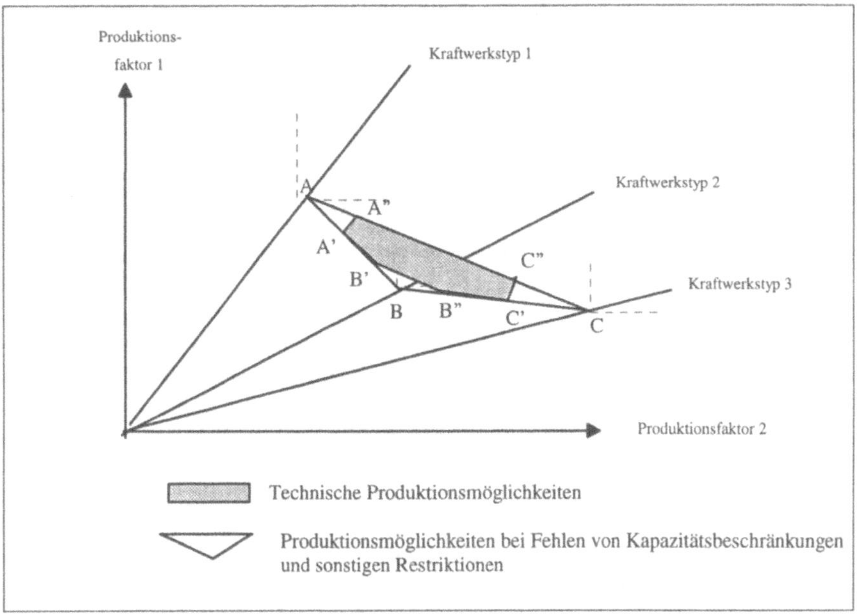

Durch das Ausscheiden bzw. Hinzukommen von Kraftwerken ändern sich i.d.R. Struktur und Umfang der benötigten Vorleistungen. Art und Umfang der Veränderungen der Vorleistungen sind hierbei faktorgebunden, d.h. die Substitutionsmöglichkeiten hängen vom vorhandenen Kapitalstock ab.

In ökonomischen Modellen wird die Faktorgebundenheit der Substitutionsmöglichkeiten in der Elektrizitätswirtschaft i.d.R. nicht berücksichtigt (vgl. Abschnitt 2.3). Entsprechend kann es durch die Verwendung von substitutionalen Produktionsfunktionen (insbesondere bei kurzfristigen Analysen) zu Fehleinschätzungen der tatsächlichen Substitutionsmöglichkeiten kommen. Wesentlich mehr Information über die tatsächlichen Produktions- und Substitutionsmöglichkeiten erhält man durch die Verwendung von technischen Produktionsfunktionen. Die Verwendung von technischen anstelle von makroökonomischen Produktionsfunktionen hat jedoch den Nachteil, daß ein erheblich größerer Informationsbedarf besteht (vgl. Bosworth 1976:143).

3.3 Anpassung des Modells an die Elektrizitätswirtschaft

Im folgenden wird aufbauend auf die vorangegangenen Abschnitte das Modell DIOGENES erstellt, mit dem die technische Entwicklung der Elektrizitätswirtschaft einschließlich der Auswirkungen auf andere Sektoren und auf Emissionen erfaßt werden kann. Hierzu wird zunächst ein Ansatz dargestellt, mit dem die intertemporale Entwicklung des Kraftwerkmixes und die daraus resultierenden Effekte erfaßt werden können. Anschließend wird ein Optimierungsansatz beschrieben, mit dem der optimale Einsatz der Kraftwerke bei gegebenem Kraftwerksbestand bestimmt werden kann.

3.3.1 Inventionen, Innovationen, Diffusion

Nach Meinung von Castello (1996) hatten die EVU bisher ein relativ geringes Interesse an der Entwicklung radikaler Neuerungen, d.h. von Techniken, die sich gegenüber den vorhandenen deutlich abheben. Begründet wird dies damit, daß die Entwicklung bzw. die Verbreitung neuer Techniken dazu führen könnte, daß die alten Kraftwerke vor Ende ihrer Nutzungsdauer unwirtschaftlich werden, die Energieversorgungsunternehmen i.d.R. jedoch bestrebt sind, ihre vorhandenen Anlagen, die zumeist mit hohen Fixkosten behaftet sind, möglichst lange zu nutzen (Castello 1996:15).

Die bisherige Entwicklung der Kraftwerke war u.a. gekennzeichnet durch das Ansteigen der Leistung der einzelnen Kraftwerksblöcke, durch Weiterentwicklungen im Bereich der Kesseltechnik, der Befeuerung (z.B. die Entwicklung von der Rostfeuerung über die Staubfeuerung zur Wirbelschichtfeuerung), durch Anpassungen an Umweltauflagen (z.B. Entwicklung von REA- und DENOX-Anlagen) und durch Weiterentwicklungen der Turbinen (vgl. z.B. Frewer 1986, IZE ohne Jahr).

Eine Reihe von Techniken wie z.B. die Kohlevergasung, die Druckwirbelschichtfeuerung und die Druckkohlenstaubfeuerung befinden sich zur Zeit in der Demonstrationsphase, d.h. in der Phase in der die technologische Realisierbarkeit getestet wird (siehe z.B. Hlubek/Schilling 1996:10, Kjaer et al. 1994:561 f.). Mit der kommerziellen Inbetriebnahme von Kraftwerken mit Kohlevergasung bzw. Druckwirbelschichtfeuerung wird bis zum Jahre 2005 gerechnet (FZJ 1994:31). Aufgrund von Werkstoffproblemen wird sich der Einsatz von Kraftwerken mit Druckkohlenstaubfeuerung noch etwas länger hinauszögern (FZJ 1994:29). Als eine sehr langfristige Option hinsichtlich der Erzeugung von Elektrizität wird die Kernfusion angesehen (Häfele 1990). Mit ihrem Einsatz wird - wenn überhaupt - frühestens im Jahre 2100 gerechnet.

Ob eine der zukünftigen Techniken langfristig zum Einsatz kommen wird, hängt von der „Fitneß" der entsprechenden Technik ab. Zur Beurteilung der

„Fitneß" ist, wie in Abschnitt 2.1.2 beschrieben, Wissen über das Selektionsumfeld sowie über die technischen sowie wirtschaftlichen Eigenschaften der neuen Technik erforderlich. Aufgrund der gesammelten Erfahrung können die Eigenschaften (inklusive Vorleistungs- und Investitionsstruktur) der in der Demonstrationsphase befindlichen Kraftwerkstypen schon jetzt mit einiger Sicherheit erfaßt werden (siehe z.B. FZJ 1994). Im Gegensatz zu Techniken, wie z.B. der Kernfusion, über deren Eigenschaften noch Unwissenheit bzw. Unsicherheit besteht, können diese Kraftwerkstypen bei der Erstellung von Szenarien berücksichtigt werden.

Das Selektionsumfeld wird bestimmt durch die Eigenschaften der anderen Techniken, der Entwicklung der Betriebs- (insbesondere der Brennstoffpreise) bzw. der Investitionskosten der einzelnen Kraftwerke sowie der Entwicklung der rechtlichen (z.B. im Umweltbereich), wirtschaftlichen (z.B. Förderung des heimischen Kohlebergbaus) und gesellschaftspolitischen (z.B. Konsens bzgl. der zukünftigen Nutzung der Kernenergie) Rahmenbedingungen. Modellendogen wird in den beschriebenen Modell nur die Anzahl und Art der verschiedenen Techniken erfaßt. Die Veränderungen des restlichen Selektionsumfeldes müssen, da sie nur schwer bzw. nicht (wie z.B. die gesetzlichen Änderungen) modellendogen erfaßt werden können, dagegen vorgegeben werden.

Die zeitliche Verzögerung von der Invention zur Innovation hängt, wie beschrieben, von einer größeren Anzahl von Faktoren ab. Da im Bereich der Elektrizitätswirtschaft in nächster Zukunft nur mit Entwicklungen bekannter Entwicklungspfade zu rechnen ist, wird zur Vereinfachung auf Angaben über die zeitliche Verzögerung vergangener Inventionen bzw. auf Expertenbefragungen zurückgegriffen.

Um die Entwicklung des in der Elektrizitätswirtschaft eingesetzten Prozeßmixes modellieren zu können, wird der in Abschnitt 3.1.4 dargestellte Ansatz verwendet, d.h. es wird unterstellt, daß sich das Prozeßmix nur dann ändert, wenn alte Prozesse ausscheiden bzw. wenn Bedarf an neuen Prozessen besteht. Die Entscheidung, welcher Prozesse bei Bedarf neu eingesetzt wird, erfolgt mit Hilfe eines Optimierungsansatzes bei dem technische und gesellschaftspolitische Restriktionen berücksichtigt werden. Der verwendete Optimierungsansatz wird im folgenden beschrieben.

3.3.2 Veränderung des Kraftwerkmixes

Normalerweise ändert sich im Laufe der Zeit der vorhandene Kraftwerksbestand: Neue Kraftwerke kommen hinzu, andere scheiden aus, weil ihre technische Nutzungsdauer endet oder weil andere Techniken unter den vorliegenden Rahmenbedingungen wirtschaftlich vorteilhafter sind. Art und Anzahl der neu zu installierenden Kraftwerke hängen hierbei vom Umfang der benötigten Kraftwerksleistung, dem Lastbereich für den die Leistung benötigt wird, von den technischen bzw. ökonomischen Eigenschaften der Kraftwerkstypen sowie den vorliegenden Rahmenbedingungen ab (vgl. z.B. PFAFFENBERGER 1993). Zur Bestimmung der Vorteilhaftigkeit von Inventionen werden in der Elektrizitätswirtschaft i.d.R. die Kapitalwert- und die Annuitätenmethode sowie die Methode des internen Zinsfußes angewandt (vgl. z.B. STELZER 1992, VDEW 1993). Bei der Kapitalwertmethode werden die mit einer Investition verbundenen Einnahmen und Ausgaben auf ein Basisjahr (i.d.R. auf die Gegenwart) abgezinst. Als Ergebnis erhält man den Kapitalwert der entsprechenden Investition. Eine Investition ist nur dann wirtschaftlich, wenn ihr Kapitalwert nicht negativ ist, d.h. die abgezinsten Ausgaben nicht höher sind als die abgezinsten Einnahmen. Liegen mehrere Investitionsalternativen mit unterschiedlichen Kapitalwerten vor, so ist aus wirtschaftlichen Gesichtspunkten die Investitionsalternative mit dem höchsten Kapitalwert der bzw. den anderen vorzuziehen (Busse von Colbe/Lassmann 1990:51 f.). Die Kapitalmethode beruht hierbei u.a. auf der Annahme, daß bei Investitionsalternativen mit unterschiedlichen Nutzungsdauern mit der Differenzinvestition ein Kapitalwert von Null erzielt wird (VDEW 1993:32). Da mit Investitionen mit langen Nutzungsdauern i.d.R. ein höherer Kapitalwert erzielt werden kann als mit Investitionen mit kurzen Nutzungsdauern, scheiden diese bei der Kapitalwertmethode besser ab als die mit kurzen Nutzungsdauern.

Die Annuitätenmethode baut auf der Kapitalwertmethode auf. Mit ihr wird der (finanzmathematisch-) durchschnittliche Einnahmeüberschuß einer Investition ermittelt (Stelzer 1992:1037). Hierzu wird der Kapitalwert einer Investition mit Hilfe des Annuitätenfaktors auf den Betrachtungszeitraum gleichmäßig verteilt. Nach der Annuitätenmethode ist eine Investition einer anderen Investitionsalternative vorzuziehen, wenn sie eine höhere Annuität aufweist als diese (Busse von Colbe/Lassmann 1990:62). Implizit wird hierbei unterstellt, daß bei Investitionsobjekten mit unterschiedlichen Nutzungsdauern, bei der Investition mit der kürzeren Nutzungsdauer eine Anschlußinvestition mit identischer Annuität erfolgt. Im Gegensatz zur Kapitalwertmethode wirkt sich bei der Annuitätenmethode die unterschiedliche Nutzungsdauer beim Vergleich verschiedener Investitionsalternativen nicht auf die Entscheidung aus. Dafür liefert die Annuitätenmethode direkt jedoch keine Aussagen über das mit einer Investition insgesamt erzielbare Ergebnis.

Bei der Methode des internen Zinses wird der Zinssatz ermittelt, bei dem eine Investition einen Kapitalwert von Null erzielt (Betge 1991:37). Eine Investition ist dann wirtschaftlich, wenn der interne Zins höher ist als eine vorgegebene Mindestverzinsung (z.B. in Höhe des Kalkulationszinses). Beim Vergleich unterschiedlicher Investitionsalternativen ist die Alternative am vorteilhaftesten, mit der die höchste interne Verzinsung erzielt wird (Busse von Colbe/Lassmann 1990:114 f.). Bei der Methode des internen Zinses wird davon ausgegangen, daß bei Investitionsalternativen mit unterschiedlichen Nutzungsdauern, mit der Differenzinvestition auch der interne Zins erzielt wird. Der VDEW (1993) weist darauf hin, daß mit zunehmender Differenz zwischen Kalkulationszins und internem Zins die Annahme einer identischen Verzinsung der Differenzinvestition ungerechtfertigter erscheint. Außerdem hat die Methode des internen Zinses den Nachteil, daß sie nicht immer zu einer eindeutigen Lösung führt (VDEW 1993:33).

Da die einzelnen Kraftwerkstypen sich hinsichtlich ihrer Nutzungszeiten unterscheiden und die Annuitätenmethode die unterschiedlich langen Ein- und Ausgabezeiträume am besten berücksichtigt, wird im folgenden unterstellt, daß sich die EVU bei der Wahl neuer Kraftwerke an der Annuität der Investitionsalternativen orientieren (vgl. Kugeler/Phlippen 1993:327): Unter der Annahme eines gewinnmaximierenden Verhaltens wird jeweils die Kombination von Kraftwerken neu in Betrieb genommen, mit der unter den vorliegenden Restriktionen die höchste Annuität erzielt werden kann. Besteht z.B. in dem Bereich der Grundlast eine Nachfragelücke, so kommt, wenn es die vorliegenden Restriktionen zulassen, das Kraftwerk neu hinzu, mit dem in diesem Bereich die höchste Annuität erzielt werden kann. Reicht dieses Kraftwerk nicht aus, um die Nachfragelücke in diesem Bereich zu decken, so wird, wenn möglich, ein weiteres Kraftwerk dieses Typs in Kraft genommen. Reicht die Leistung dieses Kraftwerks nicht aus, um den restlichen Bedarf zu decken, so wird noch ein drittes Kraftwerk eingesetzt usw. Wird eine aus den vorliegenden technischen, wirtschaftlichen oder rechtlichen Restriktionen resultierende Zubaugrenze erreicht (z.B. durch das Erreichen des maximal möglichen technischen Potentials), so wird ein Kraftwerk des Typs mit der zweithöchsten Annuität gebaut usw. Die Zielfunktion des Optimierungsproblems für den Lastbereich b lautet entsprechend:

$$\max\left\{\sum_{k=1}^{s_{Elek}(t)} AN_k^b(t)\cdot\Delta m_k^b(t)\right\} \tag{3.29}$$

mit

$s_{Elek}(t)$: Anzahl der unterschiedlichen Kraftwerkstypen, die in der Periode t in der Elektrizitätswirtschaft eingesetzt werden,

$AN_k^b(t)$: Annuität der Kraftwerke des Typs k pro KiloWatt (kW), wenn sie im Lastbereich b eingesetzt werden [DM],

$\Delta m_k^b(t)$: Anzahl der Kraftwerke des Typs k, die im Lastbereich b zum Zeitpunkt t neu hinzukommen.

Die lastbereichsspezifische Annuität der Kraftwerke des Typs k erhält man durch

$$AN_k^b(t)=\left(\sum_{tt=1}^{u_k+\tau_k}\left(Ein_k^b(t+tt)-Aus_k^b(t+tt)\right)q^{-tt}\right)ANF^{u_k+\tau_k} \tag{3.30}$$

mit

$Ein_k^b(t+tt)$: Einnahmen bei Einsatz eines Kraftwerks des Typs k im Lastbereich b in der Periode $t+tt$ pro kW in DM,

$Aus_k^b(t+tt)$: Ausgaben bei Einsatz eines Kraftwerks des Typs k im Bereich b in der Periode $t+tt$ pro kW in DM,

q: Diskontrate, die sich aus 1+i mit i=Kalkulationszinssatz ergibt,

$ANF^{u_k+\tau_k}$: Annuitätenfaktor, wobei $ANF^{u_k+\tau_k} = \frac{i\, q^{(u_k+\tau_k)}}{q^{(u_k+\tau_k)}-1}$,

d.h. als Summe der mittels des Annuitätenfaktors auf den gesamten Betrachtungszeitraum verteilten, abgezinsten Einnahmeüberschüsse (VDEW 1993:24). Sowohl die Einnahmen als auch die Ausgaben hängen vom Einsatz der einzelnen Kraftwerke ab. Zur Vereinfachung wird davon ausgegangen, daß sich die EVU bei der Berechnung der Annuitäten an den durchschnittlichen Einsatzzeiten im Bereich der Spitzenlast, der Mittellast und der Grundlast orientieren.[21] Die Einnahmen eines Kraftwerks des Typs *k* in der Periode *t+tt* erhält man entsprechend durch

$$Ein_k^b(t+tt) = (p^{Strom}(t+tt) + p^{Fernwärme}(t+tt))\, \bar{h}_k^b \cdot Leist_k \tag{3.31}$$

mit

$p^{Strom}(t+tt)$: durchschnittlicher Strompreis in DM/kWh,

$p^{Fernwärme}(t+tt)$: Preis für Fernwärme in DM/kWh,

$\bar{h}_k^b$: durchschnittlicher Einsatz der Kraftwerke des Typs *k* im Lastbereich *b* in Stunden

und die Ausgaben durch

$$Aus_k^b(t+tt) = \left(\sum_{i=1}^{n} p_i(t+tt)\, a_i^k(\bar{h}_k^b) + \sum_{l=1}^{m} p_l^{prim}(t+tt)\, prim_l^k(\bar{h}_k^b)\right) \bar{h}_k^b \cdot Leist_k \tag{3.32}$$

mit

$K_k^b(t+tt, \bar{h}_k^b)$: Kosten, die beim Einsatz der Kraftwerke des Typs *k* im Lastbereich *b* in der Periode *t+tt* pro kWh anfallen [DM/kWh].

Bei der Entscheidung über Neuinvestitionen sind die EVU einer Vielzahl von Restriktionen unterworfen. So können neue Kraftwerke nur zugebaut werden, solange die Grenze des vorhandenen technischen Potentials nicht erreicht wird. Das technische Potential für einen bestimmten Kraftwerkstyp ergibt sich beispielsweise aus den geographischen Gegebenheiten (z.B. bei Wasserkraftwerken und Windkraftanlagen). Mittels Gleichung (3.33) werden die Beschränkungen des Baus von Kraftwerken aufgrund des Vorliegens von nur eingeschränkt vorhandenen technischen Potentialen in das Modell aufgenommen:

$$m_k(t)\, Leist_k \leq Leist_k^{\max} \tag{3.33}$$

[21] Diese Vereinfachung kann getroffen, da es nach RWE (1984) „... *für unternehmerische Entscheidungen über Investitionsalternativen weniger auf die in der letzten Feinheit exakte Kalkulationsmethode oder die genaue absolute Höhe der Kosten*" ankommt, als „*vielmehr auf die qualitative möglichst verläßliche Aussage, welche Alternativen mit großer Wahrscheinlichkeit zu geringeren Kosten führen*".

mit: $Leist_k$: Leistung der Kraftwerke des Typs k in kW,
$Leist_k^{max}$: Maximal vorhandenes technisches Potential für Kraftwerke des Typs k in kW.

Aus technischen Gründen können somit nur $\frac{Leist_k^{max}}{Leist_k}$ Kraftwerke des Typs k errichtet werden. Des weiteren bestehen Beschränkungen, die sich aus gesellschaftlichen Restriktionen (z.B. des Umfangs der gesellschaftlichen Akzeptanz) ergeben. Diese Restriktionen werden durch Gleichung (3.34) berücksichtigt:

$$m_k(t)\, Leist_k \leq Leist_k^{Ges} \tag{3.34}$$

mit: $Leist_k^{Ges}$: Maximal vorhandenes gesellschaftliches Potential für Kraftwerke des Typs k in kW.

Hinzu kommt u.U. noch die aus der Heterogenität der EVU und ihrem Verhalten resultierende Beschränkung der Geschwindigkeit, mit der es zur Verbreitung von Techniken kommt.[22] Um diese in dem Modell berücksichtigen zu können, wird die Größe Δm_k^{max} definiert als die maximale Anzahl der Kraftwerke des Typs k, die unter der Annahme, daß die Verbreitung der einzelnen Kraftwerkstypen S-förmig verläuft (vgl. Abschnitt 2.1.3), zu einem bestimmten Zeitpunkt errichtet werden. Δm_k^{max} erhält man durch

$$\Delta m_k^{\max}(t) = \beta_k m_k(t-1)\left(1 - \frac{m_k(t-1)}{m_k^{\max}}\right) \tag{3.35}$$

mit β_k: Diffusionsgeschwindigkeit der Kraftwerke des Typs k,
$m_k^{\max}$: maximale Anzahl der Kraftwerke des Typs k. m_k^{max} ergibt sich hierbei durch

$m_k^{\max} = \min\left\{\frac{Leist_k^{Ges}}{Leist_k}, \frac{Leist_k^{\max}}{Leist_k}\right\}$, d.h. als Minimum der vorhandenen technischen bzw. gesellschaftlichen Potentiale dividiert durch die Leistung der Kraftwerke des Typs k.

Die Geschwindigkeit, mit der es zur Verbreitung eines neuen Kraftwerkstyps kommt, hängt hierbei wie beschrieben von der Anzahl der vorhandenen Kraftwerke des entsprechenden Typs und von den technischen sowie wirtschaftlichen Eigenschaften des Kraftwerkstyps ab.

Neben Restriktionen hinsichtlich der maximalen Zubauraten sind die EVU Restriktionen unterworfen, die sich aus der Nachfrage nach Elektrizität und aus

[22] Castello (1996:15) weist darauf hin, daß EVU immer wieder Patente aufkauften, um die Verbreitung neuer Techniken zu verhindern.

den technischen Eigenschaften der einzelnen Kraftwerkstypen ergeben. So sind sie aufgrund des Energiewirtschaftsgesetzes zur sicheren und kostengünstigen Versorgung ihres Gebiets mit Strom verpflichtet (siehe EWG Präambel): Die Kraftwerksleistung muß entsprechend ausreichen, um auch in Zeiten von kurzfristig auftretenden Nachfrageschwankungen genügend Strom zur Verfügung stellen zu können. Gleichung (3.36) spiegelt diese Restriktion wider:

$$N^{\max}(t) \leq \sum_{k=1}^{s_{Elek}(t)} m_k(t)\, Leist_k \tag{3.36}$$

mit $N^{\max}(t)$: in der Periode t maximal nachfragte Leistung in kW.

Des weiteren muß innerhalb einer Periode mit den Kraftwerken des Typs 1 bis k genügend Strom erzeugt werden, um die in der Periode t anfallende Nachfrage nach Strom zu decken. So müssen in der Periode t genügend Kraftwerke vorhanden sein, damit beim optimalen Einsatz der einzelnen Kraftwerke, der um $N_{Elek}^{Erweiter,b}(t)$ veränderte Bedarf der Vorperiode gedeckt werden kann. Hieraus ergibt sich folgende Restriktion:

$$\sum_{k=1}^{s_{Elek}(t)} m_k^b(t)\, \bar{h}^b\, Leist_k \geq N_{Elek}^b(t-1) + N_{Elek}^{Erweiter,b}(t) \tag{3.37}$$

mit

$N_{Elek}^b(t-1)$: für die Periode t-1 erwartete Nachfrage nach Elektrizität in kWh,

$N_{Elek}^{Erweiter,b}(t)$: Veränderung der Nachfrage an Elektrizität von Periode t-1 auf Periode t in kWh,

$\bar{h}^b$: exogen vorgegebene, kraftwerksunabhängige, durch- schnittliche Auslastung im Lastbereich b in Stunden (h).

Reicht die installierte Kapazität hierfür nicht aus, so sind weitere Kraftwerke erforderlich. Neue Kraftwerke werden außerdem benötigt, falls Kraftwerke aus technischen bzw. ökonomischen Gründen ausscheiden: die Angebotslücke, die entsteht, weil Kraftwerke aus technischen Gründen ausscheiden, ergibt sich aus

$$N_{Elek}^{Ersatz(Tech),b}(t) = \sum_{k=1}^{s_{Elek}(t-u_k)} \sum_{j=1}^{\Delta m_k(t-u_k)} h_{kj}^b(t-1)\, Leist_k \tag{3.38}$$

mit b= Grundlast, Mittellast bzw. Spitzenlast,

und $\Delta m_k(t\text{-}uk)$: Anzahl der Kraftwerke des Typs k, die in der Periode t-u_k neu in Betrieb genommen wurden,

$h_{kj}^{b}(t-1)$: zeitlicher Umfang in dem das Kraftwerk j des Typs k zum Zeitpunkt t-1 im Lastbereich b eingesetzt wird in Stunden (h),

d.h. aus der Summe der mit den Kraftwerken, die u_k Perioden vor dem Betrachtungszeitpunkt in Betrieb genommen wurden, erzeugten Menge an Elektrizität, wobei:

$$h_{kj}^{b}(t) = \begin{cases} h_{kj}(t) & \text{falls das Kraftwerk im Lastbereich b eingesetzt wird,} \\ 0 & \text{ansonsten} \end{cases}$$

mit $h_{kj}(t)$: Betriebsstunden des Kraftwerks j des Typs k in der Periode t in Stunden (h).

Um das vorzeitige Ausscheiden von Kraftwerken berücksichtigen zu können, wird anlog zur Vorgehensweise des VDEW (1993:62) davon ausgegangen, daß ein Kraftwerk vor Ablauf der Nutzungsdauer ersetzt wird, wenn die diskontierten Ausgaben des neuen Kraftwerks unter den diskontierten einzusparenden Ausgaben des alten Kraftwerks liegen.[23] Das Kraftwerk j des Typs k wird entsprechend ersetzt, wenn gilt:

$$\sum_{t=1}^{T_{kj}^{Rest}} A\ddot{u}s_k^b(t+tt)\, ANF^{T_{kj}^{Rest}} \leq \sum_{t=1}^{\tau_k+u_k} Aus_k^b(t+tt)\, ANF^{\tau_k+u_k} \quad \forall k, 1 \leq k \leq s_{Elek}(t) \quad (3.39)$$

mit T_{kj}^{Rest}: Restnutzungsdauer des Kraftwerks j des Typs k,

$A\ddot{u}s_k^b(t+tt)$: Ausgaben eines Kraftwerks des Typs k ohne die Kosten, die unabhängig vom Einsatz des Kraftwerks anfallen, mit

$$A\ddot{u}s_k^b(t+tt) = \left(\sum_{z=1}^{n} p_z(t+tt)\, \tilde{a}_{zi}\left(\bar{h}_k^b\right) + \sum_{l=1}^{m} p_l^{prim}(t+tt)\, pr\tilde{i}m_{li}^k\left(\bar{h}_k^b\right) \right) \bar{h}_k^b \cdot Leist_k$$

$\tilde{a}_{zi}\left(\bar{h}_k^b\right)$: Vorleistungen, die unabhängig vom Einsatz eines Kraftwerks des Typs k für die Produktion einer Outputeinheit benötigt werden

$pr\tilde{i}m_{li}^k\left(\bar{h}_k^b\right)$: Primäre Inputs, die unabhängig vom Einsatz eines Kraftwerks des Typs k für die Produktion einer Outputeinheit benötigt werden

[23] Zu den einzusparenden Ausgaben zählen lediglich die Ausgaben für den Betrieb und Unterhalt, nicht jedoch die anfallenden Zinsen und die aus Abschreibungen resultierenden Ausgaben (VDEW 1993:62 f.).

Durch das vorzeitige Ausscheiden von Kraftwerken erhöht sich der Bedarf an Elektrizität um

$$N_{Elek}^{ök,b}(t) = \sum_{k=1}^{s_{Elek}(t)} \sum_{j=1}^{l_k(t)} h_{kj}^{b}(t-1)\, Leist_k \tag{3.40}$$

mit $l_k(t)$: Anzahl der Kraftwerke des Typs k, die Ungleichung (3.39) erfüllen, d.h. in der Periode t aus ökonomischen Gründen vorzeitig ausscheiden.

Die zum Zeitpunkt t insgesamt bestehende Nachfragelücke ergibt sich durch

$$\Delta N_{Elek}^{b}(t) = N_{Elek}^{Ersatz(Tech),b}(t) + N_{Elek}^{Ersatz(ök),b}(t) + N_{Elek}^{Erweiter,b}(t) \tag{3.41}$$

mit b = Grundlast, Mittellast, Spitzenlast,

und $\Delta N^{b}_{Elek}(t)$: Kraftwerksleistung, die insgesamt zum Zeitpunkt t im Lastbereich b neu zur Verfügung stehen muß, um die in dieser Periode anfallende Nachfrage nach Elektrizität befriedigen zu können,

d.h. aus der Summe der Nachfrage, die nicht mehr gedeckt werden kann, weil Kraftwerke aus technischen bzw. ökonomischen Gründen ausscheiden und aus der Veränderung der Nachfrage nach Elektrizität. Da die neu zu installierende Leistung mindestens so hoch sein muß, daß entstehende Nachfragelücken gedeckt werden können, erhält man als Restriktion

$$\sum_{k=1}^{s_{Elek}(t)} \Delta m_k^b(t)\, \bar{h}_k^b\, Leist_k \geq \Delta N_{Elek}^{b}(t). \tag{3.42}$$

Die durchschnittliche Einsatzzeit der Kraftwerke des Typs k im Lastbereich b erhält man durch

$$\bar{h}_k^b = \min \left\{ \bar{h}^b \,,\, \frac{\Delta N_{Elek}^{b}(t) - \sum\limits_{\substack{l=1 \\ l \neq k}}^{s_{Elek}(t)} \Delta m_l^b(t)\, \bar{h}_l^b\, Leist_l}{\Delta m_k^b(t)\, Leist_k} \right\} \tag{3.43}$$

Aufgrund dieser Gleichung sinkt nach Überschreiten der benötigten Kapazität die durchschnittliche Auslastung der neuen Kraftwerke, wodurch auch die erzielbaren Annuitäten vermindert werden. Durch Gleichung (3.43) wird entsprechend verhindert, daß mehr Kraftwerke gebaut werden, als unbedingt notwendig sind.

Die Anzahl der in der Periode t eingesetzten Kraftwerke des Typs k ergibt sich aus der Summe der vorhandenen Kraftwerke des Typs k und der Kraftwerke, die in der Periode t neu hinzukommen, d.h. es gilt:

$$m_k(t) = m_k(t-1) + \Delta m_k(t) \tag{3.44}$$

Die insgesamt zum Zeitpunkt t zu installierende Anzahl der Kraftwerke des Typs k erhält man durch

$$\Delta m_k(t) = \left(\Delta m_k^{Spitzenlast}(t) + \Delta m_k^{Mittellast}(t) + \Delta m_k^{Grundlast}(t)\right) \tag{3.45}$$

d.h. aus der Anzahl der in den einzelnen Bereichen benötigten Kraftwerke.

Zu den oben genannten Restriktionen kommen rechtliche und gesellschaftliche Einschränkungen hinzu. So unterliegen die Elektrizitätswerke noch Restriktionen, die sich aus umweltpolitischen Vorgaben, wie z.B. der Beschränkung der Kohlendioxidemissionen auf ein bestimmtes Niveau, resultieren. Diese Restriktion wird in Anlehnung an die Vorgehensweise von PFAFFENBERGER (1993:160) durch folgende Mengenrestriktion erfaßt:

$$\sum_{k=1}^{s_{Elek}(t)} \sum_{j=1}^{m_k(t)} E_{kj}^u(t) = \sum_{k=1}^{s_{Elek}(t)} \sum_{j=1}^{m_k(t)} e_k^u \, h_{kj}(t) \, Leist_k \leq E_{\max}^u \tag{3.46}$$

mit	u:	Index für den Schadstoff,
	$E_{kj}^u(t)$:	in der Periode t emittierte Menge an Schadstoff u [t],
	e_k^u:	Emissionskoeffizienten in t/kWh,
	$E_{\max}^u$:	maximale Emissionsmenge der Emissionsart u [t].

Aufgrund von Gleichung (3.46) muß der Kraftwerkspark so gewählt werden, daß die Summe der Emissionen aller Kraftwerke eine maximale Emissionsmenge nicht überschreitet.

Als Lösung des Optimierungsproblems erhält man die Art und Anzahl der in den einzelnen Lastbereichen neu zu installierenden Kraftwerke bzw. die Summe der in der Periode t vorhandenen Kraftwerke, wobei zu beachten ist, daß stets nur eine ganzzahlige Anzahl an Kraftwerken gebaut werden kann (vgl. PFAFFENBERGER 1993:154 f.).

Bevor ein neues Kraftwerk in Betrieb genommen werden kann, muß es zuerst geplant und gebaut werden. Die für die einzelnen Kraftwerke erforderliche Vorlaufzeit wird wie im Abschnitt 3.1 beschriebenen Ansatz mit τ_k (mit k=1 bis $s_{Elek}(t)$) angesetzt. Damit ein Kraftwerk des Typs k in der Periode T zur Verfügung steht, muß in der Periode T-τ_k mit der Planung begonnen werden. In dieser und in den darauffolgenden Perioden sind Investitionsaktivitäten erforderlich, die sich durch

$$I^k_{Elek}(t,T) = \begin{cases} B^k(l)\ (\Delta m_k(T)\, Leist_k) & \text{wenn} \quad T - t \leq \tau_k \\ 0 & \text{sonst} \end{cases} \tag{3.47}$$

mit $I^k_{Elek}(t,T)$: Nachfrage nach Investitionsgütern, die zum Zeitpunkt t benötigt werden, damit in der Periode T Kraftwerke des Typs k mit einer Gesamtleistung von $\Delta m_k(T) Leist_k$ neu zur Verfügung stehen,

$B^k(l)$: l-tes Element des Investitionsnachfragevektors B^k, mit $l = \tau_k + 1 - (T - t)$

ergeben, d.h. es fallen die Investitionen an, die durch das l-te Element des Vektors B^k beschrieben werden, multipliziert mit der benötigten Leistung. Berücksichtigt man, daß zum Zeitpunkt T nicht nur Kraftwerke des Typs k in Betrieb genommen werden sollen, sondern auch Kraftwerke der anderen Kraftwerkstypen, so sind in der Periode t Investitionen im Umfang von

$$I_{Elek}(t,T) = \sum_{k=1}^{s_{Elek}(t)} I^k_{Elek}(t,T) \tag{3.48}$$

nötig. Hinzu kommen noch Investitionsaktivitäten, die in der Periode t anfallen, sich aber auf andere Perioden als T (z.B. T-1, T-2) beziehen (siehe Abschnitt 3.1). Insgesamt müssen zum Zeitpunkt t Investitionen im Umfang von

$$I_{Elek}(t) = \sum_{\theta=1}^{T} I_{Elek}(t, t+\theta) \tag{3.49}$$

erfolgen. Da für die Planung und den Bau der einzelnen Kraftwerkstypen i.d.R. unterschiedliche Investitionsaktivitäten notwendig sind, werden je nach Anteil der einzelnen Kraftwerkstypen am neu zu errichtenden Teil des Kraftwerkparks unterschiedliche ökonomische bzw. ökologische Effekte induziert.

3.3.3 Ermittlung des optimalen Einsatzes der einzelnen Kraftwerke

Die Bestimmung des unter den vorliegenden Restriktionen optimalen Einsatzes der vorhandenen Kraftwerke erfolgt im folgenden analog zur Vorgehensweise von z.B. FLICKE/ADAMS (1997) und PFAFFENBERGER (1993), d.h. es wird davon ausgegangen, daß die EVU stets bestrebt sind, in den einzelnen Lastbereichen ihre Kosten zu minimieren. So wird unterstellt, daß im Bereich der Grundlast in erster Linie die Kraftwerke zum Einsatz kommen, die insgesamt die geringsten Kosten pro kWh aufweisen. Diese Kraftwerke werden bis zu ihrer maximal auf Dauer zulässigen Auslastung eingesetzt. Der Rest der Grundlast wird mit den zweitgünstigsten Kraftwerken gedeckt. Besteht dann immer noch ein Restbedarf, so kommen die nächstgünstigsten Kraftwerke zum Einsatz, usw. Im den anderen Lastbereichen wird analog vorgegangen.

Die Entscheidung über den Einsatz der einzelnen Kraftwerke erfolgt i.d.R. ausschließlich auf Basis der variablen Kosten, da die Fixkosten per Definition unabhängig vom Einsatz der Kraftwerke anfallen. Die Zielfunktionen für das Optimierungsproblem lautet entsprechend

$$\min K_{Elek}(t) = \min \sum_{k=1}^{s_{Elek}(t)} \sum_{j=1}^{m_k(t)} K_{kj}(t) \tag{3.50}$$

mit	$K(t)$:	Kosten, die in der Periode t anfallen [DM],
	$K_{kj}(t)$:	Kosten, die beim Einsatz des Kraftwerks j des Typs k in der Periode t anfallen [DM].

Die Kosten der einzelnen Kraftwerke ergeben sich durch

$$K_{kj}(t) = \sum_{i=1}^{n} p_i(t)\, a_i^k(h_{kj}) + \sum_{l=1}^{m} p_l^{prim}(t)\, prim_l^k(h_{kj}) \tag{3.51}$$

mit	kv_{kj}:	variable Kosten des Kraftwerks j des Typs k in DM/kWh,

für k=1 bis $s_{Elek}(t)$ und j=1 bis $m_k(t)$.

Auch bei der Ermittlung des optimalen Einsatzes der einzelnen Kraftwerke unterliegen die EVU einer Reihe von Restriktionen. So muß innerhalb einer Periode mit den Kraftwerken des Typs 1 bis k genügend Strom erzeugt werden, um die in der Periode t anfallende Nachfrage nach Strom zu decken.[24] Für die einzelnen Lastbereiche ergibt sich folgende Restriktion:

[24] Teilweise decken die einzelnen EVU anfallende Versorgungsengpässe durch vermehrte Stromimporte. Zur Vereinfachung wird im folgenden davon ausgegangen, daß der Import/Export-Saldo konstant bleibt.

$$N^{b}_{Elek}(t) = \sum_{k=1}^{s_{Elek}(t)} \sum_{j=1}^{m_k(t)} \left(h^{b}_{kj}(t)\, Leist_k \right) \tag{3.52}$$

mit b = Grundlast, Mittellast bzw. Spitzenlast.

Neben der Restriktion bzgl. der Nachfrage nach Elektrizität unterliegen die einzelnen Kraftwerke technischen Einschränkungen. So können sie aufgrund von technischen (z.B. Wartungsvorschriften) bzw. klimatischen (z.B. Sonneneinstrahlung, Windverhältnisse, Wasserführung) Beschränkungen nur in einem bestimmten zeitlichen Umfang eingesetzt werden (siehe z.B. MELISS/SANDTNER 1996:20). Für die einzelnen Kraftwerke ergeben sich folgende Restriktionen

$$0 \leq h_{kj} \leq h_k^{\max} \tag{3.53}$$

mit h_k^{max}: Anzahl der Stunden, die Kraftwerke des Typs k maximal innerhalb eines Jahres eingesetzt werden können, wobei, $h_k^{\max} \leq 8760$

d.h. jedes Kraftwerk des Typs k kann im Jahr bis zu h_k^{max} Stunden eingesetzt werden. Hinzu kommt noch die in Abschnitt 3.3.2 aufgeführte Restriktion hinsichtlich der Beschränkung der maximal zulässigen Emissionsmenge.

$$\sum_{k=1}^{s_{Elek}(t)} \sum_{j=1}^{m_k(t)} E^{u}_{kj}(t) = \sum_{k=1}^{s_{Elek}(t)} \sum_{j=1}^{m_k(t)} e^{u}_{k}\, h_{kj}(t)\, Leist_k \leq E^{u}_{\max} \tag{3.54}$$

Als Ergebnis des Optimierungsproblems erhält man die Anzahl der Stunden, die die einzelnen Kraftwerke in einer Periode eingesetzt werden.

Die durch die Nachfrage nach Vorleistungen induzierten Effekte können wie in Abschnitt 3.3.2 beschrieben durch

$$a_{Elek\,j}(t) = \sum_{k=1}^{s_{Elek}(t)} \sum_{j=1}^{m_k(t)} \tilde{g}_{kj}(t)\, a_{kj}(h_{kj}) \tag{3.55}$$

mit

$a_{Elek\,j}(t)$: Produktionskoeffizient des Sektors „Elektrizitätswirtschaft" zum Zeitpunkt t,

$\tilde{g}_k(t)$: Anteil der Kraftwerke des Typs k an der in Periode t produzierten Menge an Elektrizität,

$a_{kj}(h_{kj})$: Güter des Sektors j, die als Vorleistung zur Produktion einer Outputeinheit bei Verwendung eines Kraftwerkes des Typs k benötigt werden erfaßt werden, d.h. durch die Verwendung von sektoralen Produktionskoeffizienten, die sich aus dem gewichteten Durchschnitt der einzelnen Kraftwerkstypen ergeben. Die Anteile des Einsatzes der einzelnen Kraftwerke zu einem bestimmten Zeitpunkt an der insgesamt erzeugten Menge an Elektrizität erhält man durch

$$\tilde{g}_{kj}(t) = \frac{h_{kj}(t)\ Leist_k}{\sum\limits_{k=1}^{s_{Elek}(t)} \sum\limits_{j=1}^{m_k(t)} h_{kj}(t)\ Leist_k} \qquad (3.56)$$

mit k=1 bis $s_{Elek}(t)$ und j=1 bis $m_k(t)$, d.h. aus dem Verhältnis des Einsatzes von Kraftwerk j zur insgesamt erzeugten Menge an Elektrizität. Die durch einen bestimmten Kraftwerksmix induzierte Wertschöpfung erhält man analog zu Gleichung (3.55) durch

$$v_{Elek}(t) = \sum_{k=1}^{s_{Elek}(t)} \sum_{j=1}^{m_k(t)} \tilde{g}_{kj}(t)\ v_k \qquad (3.57)$$

mit v_{Elek}(t): Wertschöpfungskoeffizient des Sektors „Elektrizitätswirt- schaft" zum Zeitpunkt t,

v_k: Wertschöpfungskoeffizient eines Kraftwerkes des Typs k ,

d.h. durch die Summe der gewichteten Wertschöpfungskoeffizienten der einzelnen Kraftwerkstypen. Nach dem gleichen Ansatz erhält man auch die sektoralen Emissionskoeffizienten

$$e^u_{Elek}(t) = \sum_{k=1}^{s_{Elek}(t)} \sum_{j=1}^{m_k(t)} \tilde{g}_{kj}(t)\ e^u_k \qquad (3.58)$$

mit e^u_{Elek}(t): Emissionskoeffizient des Sektors „Elektrizitätswirtschaft" zum Zeitpunkt t,

e^u_k: Emissionskoeffizient eines Kraftwerkes des Typs k,

als Summe der gewichteten Emissionskoeffizienten der einzelnen Kraftwerke.

Veränderungen des Einsatzes der einzelnen Kraftwerke (z.B. durch Veränderungen der kraftwerksspezifischen Kosten bzw. der Restriktionen sowie durch das Ausscheiden und das Hinzukommen neuer Kraftwerke) führen entsprechend dazu, daß sich sowohl die sektoralen Vorleistungskoeffizienten als auch die Wertschöpfung und die pro Outputeinheit entstehenden Emissionen ändern.

3.3.4 Ermittlung der Gesamteffekte

Die insgesamt durch die Nachfrage nach Kraftwerken und durch die Veränderungen der Vorleistungsstruktur - inklusive der Veränderungen des Volkseinkommens - induzierten ökonomischen Effekte erhält man unter Berücksichtigung der Gleichungen (3.29) bis (3.57) durch

$$X(t) = [I - A(t) - R)]^{-1} \left[\sum_{\theta=1}^{\tau_{\max}} (\tilde{B}^{\theta}(t) Kap^{Neu}(t+\theta)) + C(t) + Y^{r}(t) \right] \qquad (3.59)$$

Wie unter Abschnitt 3.1 beschrieben, wird hierbei unterstellt, daß die Ersatzinvestitionen der Sektoren, deren technische Entwicklung nicht auf Prozeßebene dargestellt wird (in diesem Fall alle Produktionssektoren außer der Elektrizitätswirtschaft) ausschließlich vom Umfang der Produktion dieser Sektoren abhängt.

Die Matrix $\tilde{B}^{\theta}(t)$ setzt sich aus den Vektoren $B_i\ (\tau^{\max} + 1 - \theta)$ aller Produktionssektoren außer der Elektrizitätswirtschaft und dem Vektor

$$B_{Elek}(t) = \sum_{k=1}^{s_{Elek}(t)} B_{Elek}^{k}(\tau^{\max} + 1 - \theta)\ a_{Elek}^{k}(t+\theta)$$

mit

$$a_{Elek}^{k}(t+\theta) = \frac{\Delta m_k(t+\theta) Leist_k}{\sum_{k=1}^{s_{Elek}(t+\theta)} \Delta m_k(t+\theta) Leist_k}$$

zusammen. Die Elemente des Vektors $Kap^{Neu}(t+\theta)$ erhält man entsprechend der Vorgehensweise aus Abschnitt 3.1 durch

$$Kap_i^{Neu}(t+\theta) = Erw_i(t+\theta)$$

für $i \neq Elek$ bzw. durch

$$Kap_i^{Neu}(t+\theta) = \sum_{k=1}^{s_{Elek}(t+\theta)} \Delta m_k(t+\theta) Leist_k$$

für $i = Elek$.

3.4 Schlußfolgerungen

Im diesem Kapitel wurde das Modell DIOGENES beschrieben. Mit diesem Modell können die Auswirkungen technischer Entwicklungen unter Beachtung unterschiedlichster Einflußfaktoren untersucht werden. Die Basis für DIOGENES bildet ein dynamisches Input-Output Modell, das im ersten Teil des Kapitels erläutert wurde. Durch die Berücksichtigung der Altersstruktur der einzelnen Teile des Kapitalstocks und die Erweiterung um Emissionskoeffizienten wurde der Modellansatz so spezifiziert, daß sowohl technische Ablösungsprozesse als auch die Auswirkungen von technischen Veränderungen auf die Emissionen verschiedener Luftschadstoffe erfaßt werden können.

Aufgrund der getroffenen Annahmen und Modellspezifikationen eignet sich das Modell besonders für die Analyse der Entwicklungen von Sektoren, in denen große Einzelprozesse eingesetzt werden. Ein Beispiel hierfür stellt die Elektrizitätswirtschaft dar. In diesem Sektor werden vorwiegend Prozesse eingesetzt, die für eine Nutzungsdauer von bis zu 40 Jahren ausgelegt sind und i.d.R. einen hohen Kapitaleinsatz erfordern. Intertemporale Aspekte wie z.B. die Struktur der Investitionsaktivitäten und die langfristig erzielbaren Gewinne spielen in diesem Sektor deshalb eine bedeutende Rolle.

Um die Auswirkungen der Entwicklung der Elektrizitätswirtschaft darstellen zu können, wurden Optimierungsansätze in das Modell DIOGENES integriert, mit denen das Investitionsverhalten dieses Sektors erklärt und der Einsatz der einzelnen Kraftwerke bestimmt werden kann. Bezüglich des Investitionsverhaltens wird angenommen, daß die Energieversorgungsunternehmen stets bestrebt sind, diejenigen Kraftwerke einzusetzen, mit denen unter den vorliegenden und zukünftigen technischen Möglichkeiten sowie rechtlichen, wirtschaftlichen und gesellschaftspolitischen Rahmenbedingungen die höchste Annuität erzielt werden kann. Diese Restriktionen wirken sich größtenteils auch auf die Planung des Kraftwerkseinsatzes bei gegebenem Kraftwerksbestand aus. Sie werden daher auch bei der Bestimmung des optimalen Kraftwerkseinsatzes berücksichtigt.

Durch den Optimierungsansatzes kann ein Großteil der in Abschnitt 2.1 aufgeführten Einflußfaktoren auf den Innovationsprozeß bei der Darstellung der technischen Entwicklung des Sektors berücksichtigt werden. Neben der Vorteilhaftigkeit, die durch den Vergleich der mit den einzelnen Techniken erzielbaren Gewinne erfaßt werden kann, wirkt sich auch der Umfang der für die neue Technik notwendigen Investitionen auf die Entscheidung über den Einsatz der einzelnen Techniken aus. Ein Kraftwerk mit einer großen Leistung wird i.d.R. nur dann gebaut, wenn ein hoher Ersatz- bzw. Erweiterungsbedarf vorliegt. Für neue Kraftwerk mit einer kleinen Leistung ist hingegen ein geringer Neubedarf notwendig. Die Anzahl kleinerer Kraftwerke verändert sich hierdurch normalerweise anderes als die großer Kraftwerke.

Nicht berücksichtigt werden können dagegen die Einflüsse der Unternehmensgröße, der Kompatibilität, der Komplexität und der Erprobungsfähigkeit („Trialability") auf den Einsatz der einzelnen Techniken und die Wahrnehmbarkeit der „results" aufgeführt.

Ebenso wie in den Modellen von EDLER (1990), des ISI/DIW (1988) sowie der FORSCHUNGSGRUPPE „TECHNOLOGISCHER WANDEL UND BESCHÄFTIGUNG" (vgl. z.B. FRANKE/KATERMANN 1987) wird auch in DIOGENES davon ausgegangen wird, daß die gegenwärtigen bzw. zukünftigen Eigenschaften von Prozessen ex-ante bekannt sind. Durch die Vorgabe eines Prozeßpools, wird die Offenheit zukünftiger Entwicklungen nicht berücksichtigt.[25]

Durch die Disaggregation des Sektors Elektrizitätswirtschaft bis auf Prozeßebene kann der Einfluß technischer, wirtschaftspolitischer und rechtlicher Restriktionen im größerem Umfang berücksichtigt werden, als es beispielsweise in den Modellen von CONRAD/SCHMIDT (1995), BÖHRINGER (1996) und MENSBRUGGHE (1994) der Fall ist (vgl. SCHLENZIG/SCHAUMANN 1997:83 f., 1997:94). So lassen sich durch die Disaggregation die eingeschränkten Substitutionsmöglichkeiten der Energieträger während der Nutzungsdauer der Kraftwerke realitätsnäher erfassen als es in den genannten Modellen der Fall ist.

Im folgenden soll das Modell DIOGENES zur Analyse der Entwicklung der Elektrizitätswirtschaft von Baden-Württemberg eingesetzt werden. Anhand dieses Beispiels soll untersucht werden, welchen Einschränkungen das Modell bei der Analyse empirischer Entwicklungen unterworfen bzw. für welche Einsatzmöglichkeiten das Modell besonders geeignet ist.

[25] Im Falle der Elektrizitätswirtschaft bedeutet der verwendete Ansatz nur eine geringe Einschränkung, da wie beschrieben, i.d.R. lange Vorlaufzeiten für die Entwicklung von Inventionen erforderlich sind.

4 Die Auswirkungen der Entwicklung der Elektrizitätswirtschaft auf Baden-Württemberg

Im folgenden soll das Modell DIOGENES zur Darstellung der Entwicklung der Elektrizitätswirtschaft von Baden-Württemberg eingesetzt werden. Hierzu werden zunächst die verwendeten Daten kurz erläutert. Anschließend wird durch den Vergleich zwischen historischen und simulierten Werten überprüft, inwieweit sich mit DIOGENES die Entwicklung wichtiger ökonomischer Größen realitätsnah erfassen läßt. Bevor verschiedene Szenarien erstellt werden, in denen unterschiedliche Entwicklungspfade analysiert werden, wird die gegenwärtige Situation der Elektrizitätswirtschaft von Baden-Württemberg beschrieben.

4.1 Implementierung des Modells

4.1.1 Datenerfordernisse

Zu den Basisdaten, die für die Spezifizierung des in Kapitel 3 beschriebenen Modells erforderlich sind, gehören u.a.

- Input-Output Tabellen, d.h. Tabellen, die Angaben über die wirtschaftliche Verflechtung eines Gebietes enthalten,
- Angaben darüber, welche Investitionsgüter in den einzelnen Sektoren benötigt werden, um die vorhandene Kapazität um eine Einheit zu erweitern,
- Angaben über die Investitionsgüter, die notwendig sind, um die sektoralen Kapazitäten auf einem bestimmten Niveau zu halten,
- Angaben über die Ausreifungszeiten der einzelnen Investitionsgüter,
- sowie Angaben über die vorhandenen Kapazitäten und die maximalen Raten der Kapazitätserweiterung.

Zusätzlich müssen, um die Abhängigkeiten der Nachfrage der Produktionssektoren bzw. der privaten Haushalte von den relativen Preisen ermitteln zu können, die Input-Output Tabellen sowie Vektoren mit den Preisen als konsistente Zeitreihen vorliegen.

Um die technische Entwicklung der Elektrizitätswirtschaft abbilden zu können, sind zudem noch folgende Daten notwendig:

- Daten über die Auslastung, das Alter, den Bedarf an Vorleistungen und über die Emissionskoeffizienten der einzelnen Kraftwerke des aktuellen Kraftwerkparks,

- Daten über die technischen Eigenschaften (z.B. über den Bedarf an Vorleistungen) sowie über den Bedarf an Investitionsgütern für die in der Zukunft zur Verfügung stehenden Kraftwerkstypen
- sowie Daten über die von den Energieversorgungsunternehmen erwartete Entwicklung der Energieträgerpreise, der Nachfrage nach Elektrizität und über die erwartete Entwicklung der rechtlichen und gesellschaftspolitischen Rahmenbedingungen.

Zu beachten ist, daß die Angaben über den Vorleistungseinsatz und den Investitionsbedarf nach der gleichen Systematik wie die zuerst aufgeführten Daten gegliedert sein müssen, da ansonsten eine Verknüpfung der Daten nicht möglich ist.

4.1.2 Beschreibung des verwendeten Datenmaterials

Insgesamt existieren für Baden-Württemberg sieben Input-Output Tabellen. Seit 1978 werden diese einheitlich in einer Gliederung nach 27 Sektoren veröffentlicht. 1990 wurden einige Berechnungsverfahren verändert, so daß nur die Tabellen von 1978 bis 1988 vollständig miteinander vergleichbar sind (vgl. Münzenmaier 1993:181 ff., Münzenmaier 1995:239). Die Schätzung der Abhängigkeiten der Produktionskoeffizienten von den relativen Preisen, die Schätzung der Trends sowie die Ermittlung der Konsumnachfrage erfolgte daher auf Basis der Tabellen 1978 bis 1988.

Um die Auswirkungen von technischen und ökonomischen Veränderungen auf den Außenhandel berücksichtigen zu können, wurden zudem auf Basis dieser Tabellen Import- und Exportelastizitäten ermittelt.

Detaillierte Informationen über die sektorale Nachfrage nach Investitionsgütern liegen für Baden-Württemberg nur für die Sektoren des Produzierenden Gewerbes vor. In den Statistiken des Produzierenden Gewerbes wird jedoch nur zwischen Anlageinvestitionen, Bauinvestitionen und dem Kauf von Grundstücken unterschieden (vgl. z.B. StaLa-BW 1992). Um die Matrizen B^0 und R erstellen zu können, wurde deshalb auf Daten des IFO (Gerstenberger et al. 1989) und des Statistischen Bundesamtes (1994) zurückgegriffen. Die auf Basis dieser Daten erstellten Kapitalkoeffizientenmatrizen wurden mittels der Angaben aus den Statistiken des Verarbeitenden Gewerbes (z.B. StaLa-BW 1991a) und mittels Angaben über die Investitionsnachfrage bzw. über die sektoralen Abschreibungen aus den Input-Output Tabellen (StaLa-BW 1994) unter Verwendung der RAS-Methode an Baden-Württemberg angepaßt.

Hinsichtlich der maximalen Raten der Kapazitätserweiterung wurde angenommen, daß diese denen von Edler (1990) entsprechen, d.h. zwischen 5 % und 12 % liegen.[26]

Information über die von den einzelnen EVU eingesetzten Kraftwerke enthalten die Statistiken des VDEW „Betriebsmittel" und „Leistung und Arbeit" (siehe z.B. VDEW 1996a, 1996b). Diese Statistiken beinhalten u.a. Angaben über die Leistung, über die Netto- bzw. Bruttoerzeugung sowie über die Art der eingesetzten

[26] Die empirische Basis für die Abschätzung der maximalen Raten der Kapazitätserweiterung durch Edler (1990) beruhen auf der Potentialrechnung des DIW.

Kraftwerke. Angaben über die Altersstruktur und über den Energieträgereinsatz in den einzelnen Kraftwerksblöcken werden in diesen Statistiken jedoch nicht aufgeführt. Diese Daten wurden aus FAHL ET AL. (1992) bzw. durch eine Befragung der Kraftwerksbetreiber gewonnen.

Um die Daten über die einzelnen Kraftwerke mit den Input-Output Tabellen verknüpfen zu können, müssen die Angaben über die Nachfrage nach Vorleistungen sowie über die für die Erstellung der Kraftwerke notwendigen Investitionen an die Systematik der Input-Output Rechnung (SIO) angepaßt werden. Die Zuordnung der Vorleistungen an die SIO erfolgt auf Basis von Studien, die am ZEW in Zusammenarbeit mit anderen Forschungseinrichtungen (z.B. IER) durchgeführt wurden (siehe z.B. ESD 1996). Zudem wurde auf die Datenbank für IKARUS (Instrumente für Klimagasreduktionsstrategien) zurückgegriffen (vgl. FZJ 1994): Neben Angaben über die für den Betrieb der einzelnen Kraftwerke notwendigen Vorleistungen, liefert diese Datenbank auch Informationen über zukünftige fossile und nukleare Kraftwerkstechnologien, über deren Planungs- und Bauzeiten sowie über die Nutzungsdauer der einzelnen Kraftwerke. Ebenfalls aus dieser Studie wurden die Angaben über die technischen Emissionskoeffizienten der einzelnen Kraftwerkstypen entnommen. Die entsprechenden Informationen über regenerative Energiequellen stammen wiederum aus Studien, die am ZEW erfolgten (siehe z.B. ESD 1996). Des weiteren wurde auf Veröffentlichungen der AKADEMIE FÜR TECHNIKFOLGEABSCHÄTZUNG IN BADEN-WÜRTTEMBERG zurückgegriffen, die im Rahmen des Projektes „Klimaverträgliche Energieversorgung in Baden-Württemberg" erstellt wurden (AKADEMIE FÜR TECHNIKFOLGENABSCHÄTZUNG IN BADEN-WÜRTTEMBERG 1994, SCHADE 1995). Diese beinhalten u.a. Angaben über die Potentiale für regenerative Energiequellen. Auf die explizite Berücksichtigung von Energieeinspartechniken und deren Kosten wurde aus Vereinfachungsgründen verzichtet.

Die Datengrundlage für die Berechnung der sektoralen Emissionskoeffizienten sowie für die sektorale Nachfrage nach Elektrizität bildet die „Emittentenstruktur Baden-Württemberg". Sie wurde aufbauend auf der vom ISI bzw. ZEW für die Bundesrepublik entwickelten „Emittentenstruktur" (HOHMEYER ET AL. 1992, 1998) erstellt, um die Auswirkungen von ökonomischen Aktivitäten auf die Umwelt unter Berücksichtigung der Besonderheiten von Baden-Württemberg erfassen zu können.

Da nicht zu erwarten ist, daß alle Kraftwerke, die neu errichtet werden, durch baden-württembergische Unternehmen geplant und gebaut werden, ist eine Annahme über die Verteilung der Investitionsaktivitäten der Elektrizitätswirtschaft auf Baden-Württemberg und das Ausland (inkl. anderer Bundesländer) erforderlich. Zur Vereinfachung wird angenommen, daß 50 % der für die Planung und den Bau der Kraftwerke notwendigen Investitionsaktivitäten auf baden-württembergische Unternehmen entfallen. Begründen läßt sich diese Annahme mit den bisherigen Entwicklungen im Kraftwerksbau und der Marktstellung von Unternehmen wie z.B. ABB-Kraftanlagen, die Produktionsstätten in Baden-Württemberg haben.[27]

[27] Für eine genauere Abschätzung der Aufteilung zwischen importierten und inländischen Anlagen sind detaillierte Informationen über die derzeitige und zukünftige Erzeugung einzelner Komponenten bzw. eines kompletten Kraftwerks durch in- und ausländische Unternehmen

Die Entwicklung der Staatsnachfrage wird in dem oben beschriebenen Modell nicht endogen erfaßt. Um die Staatsnachfrage und deren Einfluß auf die Entwicklung der Volkswirtschaft berücksichtigen zu können, wird angenommen, daß die vorliegenden Trends weiterhin anhalten.

Als weitere Vereinfachung wird unterstellt, daß nach Ende der Nutzungsdauer eines Kraftwerks bzw. eines Kraftwerkblocks stets das ganze Kraftwerk bzw. der ganze Block ersetzt wird. Die Modernisierung einzelner Komponenten wird entsprechend vernachlässigt.

4.1.3 Evaluierung des Modells

Im folgenden werden Meßgrößen beschrieben, anhand derer eine Beurteilung der Anpassungsgüte des Modells möglich ist. Anschließend werden die Ergebnisse der für die Jahre 1982 bis 1990 durchgeführten ex-post Simulationen mit den historischen Werten verglichen. Im Mittelpunkt der Evaluierung stehen die ökonomischen Größen Bruttoinlandsprodukt und Investitionen.[28]

4.1.3.1 Meßgrößen

Als Meßgrößen zur Beurteilung der Genauigkeit der Prognose werden die Meßgrößen „mittlerer Prognosefehler" (mean simulation error, MSE), „mittlerer prozentualer Fehler" (mean percentage error, MPE), die Wurzel des „quadrierten mittleren prozentualen Fehlers" (root-mean-square percent error, RMSPE) und der Theil'sche Ungleichheitskoeffizient (TU) verwendet (vgl. z.B. PINDYCK/RUBINFELD 1991, CORSTEN 1994).

Die Fehlergröße MSE ergibt sich aus der Differenz zwischen den tatsächlichen und den berechneten Werten, d.h. durch

$$MSE = \frac{1}{T} \sum_{t=1}^{T} (S_t - R_t) \tag{4.1}$$

mit T: Anzahl der betrachteten Perioden,

S_t: prognostizierter Wert,

R_t: tatsächlicher Wert.

---

erforderlich. Die Abschätzung wird erschwert, da größere Unternehmen wie z.B. ABB oder Siemens mehrere Produktionsstätten in unterschiedlichen Regionen besitzen, die je nach Auslastung und vorliegenden Kostenstrukturen zum Zuge kommen. Bei Vorliegen detaillierter Informationen ist ohne Einschränkung eine Modifikation der Annahme möglich.

[28] Die Prognosegüte hinsichtlich der technischen Entwicklung läßt sich gegenüber der ökonomischen Anpassungsgüte nur sehr eingeschränkt beurteilen, da der größte Teil der im Evaluierungszeitraum (1982-1990) neu gebauten Kraftwerke aufgrund von Entscheidungen gebaut wurden, die vor der eigentlichen Initialsierungsperiode des Modells getroffen wurden. Da eine ausreichende statistische Grundlage für die Beurteilung der Prognosegüte hinsichlich der technischen Entwicklung fehlt, wird auf die Evaluierung des Modells im Hinblick auf die Darstellung der technischen Entwicklung verzichtet.

Setzt man den MSE ins Verhältnis zu den tatsächlichen Werten, so erhält man das Fehlermaß MPE (vgl. EDLER 1990:93). Durch die Relativierung der Abweichung hängt der Fehler bei diesem Maß nicht mehr von der Größenordnung der Daten ab. Der MPE läßt sich folgendermaßen berechnen:

$$MPE = \frac{1}{T} \sum_{t=1}^{T} \frac{S_t - R_t}{R_t} \tag{4.2}$$

Zu beachten ist, daß es sowohl bei dem Fehlermaß MSE als auch beim MPE dazu kommen kann, daß sich positive und negative Fehler gegenseitig aufheben. Dieser Nachteil kann vermieden werden, indem man die absoluten Abweichungen berücksichtigt. Man erhält dadurch das Fehlermaß AMPE.

$$AMPE = \frac{1}{T} \sum_{t=1}^{T} \frac{|S_t - R_t|}{R_t} \tag{4.3}$$

Häufig wird der mittlere quadratische Fehler bzw. das daraus abgeleitete Fehlermaß RMSPE verwendet (vgl. z.B. HUJER/CREMER 1978:265, EDLER 1990:94). Auch bei diesen Fehlermaßen werden negative und positive Fehler nicht miteinander verrechnet. Durch die Quadrierung erhalten größere Abweichungen eine stärkere Gewichtung. Das Fehlermaß RMSPE erhält man durch

$$RMSPE = \sqrt{\frac{1}{T} \sum_{t=1}^{T} \left(\frac{S_t - R_t}{R_t}\right)^2} \tag{4.4}$$

Ein weiteres Maß, das häufig zur Beurteilung der Anpassungsgüte von Modellen verwendet wird, ist der Theil'sche Ungleichheitskoeffizient TU (vgl. THEIL 1961:31, THEIL 1966:28). Diesen erhält man durch

$$TU = \frac{\sqrt{\frac{1}{T} \sum_{t=1}^{T} (S_t - R_t)^2}}{\sqrt{\frac{1}{T} \sum_{t=1}^{T} S_t^2} + \sqrt{\frac{1}{T} \sum_{t=1}^{t} R_t^2}} \tag{4.5}$$

Der Zähler des TU entspricht der Wurzel des mittleren quadrierten Fehlers. Durch die Normierung mit Hilfe der quadrierten prognostizierten bzw. historischen Werte liegt der Wert des TU stets zwischen 0 und 1. Da sich der Zähler folgendermaßen zerlegen läßt

$$\frac{1}{T}\sum_{t=1}^{T}(S_t - R_t)^2 = (\bar{S} - \bar{R})^2 + (\sigma_s - \sigma_R)^2 + 2(1-\rho)\sigma_s\sigma_R \tag{4.6}$$

mit

mit	$\bar{S}$:	Mittelwert der prognostizierten Werte,
	$\bar{R}$:	Mittelwert der tatsächlichen Werte,
	σ_S:	Standardabweichung der prognostizierten Werte,
	σ_R:	Standardabweichung der tatsächlichen Werte,
	ρ:	Korrelationskoeffizient,

kann mittels des TU der Einfluß unterschiedlicher Mittelwerte, ungleicher Schwankungsbreiten und der Einfluß der Unregelmäßigkeiten in der Entwicklung der einzelnen Zeitreihen auf die Abweichung zwischen Prognose und Realität erfaßt und analysiert werden (vgl. z.B. PINDYCK/RUBINFELD 1991:341, HUJER/CREMER 1978:266 f.). Durch die Normierung von Gleichung (4.6) mit $\frac{1}{T}\sum_{t=1}^{T}(S_t - R_t)^2$ erhält man als Maß für die Beeinflussung des Fehlers durch unterschiedliche Mittelwerte den Term

$$UM = \frac{(\bar{S} - \bar{R})^2}{\frac{1}{T}\sum_{t=1}^{T}(S_t - R_t)^2}, \tag{4.7}$$

den Term

$$US = \frac{(\sigma_s - \sigma_R)^2}{\frac{1}{T}\sum_{t=1}^{T}(S_t - R_t)^2} \tag{4.8}$$

als Maß für den Einfluß der unterschiedlichen Standardabweichungen und den Term

$$UC = \frac{2(1-\rho)\sigma_s\sigma}{\frac{1}{T}\sum_{t=1}^{T}(S_t - R_t)^2} \tag{4.9}$$

zur Erfassung der unsystematischen Fehler.

Die beschriebenen Maße werden im folgenden zur Analyse der Anpassungsgüte des erstellten Modells herangezogen. Zusätzlich werden die Abweichungen zwischen prognostizierter und tatsächlicher Entwicklung graphisch gegenübergestellt.

4.1.3.2 Ex-post Simulation

Abbildung 8 zeigt die für den Zeitraum von 1982 bis 1990 berechnete Entwicklung des Bruttoinlandsproduktes bzw. die Entwicklung der historischen Werte. Wie man anhand dieser Abbildung erkennt, weichen die für die Jahre 1982 bis 1988 berechneten Werte nur gering von den historischen Werten ab, während das für das Jahr 1990 ermittelte Bruttoinlandsprodukt deutlich unter dem historischen Wert von 1990 liegt. Vergleicht man diesen mit dem von 1988, so ist ein starker Anstieg erkennbar. Dieser Anstieg ist einerseits auf die wirtschaftlichen Auswirkungen der Wiedervereinigung und andererseits auf die Veränderungen von Berechnungsverfahren zurückzuführen (vgl. MÜNZENMAIER 1995:239). Die Daten von 1990 können ohne Korrektur bzw. ohne daß die durch die Wiedervereinigung auftretenden Effekte exogen vorgegeben werden, nur eingeschränkt mit denen, die sich modellendogen ergeben, verglichen werden.

Abbildung 8: Vergleich der historischen Entwicklung des Bruttoinlandsproduktes und der berechneten Werte (in Preisen von 1990)

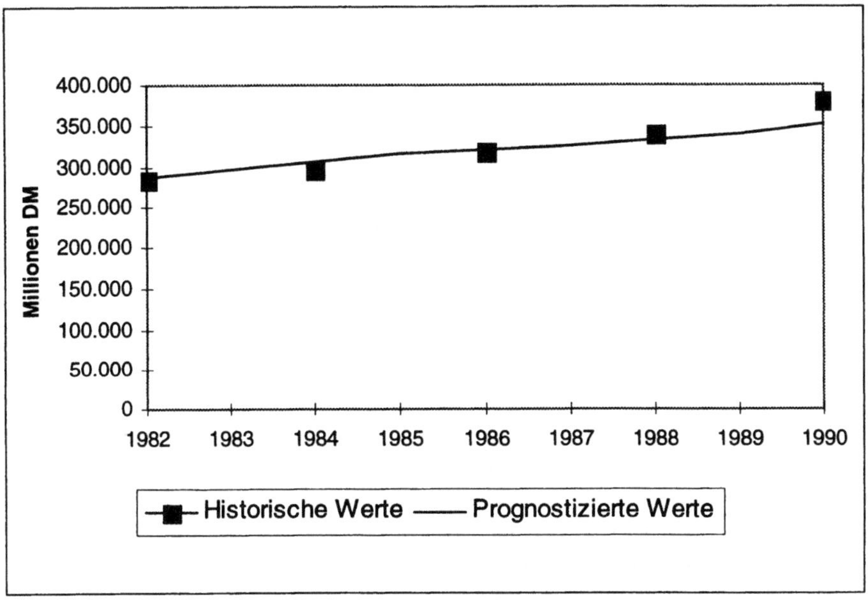

Die Angaben in Tabelle 5 bestätigen die Eindrücke aus Abbildung 8. So ist zwar der mittlere Prognosenfehler beim Bruttoinlandsprodukt hoch, setzt man ihn jedoch ins Verhältnis zu den historischen Werten, so beträgt der Fehler -1 %. Wie erwähnt, heben sich bei diesem Fehlermaß positive und negative Fehler gegenseitig auf. Wesentlich mehr Aussagekraft hat der absolute mittlere prozentuale Fehler (AMPE). Dieser beträgt 2,7 %. Läßt man das Jahr 1990 bei der ex-post Analyse außer Acht, so sinkt das Fehlermaß auf 1,5 %. Bis auf das Fehlermaß UC verkleinern sich die restlichen Werte bei einer Verkürzung des ex-post Zeitraumes deutlich (siehe Tabelle 5).

Tabelle 5: Fehlermaße für die ex-post Analyse

		Bruttoinlandsprodukt		Bruttoinvestitionen	
		mit 1990	ohne 1990	mit 1990	ohne 1990
MSE		-4288,740	1733,670	54,01	-448,41
MPE		-0,010	0,006	0,000	-0,008
AMPE		0,027	0,015	0,019	0,015
RMSE		0,037	0,019	0,021	0,017
TU		0,030	0,013	0,016	0,012
	UE	0,097	0,086	0,002	0,238
	US	0,651	0,216	0,480	0,041
	UC	0,251	0,698	0,518	0,720

Nach Pindyck/Rubinfeld (1991:340) steigt mit abnehmenden TU die Prognosegüte. Sowohl bei einer Beschränkung des Betrachtungszeitraumes auf die Jahre 1982 bis 1988 als auch bei Einbeziehung der Werte für 1990, weist die Fehlergröße einen niedrigen Wert auf, was auf eine gute Wiedergabe der historischen Entwicklung durch das Modell hinweist. Die Fehlermaße UE, US und UC deuten darauf hin, daß der Fehler bei der Berechnung des Bruttoinlandsproduktes für den Zeitraum von 1978 bis 1990 hauptsächlich auf die unterschiedlichen Standardabweichungen zurückzuführen ist. Betrachtet man dagegen den Zeitraum von 1978 bis 1988, so sinkt die Bedeutung der unterschiedlichen Standardabweichungen, während der Einfluß des unsystematischen Fehlers UC deutlich steigt.

Ebenso wie die Fehler bei der Berechnung der Bruttoinlandsprodukte sind auch die Fehler bei der Berechnung der Bruttoinvestitionen relativ gering, wobei sie i.d.R. über denen für die Produktionswerte liegen. Die Abweichung zwischen den für den Zeitraum 1982 bis 1988 und den für den Zeitraum 1982 bis 1990 ermittelten Fehlern ist bei den Investitionen geringer als bei den Produktionswerten. Wie man anhand von Abbildung 9 erkennt, liegen die berechneten Bruttoinvestitionen in den Jahren 1984 und 1990 unter den historischen Werten, während sie in den restlichen beiden Jahren leicht über den Werten des Statistischen Landesamtes liegen. Im Durchschnitt liegt der mittlere (absolute) Fehler bei 1,9 %. Eine Verkürzung des Betrachtungszeitraums führt auch in diesem Fall zur einer Verringerung der Fehlermaße AMPE und RMSPE.

Die Abweichung zwischen der historischen Entwicklung der Investitionen und der prognostizierten Entwicklung resultiert u.a. aus der Annahme, daß Erweiterungsinvestitionen nur dann erfolgen, wenn in der Vergangenheit die Produktionswerte gestiegen sind. Die Erweiterungsinvestitionen, die erfolgten, obwohl die Produktionswerte in den Jahren zuvor zurückgingen, können dagegen bei dieser Annahme nicht erfaßt werden. Schwierigkeiten bereitet hierbei auch die

Investitionsnachfrage des Staates, die teilweise nicht mittels des unterstellten Investitionskalküls erklärt werden kann.[29]

Abbildung 9: Vergleich der historischen mit der prognostizierten Entwicklung der Investitionsnachfrage (in Preisen von 1990)

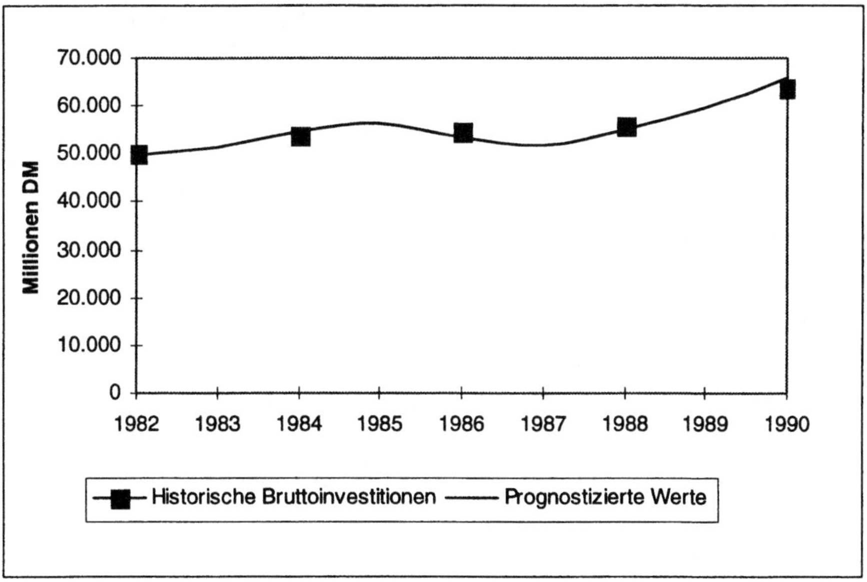

Grundsätzlich wurde die Anpassungsgüte des Modells noch hinsichtlich der Entwicklung der Nachfrage der privaten Haushalte, der Exportnachfrage sowie weiterer Größen untersucht. Die durchgeführten Analysen bestätigen die relativ gute Anpassungsgüte des Modells hinsichtlich der Entwicklungen während des untersuchten ex-post Zeitraumes. Auf die Darstellung der zusätzlich analysierten Größen und auf die sich ergebenden Fehler wird aus Platzgründen verzichtet

4.2 Modellrechnungen

4.2.1 Vorbemerkungen

Bevor im folgenden Szenarien spezifiziert und die Ergebnisse der Berechnungen dargestellt werden, soll darauf hingewiesen werden, daß es sich bei dem oben beschriebenen Modell, um ein stark vereinfachtes Abbild der Wirklichkeit handelt.

[29] Abweichend zur Vorgehensweise bei der Investitionsnachfrage der restlichen Sektoren wurde deshalb bzgl. der Investitionsnachfrage des Staates eine Trendfunktion zugrundegelegt.

Die Basis von DIOGENES bildet ein für die Elektrizitätswirtschaft erstelltes, technologisch fundiertes Partialmodell. Um die Größenordnung der aus der technischen Entwicklung der Elektrizitätswirtschaft resultierenden gesamtwirtschaftlichen Effekte abschätzen zu können, wurde das Partialmodell in ein dynamisches Input-Output Modell eingebettet. Bei der Modellbildung stand dabei das Motiv *„Modeling for insight not for numbers"* (Voss 1997:8) im Vordergrund, d.h. es wurde mehr Wert auf die Herausarbeitung von Wirkungszusammenhängen gelegt als auf eine exakte Berechnung einzelner Größen. So wurde bei der Spezifizierung des energiewirtschaftlichen Partialmodells sehr stark auf eine möglichst realitätsnahe Erfassung der Entscheidungsprozesse geachtet, die in der Elektrizitätswirtschaft zu technischen Substitutionsprozessen führen. Hierzu werden verschiedene Optimierungansätze in das Partialmodell integriert, mittels derer der Einfluß von Faktoren wie beispielsweise die Entwicklung der Energieträgerpreise sowie der Einfluß der Altersstruktur des vorhandenen Kraftwerkparks auf die Einsatz- bzw. Erweiterungsplanung der Elektrizitätswirtschaft erfaßt werden kann.

Das Partialmodell basiert auf einer Reihe von technischen und ökonomischen Daten, die mit Unsicherheiten behaftet sind. Dies gilt insbesondere für die Annahmen, die hinsichtlich der Entwicklung der Energieträgerpreise und der Entwicklung der Stromimporte bzw. -exporte getroffen werden müssen. Aufgrund der bestehenden Unsicherheiten läßt sich die Entwickung der Elektrizitätswirtschaft nur eingeschränkt ex-ante erfassen. Da eine Erweiterung des Modell um Eintrittswahrscheinlichkeiten bzw. die Durchführung umfangreicher Sensetivitätsanalysen den Rahmen dieser Arbeit sprengen würde, wurde hierauf verzichtet. Bei dem Partialmodell handelt es sich entsprechend um ein Simulations- und nicht um ein Prognosemodell, d.h. mit dem Modell wird eine mögliche Entwicklung dargestellt, die nicht der tatsächlichen entsprechen muß.

Noch stärker als bei der Spezifizierung des Partialmodells gilt das Motiv „Modeling for insight not for numbers" für die Integration des Partialmodells in das gesamtwirtschaftliche Modell: Aus Gründen der Übersichtlichkeit und um die Komplexität des Modells in Grenzen halten zu können, beschränkt sich das für DIOGENES verwendete gesamtwirtschaftliche Modell auf die Darstellung eines Ausschnitts des volkswirtschaftlichen Kreislaufes.

So wird beispielsweise in DIOGENES der Zusammenhang zwischen Sparen und Investitionen sowie die Abhängigkeit der Investitionen vom Zinsniveau nicht berücksichtigt. Vereinfachte Annahmen wurden des weiteren hinsichtlich der Staatsnachfrage, des Arbeitsmarktes und des Außenhandels getroffen. Das Modell unterscheidet sich somit deutlich von Modellen wie z.B. GEM-E3 (Conrad/Schmidt 1995), GREEN (Burniaux et al. 1992) und PANTA RHEI (Meyer et al. 1999), in denen der volkswirtschaftliche Kreislauf der Entstehung und Verwendung von Einkommen bzw. Gütern und Dienstleistungen sehr detailliert erfaßt wird.

Die Ausrichtung von DIOGENES auf Fragestellungen, in deren Mittelpunkt technische Substitutionsprozesse in der Elektrizitätswirtschaft stehen und die Beschränkung auf einen Ausschnitt aus dem volkswirtschaftlichen Kreislauf, sind insbesondere bei der Interpretation der ausgewiesenen gesamtwirtschaftlichen Größen zu beachten. Diese Größen dienen primär zur Abschätzung von

Größenordnungen der auf gesamtwirtschaftlicher Ebene induzierten Effekte. Sie besitzen jedoch weder einen Prognosecharakter noch kommt ihnen die gleiche Bedeutung zu wie in den genannten gesamtwirtschaftlichen Modellen.

Neben den Annahmen, die beispielsweise bezüglich der Exportnachfrage, des Investitionsverhaltens der Produktionssektoren und der Nachfrage der privaten Haushalte getroffen wurden, führen insbesondere die Menge, Qualität und Aktualität der zur Verfügung stehenden Daten dazu, daß die Realität nur eingeschränkt wiedergegeben werden kann. In den Annahmen und den verwendeten Daten liegen auch die Unterschiede zu anderen Modellen wie z.B. den Modellen von FROHN (1990), PFAFFENBERGER/STRÖBELE (1995) und CONRAD/SCHMIDT (1995). Die Ergebnisse der unterschiedlichen Modelle sind entsprechend, insbesondere durch die Ausrichtung auf unterschiedliche Fragestellungen, nur eingeschränkt vergleichbar.

4.2.2 Beschreibung der Ausgangssituation

In den folgenden Abschnitten wird die derzeitige Situation der Elektrizitätserzeugung und der Stromnachfrage in Baden-Württemberg unter Berücksichtigung der historischen Entwicklung beschrieben.

4.2.2.1 Nachfrage nach Elektrizität

4.2.2.1.1 Nachfrage nach Strom seitens der Produktionssektoren

1995 bestand in Baden-Württemberg ein Bedarf an elektrischem Strom im Umfang von 66.493 GWh (WIRTSCHAFTSMINISTERIUM-BW 1997:36). 35 % hiervon fragte die Industrie, 24,3 % die Kleinverbraucher und 2,6 % die Unternehmen im Verkehrsbereich nach.

Vergleicht man die Entwicklung des Stromverbrauchs der Produktionssektoren mit der Entwicklung des Bruttoinlandsproduktes (BIP), so stellt man fest, daß, obwohl der Anteil der Dienstleistungsunternehmen und des Handel bzw. Verkehrs am BIP ständig stieg (STALA-BW 1994:312), sich der Stromverbrauch pro BIP im Laufe der Zeit nur unwesentlich verändert hat.[30] Auch in den letzten Jahren fand trotz technischen Fortschritts nur eine leichte Entkopplung zwischen Stromverbrauch und Wirtschaftswachstum statt (siehe Abbildung 10).

Die Nachfrage nach Elektrizität hing bzw. hängt entsprechend stark von konjunkturellen Schwankungen ab: In den Jahren mit wirtschaftlicher Stagnation ging der Stromverbrauch zurück bzw. stieg weniger stark an als in Jahren mit wirtschaftlichem Aufschwung.

---

[30] Bei der Berechnung des Stromverbrauchs pro BIP wurde im Gegensatz zu den Angaben des STATISTISCHEN LANDESAMTES bzw. des STATISTISCHEN BUNDESAMTES der Verbrauch der privaten Haushalte nicht berücksichtigt.

Abbildung 10: Entwicklung des Stromverbrauchs der Industrie (einschließlich Kleinverbrauch und Verkehr) und des Stromverbrauchs pro Einheit Bruttoinlandsprodukt (BIP) in Preisen von 1991

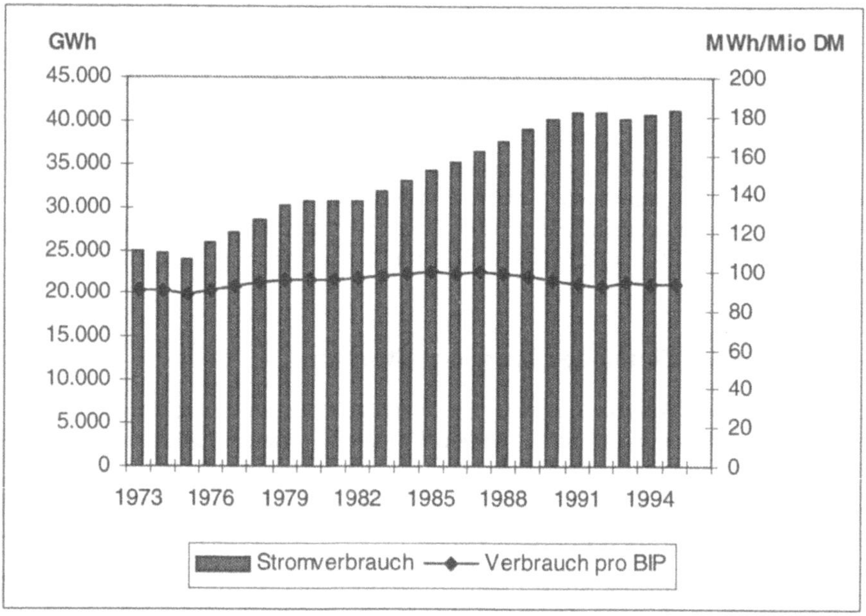

Datenquelle: WIRTSCHAFTSMINISTERIUM-BW 1993 bis 1997, STALA-BW 1997

4.2.2.1.2 Nachfrage nach Strom seitens der privaten Haushalte

Die privaten Haushalte in Baden-Württemberg verbrauchten 1995 17.273 GWh Strom (WIRTSCHAFTSMINISTERIUM-BW 1997:36). Gegenüber 1970 bedeutet dies einen Anstieg des Verbrauchs um 226 %. Der starke Anstieg des Stromverbrauchs der privaten Haushalte resultierte hauptsächlich aus der zunehmenden Elektrifizierung der einzelnen Haushalte (IZE ohne Jahr:25): 1970 verbrauchte eine Person in Baden-Württemberg für private Zwecke ca. 600 kWh, 1976 schon ca. 1.000 kWh und 1995 schließlich 1.673 kWh (siehe Abbildung 11). Gebremst wurde das Ansteigen des Elektrizitätsverbrauchs durch die Reduzierung des Strombedarfs der einzelnen Elektrogeräte. So sank der spezifische Energieverbrauch von Waschmaschinen von 1978 auf 1991 um 34 %, der Verbrauch von Kühlschränken um 30 % und der spezifische Energieverbrauch von Elektroherden um 22 % (IZE ohne Jahr:32, vgl. VDEW 1997:6 f.).

Abbildung 11: Entwicklung des Stromverbrauchs der privaten Haushalte und des Stromverbrauchs pro Einwohner

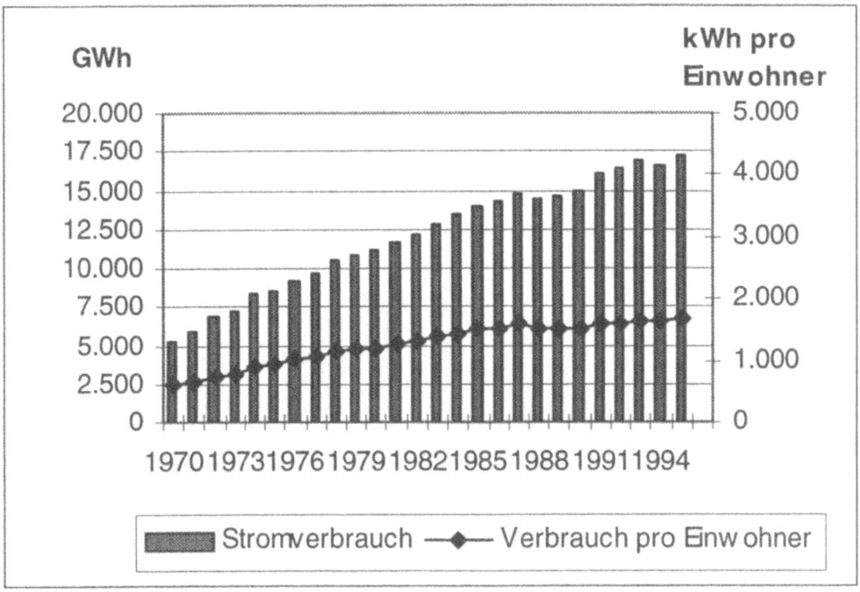

Datenquelle: WIRTSCHAFTSMINISTERIUM-BW 1993 bis 1997, STALA-BW 1997

4.2.2.1.3 Nachfrage nach Strom seitens des Auslands bzw. der anderen Bundesländer

30.491 GWh_{el} und somit fast 50 % des erzeugten Stroms wurden 1995 an andere Bundesländer bzw. an das Ausland abgegeben. Wie man anhand von Abbildung 12 erkennt, schwankte der Stromexport im Laufe der letzten Jahrzehnte sehr stark. So wurden 1975 lediglich ca. 4.500 GWh exportiert, während 1986 ca. 38.400 GWh abgegeben wurden. Parallel zu dem Export von Strom schwankte auch der Import von Elektrizität, wobei die Importe stets die Exporte übertrafen (siehe Abschnitt 4.2.2.2).

Die Entwicklung des Austauschs von Strom mit anderen Bundesländern bzw. dem Ausland wurde u.a. beeinflußt durch das anfängliche Fehlen von ausreichenden Kapazitäten im Grundlastbereich (VOLZ 1988:VII). Insbesondere durch den Bau des Kernkraftwerks GKN II in Neckarwestheim wurde Baden-Württemberg zu einem Nettoexporteur von Strom in Schwachlastzeiten und zu einem Nettostromimporteur zu Mittellast und Spitzenlastzeiten (siehe VDEW-BW 1996:3.10).

Abbildung 12: Entwicklung der Stromlieferung aus Baden-Württemberg an andere Bundesländer bzw. an das Ausland

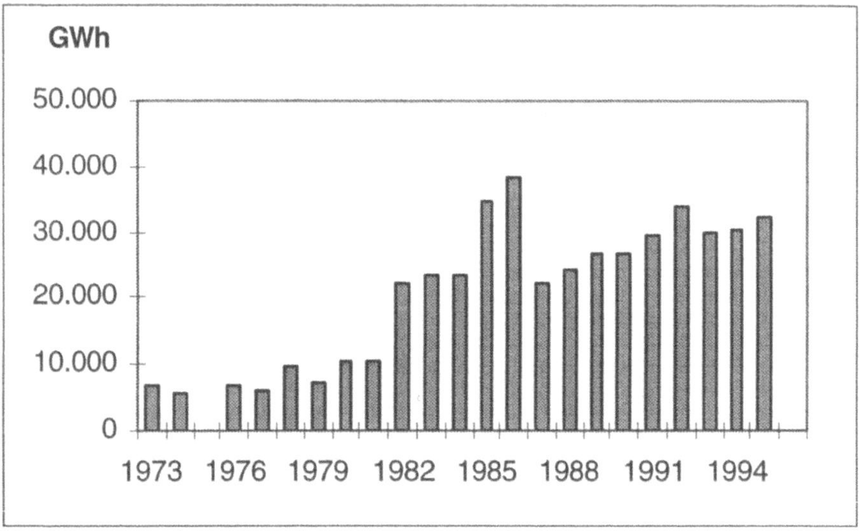

Datenquelle: StaLa-BW 1997

4.2.2.2 *Angebot an Elektrizität*

Im folgenden wird der zur Erzeugung von Elektrizität eingesetzte Kraftwerkspark kurz beschrieben.

4.2.2.2.1 *Erzeugung von Strom mittels Kernkraftwerken*

Zur Zeit sind in Baden-Württemberg fünf Kernkraftwerke mit einer Gesamtleistung von 4.912 MW im Einsatz (Wirtschaftsministerium-BW 1997:43). Mit diesen wurden 1995 37.626 GWh Elektrizität und damit über 58 % des gesamten Stromaufkommens erzeugt (StaLa-BW 1997:104). Bei den Kraftwerken handelt es sich um vier Druckwasserkraftwerke und ein Siedewasserkraftwerk. Je zwei Kernkraftwerke befinden sich an den Standorten Philipsburg und Neckarwestheim, ein Kraftwerk in Obrigheim (siehe Tabelle 6).

Die in Baden-Württemberg vorhandenen Kernkraftwerke wurden 1995 ausschließlich im Bereich der Grundlast eingesetzt. Die hohe Auslastung der Kernkraftwerke wird u.a. dadurch erreicht, daß ein Teil der zu Schwachlastzeiten nicht benötigten Energie an Pumpspeicherkraftwerke abgegeben wird. Dort wird die Energie genutzt, um Speicherbecken mit Wasser zu füllen. Mit der so gespeicherten Energie wird zu Spitzenlastzeiten Elektrizität erzeugt. Die Kernkraftwerke leisten somit teilweise indirekt einen Beitrag zur Deckung der Spitzenlast. Grundsätzlich können die Kernkraftwerke auch zur Deckung der Mittellast herangezogen werden. Ein Betrieb im Spitzenlastbereich ist hingegen aus sicherheitspolitischen, technischen und ökonomischen Gründen nicht sinnvoll (BATTELLE-INSTITUT 1984:1).

Tabelle 6: Übersicht über die in Baden-Württemberg vorhandenen Kernkraftwerke

	Bezeichnung	Typ	Inbetrieb-nahme	Leistung MW_{el} (Brutto)
Neckarwestheim	GKN-1	Druckwasserreaktor	1976	843
	GKN-2	Druckwasserreaktor	1989	1365
Obrigheim	KWO	Druckwasserreaktor	1968	357
Philippsburg	KWP -1	Siedewasserreaktor	1979	926
		Druckwasserreaktor	1985	1,424
	KWP-2			4915

Quelle: BMWi 1996:64

Zur Zeit wird an der Entwicklung des neuen Druckwasserreaktortyps EPR („European Pressurized Water Reactor") und an einer Neukonzeption der Siedewasserreaktoren gearbeitet (RECKER/BAUER 1996:397). Im Mittelpunkt der Weiterentwicklungen steht die Verbesserung der Sicherheitstechnik, die Verringerung der Kosten durch z.B. Standardisierung und Verringerung der Brennstoff-Kreislaufkosten (BRÖCKER 1996:400 ff.). Gegenwärtig besteht jedoch kein gesellschaftlicher Konsens über den Bau und Einsatz neuer Kernkraftwerke (vgl. z.B. ABB 1997:23, DVG 1997:14).

4.2.2.2.2 Erzeugung von Strom mittels Kohlekraftwerken

In Baden-Württemberg wurden 1995 rund 16.744 GWh Elektrizität mittels Kohlekraftwerken (einschließlich Mischfeuerung) erzeugt. Davon stammten 15.248 GWh aus öffentlichen Kohlekraftwerken (STALA-BW 1997:103). Die installierte Engpaßleistung betrug 1995 4.221 MW (gesamt) bzw. 3.862 MW (öffentliche Kraftwerke) (WIRT-SCHAFTSMINISTERIUM-BW 1997:43). In den Kohlekraftwerken wurde als Hauptbrennstoff[31] ausschließlich Steinkohle eingesetzt, da aufgrund der hohen Transportkosten für Braunkohle und des Fehlens von Braunkohlerevieren, der Einsatz von Braunkohle in Baden-Württemberg unwirtschaftlich ist (VOLZ 1988:V).

Das älteste derzeit in Baden-Württemberg für die öffentliche Stromversorgung eingesetzte größere Kohlekraftwerk befindet sich in Heilbronn (siehe Tabelle 7). Weitere große Kraftwerke befinden sich in Altbach, Gaisberg, Karlsruhe, Mannheim und Walheim.

[31] Als Zusatzbrennstoffe werden teilweise noch schweres Heizöl bzw. Erdgas eingesetzt.

Tabelle 7: Im Rahmen der öffentlichen Stromversorgung (inkl. Anlagen der Deutschen Bahn AG) in Baden-Württemberg eingesetzte Kohlekraftwerke mit einer Leistung über 100 MW_{el}

Standort, Block	Inbetriebnahme	Leistung MWel	Bemerkung
KOHLEKRAFTWERK MIT AUSSCHLIESSLICHER KOHLEFEUERUNG			
Heilbronn, Bl. 3-6	1958 bzw. 1966	460	
Heilbronn, Bl. 7	1985	690	Kraft-Wärme-Kopplung (Kondensationsturbine)
Karlsruhe/Rheinhafen, Bl. 7	1985	550	
Summe		1700	
KOHLEKRAFTWERK MIT MISCHFEUERUNG			
Münster	1962-1991	164	Entnahme-Kondensations-turbine Kraft-Wärme-Kopplung
Wahlheim, Bl. 1 u. 2	1964 bzw. 1967	267	
Mannheim, GKM, Bl. 3 u. 4	1966 bzw. 1970	420	
Mannheim, GKM, Bl. 7	1982	475	Kraft-Wärme-Kopplung (Gegendruckturbine)
Altbach/Deizisau, HKW I	1985	465	Kraft-Wärme-Kopplung (Entnahme-Kondensations-turbine)
Mannheim, GKM, Bl. 8	1993	480	Kraft-Wärme-Kopplung (Gegendruckturbine)
Gaisberg, Kraftwerk 2 *	1994	24	Wirbelschichtfeuerung, Kraft-Wärme-Kopplung (Entnahme-Kondensations-turbine)
Altbach/Deizisau, HKW II	1997	340	Kraft-Wärme-Kopplung (Entnahme-Kondensations-turbine)
Karlsruhe-West	1941-1984	118	Kraft- Wärme-Kopplung (Gegendruckturbine)
Summe		2753	

Quelle: Wirtschaftsministerium-BW 1997, Staatsministerium-BW 1984, Neckarwerke ohne Jahr, VDEW 1996b
* Der Block des Kraftwerkes weist zwar eine Leistung von unter 100 MWel auf, das ganze Kraftwerk hat jedoch eine Leistung über 100 MWel .

Bis auf das Kraftwerk in Gaisberg erfolgt in den oben aufgeführten Kohlekraftwerken die Verfeuerung der Kohle mittels Staubfeuerung. Um die Anforderung der GFAVO erfüllen zu können, sind bei dieser Art von Feuerung zusätzliche REA- und DENOX-Anlagen erforderlich. In dem Kraftwerk in Gaisberg wird das

Verfahren der Wirbelschichtfeuerung angewandt. Bei der Wirbelschichtfeuerung wird der Kohlenstaub in ein zirkulierendes Sandbett im Feuerraum mit eingedüst. Durch die Zugabe von Kalk kann der Schwefel des Brennstoffes direkt gebunden werden. Durch deutlich niedrigere Verbrennungstemperaturen entstehen sehr viel geringer NO_x-Emissionen als bei einer konventionellen Feuerung. Dadurch werden keine aufwendigen Abgasreinigungsanlagen benötigt (RÖSCH/BRÄUER 1997:44). Der Anteil der Umweltschutzinvestitionen an den insgesamt für das Kraftwerk notwendigen Investitionen ist daher geringer als bei Kraftwerken mit Staubfeuerung.

Neben der Art der Befeuerung unterscheiden sich die in Baden-Württemberg eingesetzten Kohlekraftwerke hinsichtlich der Möglichkeit zur Auskopplung der erzeugten Wärme. Die Blöcke 3 bis 6 des Kraftwerks in Heilbronn, der Block 7 des Kraftwerks in Karlsruhe-Rheinhafen und das Kraftwerk in Wahlheim sind ausschließlich für die Gewinnung von elektrischem Strom ausgelegt.

Beim Block 7 des Kraftwerks in Heilbronn, dem Kraftwerk Karlsruhe-West, sowie bei dem Kraftwerk in Mannheim handelt es sich um Kraftwerke mit Kraft-Wärme-Kopplung. Diese Blöcke sind mit Entnahme-Kondensationsturbinen bzw. Gegendruckturbinen mit Möglichkeit zur Wärmeauskopplung ausgestattet.

Entnahme-Kondensationsturbinen und Gegendruckturbinen unterscheiden sich hinsichtlich der Art der Auskopplung von Wärme (siehe z.B. KUGELER/PHILIPPEN 1993): Bei den mit Gegendruckturbinen ausgestatteten Kraftwerken wird die Wärme am Turbinenende entnommen. Stromerzeugung und Wärmeproduktion sind hierbei starr aneinandergekoppelt. Bei den Entnahme-Kondensationsturbinen wird die Turbine angezapft. Mit steigender Wärmeauskopplung sinkt bei dieser Art der Wärmeentnahme der Umfang der möglichen Stromerzeugung. Der Bedarf an Fernwärme wirkt sich bei beiden Arten der Kraft-Wärme-Kopplung auf die Stromproduktion aus.

In der Regel werden die Kohlekraftwerke im Bereich der Mittellast, d.h. im Bereich zwischen 3.000 und 5.000 Betriebsstunden pro Jahr, eingesetzt. Grundsätzlich eignen sich Kohlekraftwerke auch für den Einsatz im Grundlastbereich. Für den Bereich der Spitzenlast sind Kohlekraftwerke insbesondere wegen ihrer langen Anfahrtszeiten nur eingeschränkt bzw. wie Kernkraftwerke, nur in Verbindung mit Speicherkraftwerken einsetzbar (WODOPIA 1986:161).

Zur Zeit wird sowohl an der Weiterentwicklung konventioneller Techniken als auch an der Entwicklung neuer Kraftwerkstechniken gearbeitet. Im Mittelpunkt der Weiterentwicklung der konventionellen Techniken steht die Verbesserung des Gesamtwirkungsgrades des Kraftwerks z.B. durch eine Verminderung des Eigenverbrauchs, eine Verbesserung des Wirkungsgrades der Turbine usw. (RECKER/BAUER 1996:394). Gleichzeitig wird an der Entwicklung von Kraftwerken mit integrierter Kohlevergasung und an Kraftwerken mit zirkulierender Druckwirbelschichtfeuerung gearbeitet (PETER 1996:379 f.).

4.2.2.2.3 Erzeugung von Strom mittels Wasserkraftwerken

Baden-Württemberg gehört aufgrund seiner geographischen Gegebenheiten zu den Bundesländern mit einem relativ hohen Anteil von Wasserkraft. So betrug 1995 der Anteil der Wasserkraftwerke an der insgesamt erzeugten Menge an Strom

9,2 % (StaLa-BW 1997:103). Im Bundesdurchschnitt lag der Anteil der Engpaßleistung der Wasserkraftwerke nur bei 4,5% (Wirtschaftsministerium-BW 1997:42).

Der größte Teil (4.228 GWh) des in Baden-Württemberg mit Wasserkraftwerken erzeugten Stroms stammte aus Laufwasserkraftwerken. Die restlichen 1.748 GWh wurden mit Speicher- und Pumpkraftwerken erzeugt (Wirtschaftsministerium-BW 1997:42). Der Anteil der im Rahmen der öffentlichen Stromversorgung eingesetzten Wasserkraftwerke betrug hierbei 96 % (VDEW-BW 1996:3.9). In Tabelle 8 sind die in Baden-Württemberg im Rahmen der öffentlichen Stromversorgung eingesetzten Wasserkraftwerke mit einer Leistung über 20 MW aufgeführt.

Tabelle 8: In Baden-Württemberg im Rahmen der öffentlichen Stromversorgung eingesetzte Wasserkraftwerke mit einer Leistung über 20 MW

	Inbetriebnahme	Leistung [MW Netto]
LAUFWASSERKRAFTWERKE		
Albbruck	1933	71,9
Ryburg	1930	59
Iffezheim	1978	54,3
Gambsheim	1974	47,2
Laufenburg	1914	49,3
Säckingen	1966	37
Rheinfelden	1898	36,4
Summe	13593	355,1
PUMPSPEICHERKRAFTWERKE		
Pumpspeicherkraftwerke mit natürlichen Zufluß		
Häusern	1933	120
Witznau	1943	240
Waldshut	1953	160
Säckingen	1967	370
Schwarzenbachwerk	1925	43
Summe	9721	933
Pumpspeicherkraftwerke ohne natürlichen Zufluß		
Glems	1970	90
Wehr	1976	980
Summe	3946	1070

Quelle: VDEW 1996b, Fahl et al. 1992

Der weitere Zubau von Wasserkraftwerken hängt stark von den umweltpolitischen Rahmenbedingungen und der gesellschaftlichen Akzeptanz ab (Giesecke/

FÖRSTER 1994:49). So führten Vorschriften im Bereich der Umweltgesetzgebung dazu, daß der weitere Zubau erschwert wurde.

Bei der Abschätzung des zukünftigen Bedarfs an Pumpspeicherkraftwerken ist zu beachten, daß die meisten Pumpspeicherkraftwerke zur Verbesserung der Auslastung von Kraftwerken dienen, die im Grundlastbereich eingesetzt werden. Der Einsatz der Pumpspeicherkraftwerke ist daher eng mit der Entwicklung der Kraftwerke im Grundlastbereich verknüpft.

GIESECKE/FÖRSTER (1994) gehen davon aus, daß theoretisch in Baden-Württemberg 15.500 GWh mit Wasserkraftwerken produziert werden könnten. Davon können jedoch nur maximal 6.294 GWh unter den vorliegenden technischen Bedingungen wirtschaftlich genutzt werden (GIESECKE/FÖRSTER 1994:47). Da derzeit ca. 95 % des technisch- wirtschaftlichen Potentials genutzt werden, besteht unter den gegenwärtigen Bedingungen nur ein geringes Ausbaupotential.

Im Vergleich zu den anderen in Baden-Württemberg eingesetzten Kraftwerken ist zu beachten, daß die Wasserkraftwerke grundsätzlich für eine sehr lange technische Lebensdauer ausgelegt sind (FAHL ET AL. 1992:101). So ist beispielsweise das Kraftwerk in Häusern schon seit 1932 im Betrieb (SCHLUCHSEEWERK AG ohne Jahr). Entsprechend kommt der Modernisierung bzw. der Aufrechterhaltung der Einsatzfähigkeit der vorhandenen Wasserkraftwerke eine wesentlich größere Bedeutung zu als dem Bau neuer Kraftwerke.

4.2.2.2.4 Erzeugung von Strom mittels Ölkraftwerken

1995 wurde in Baden-Württemberg sowohl leichtes als auch schweres Heizöl zur Erzeugung von Strom eingesetzt. Schweres Heizöl kam vorwiegend als zusätzlicher Brennstoff in Kohlekraftwerken zum Einsatz. Leichtes Heizöl wurde dagegen i.d.R. mit bzw. anstelle von Erdgas im Kraftwerken eingesetzt, die mit einer Gasturbine ausgerüstet sind. Bis auf das Kraftwerk in Walheim wurden alle in Baden-Württemberg vorhandenen, mit Heizöl betriebenen bzw. betreibbare Kraftwerke mit einer Leistung über 100 MW zu Beginn der 70er Jahre in Betrieb genommen (siehe Tabelle 9).

Durch den Bau der transalpinen Ölleitungen und die Inbetriebnahme großer Raffinerien in Süddeutschland in den 60er Jahren stand Heizöl als billiger Brennstoff in großen Mengen zur Verfügung (vgl. z.B. ERDMANN 1992:45 ff.). Die Energieversorgungsunternehmen setzten deshalb vermehrt Heizöl in den Kraftwerken ein bzw. begannen mit dem Bau von Heizölkraftwerken. Die ab 1973 rasch steigenden Preise für Erdöl bzw. Erdgas und die Maßnahmen der Bundesregierung zur Verringerung der Importabhängigkeit (z.B. Besteuerung des Heizöleinsatzes zur Stromerzeugung mit 55 DM/t) führten dazu, daß die vorhandenen Ölkraftwerke nur noch als Reserve- bzw. als Spitzenlastkraftwerke genutzt wurden (SCHILLING 1995:645).

Dies hatte zur Folge, daß der Anteil der Kraftwerke an der insgesamt erzeugten Menge an Strom im Laufe der Zeit sank, während der Anteil an der installierten Engpaßleistung lange Zeit auf einem relativ hohen Niveau verblieb (siehe Abbildung 13).

Tabelle 9: Übersicht über die in Baden-Württemberg vorhandenen Öl- und Gaskraftwerke

	Inbetriebnahme	Leistung [MW_{el}]	Bemerkungen
AUSSCHLIESSLICH ÖL			
Marbach Werk II und III	1970 bzw. 1974	397	Marbach III Kombi
Walheim Gt „D"	1981	120	Gasturbine
GAS UND/ODER ÖL			
Stuttgart-Gaisberg, Kraftwerk 1	1959 bzw. 1965	165	Kraft-Wärme-Kopplung
Karlsruhe/Rheinhafen, Bl. 5 und 6	beide 1967	360	Dampfturbine
Altbach, Bl. 4	1971	240	Kombi
Altbach, GT „B" und „C"	1973 bzw. 1975	147	Gasturbine
Mannheim, Bl 5 und 6	1973 bzw. 1975	697	Dampfturbine
Karlsruhe/Rheinhafen	1998	360	Kraft-Wärme-Kopplung
Summe		2486	

Quelle: Wirtschaftsministerium-BW 1997, KLATT ET AL. 1996, EVS 1996, NECKARWERKE ohne Jahr, TWS 1989, STAATSMINISTERIUM-BW 1984

Von 1985 auf 1995 fiel der Preis für Heizöl um durchschnittlich 69% (siehe Abbildung 13). Trotz des relativ niedrigen Preisniveaus und der Möglichkeit leichtes Heizöl auch in mit hohem Wirkungsgrad arbeitenden Kombi-Kraftwerken einzusetzen, wurden 1995 lediglich 1.089 GWh_{el} (1,7 % der insgesamt erzeugten Menge an Strom) bzw. 443 GWh_{el} im Bereich der öffentlichen Stromversorgung durch den Einsatz von Heizöl erzeugt (WIRTSCHAFTSMINISTERIUM-BW 1997:42, VDEW-BW 1996:3.9). Der Anteil der mit Heizöl betriebenen Kraftwerke an der in Baden-Württemberg installierten Brutto-Engpaßleistung lag hierbei bei ca. 8,7 % (insgesamt) bzw. bei 8,1% (öffentliche Elektrizitätsversorgung).

4.2.2.2.5 Erzeugung von Strom mittels Gaskraftwerken

Nur 2.885 GWh_{el} wurden 1995 in Baden-Württemberg mittels Erdgaskraftwerken erzeugt (WIRTSCHAFTSMINISTERIUM-BW 1997:42). Im Bereich der öffentlichen Elektrizitätsversorgung stieg der Anteil gegenüber dem Vorjahr um 44,1% auf 490 GWh. Trotz des hohen Anstiegs lag der Anteil der mit Erdgas betriebenen Kraftwerke an der Stromerzeugung der öffentlichen Kraftwerke weiterhin unter 5 % (VDEW-BW 1996:3.9).

Abbildung 13: Entwicklung der Preise von schwerem und leichtem Heizöl und des Anteils an der Engpaßleistung bzw. an der Erzeugung von Elektrizität der mit Heizöl betriebenen Kraftwerke in Baden-Württemberg

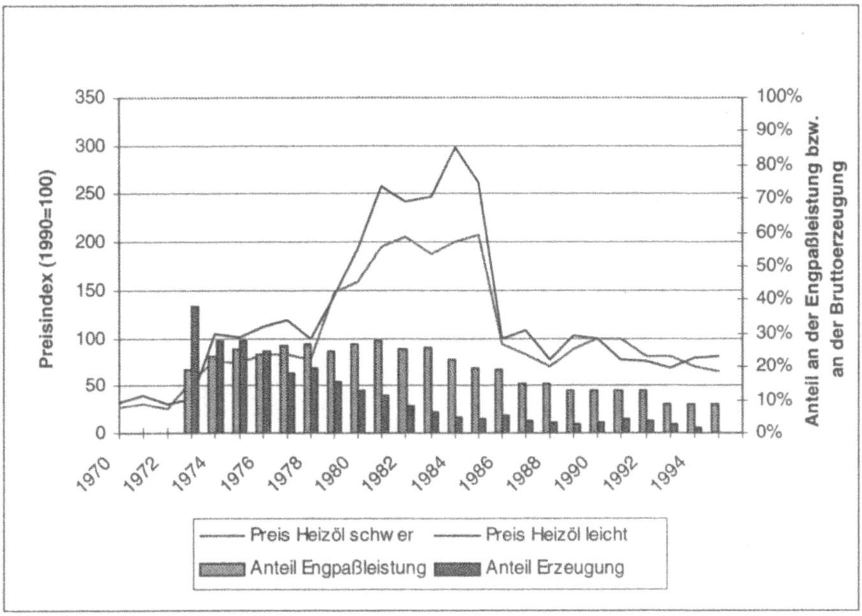

Datenquelle: StaLa-BW 1987, 1991b, 1997, Statistisches Bundesamt 1972 bis 1996

Die meisten Erdgaskraftwerke wurden zusammen mit den Heizölkraftwerken anfang der 70er Jahre geplant, als die Versorgung mit billigem Erdgas durch den Bau von Erdgasleitungen gesichert schien (Erdmann 1992:65 f.). Parallel zu dem seit der Ölkrise von 1973 steigenden Preis für Erdöl stieg auch der Preis für Erdgas (siehe Abbildung 14).

Zusammen mit den Maßnahmen der Bundesregierung (z.B. der im dritten Verstromungsgesetz festgelegt Genehmigungsvorbehalt bzgl. des Baus von Erdgaskraftwerken und die Einführung einer speziellen Erdgassteuer im Jahre 1989 in Höhe von 2,5 Pf/m^3 bzw. ab 1991 3,5 Pf/m^3) führte das rasche Ansteigen des Erdgaspreises dazu, daß die vorhandenen Erdgaskraftwerke nur noch als Reservekraftwerke bzw. zur Deckung der Spitzenlast genutzt wurden (Schilling 1995:645).

Der starke Verfall der Importpreise für Erdöl bzw. Erdgas in den letzten Jahren führte dazu, daß die vorhandenen, nur gering ausgelasteten Erdöl- bzw. Erdgaskraftwerke ertüchtigt wurden (VDEW 1995:3). Ein neues Erdgaskraftwerk mit einem Wirkungsgrad von bis zu 58,2 % und einer Leistung von 360 MW wurde 1998 in Karlsruhe-Rheinhafen in Betrieb genommen (Ohne Namen 1997:23).[32]

[32] Hierbei wird ein alter Kohleblock zu einem Erdgas-GuD Kraftwerk umgebaut.

Abbildung 14: Entwicklung des Einfuhrpreises für Erdgas und der Anteile an der Engpaßleistung bzw. Stromerzeugung der Erdgaskraftwerke

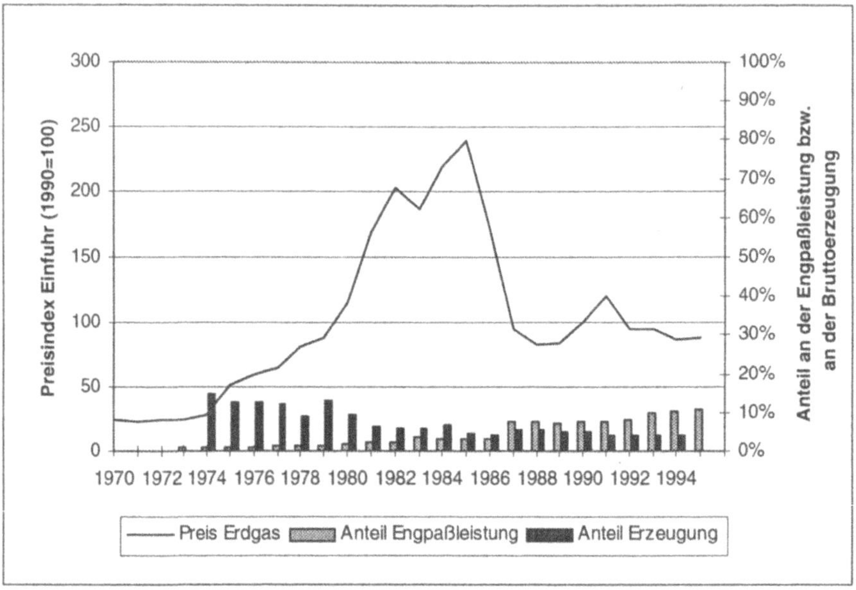

Datenquelle: Statistisches Bundesamt 1972 bis 1996, StaLa-BW 1987, 1991b, 1997

Für den Bereich der Spitzenlast eignen sich Erdgas- und Erdölkraftwerke sowohl aus technischen als auch aus wirtschaftlichen Gründen. So liegt die Anfahrtszeit, d.h. die Zeit zwischen dem Zeitpunkt des Starts und dem Zeitpunkt, zu dem das Kraftwerk seine volle Leistung erbringt, bei Erdgaskraftwerken bei wenigen Minuten. Bei Kohlekraftwerken bzw. Kernkraftwerken beträgt die Anfahrtszeit hingegen i.d.R. mehrere Stunden (WODOPIA 1986:161). Eine schnelle Anpassung der Leistung an kurzfristige Nachfrageschwankungen ist beim Einsatz der Kohle- bzw. Kernkraftwerke entsprechend nicht möglich.

Weitere Vorteile gegenüber anderen Kraftwerken ergeben sich aus dem Verlauf der Kosten pro kWh. Aufgrund der hohen Investitionskosten werden die Kosten pro kWh der Kohle-, Kern- und Wasserkraftwerke im Bereich der Spitzenlast hauptsächlich durch den Fixkostenanteil bestimmt. Die Kosten dieser Kraftwerke liegen bei geringer Auslastung deutlich über denen der Erdöl- und Erdgaskraftwerke, deren Kosten pro kWh aufgrund der nur geringen Investitionskosten vorwiegend durch die Brennstoffkosten beeinflußt werden (siehe SCHIFFER 1995:176 f.).

Der Einsatz von Erdgaskraftwerken in anderen Lastbereichen, z.B. im Bereich der Mittellast, hängt stark von der weiteren Entwicklung des Erdgaspreises, der Entwicklung der Preise der anderen Energieträger und dem Grad der gewünschten Importunabhängigkeit ab, wobei sich aus wirtschaftlichen Gesichtspunkten schon jetzt teilweise der Einsatz im Mittellastbereich lohnt (VDEW 1995:6).

Neue Bedeutung erlangten Erdgaskraftwerke im Rahmen der Diskussion um die Verminderung der Kohlendioxidemissionen. Da bei der Verbrennung einer

Energieeinheit Erdgas wesentlich weniger Kohlendioxid freigesetzt wird als beim Einsatz der gleichen Energiemenge Braun- bzw. Steinkohle, können durch den Einsatz von Erdgaskraftwerken anstelle von Kohlekraftwerken die Kohlendioxidemissionen deutlich gesenkt werden (siehe z.B. FAHL ET AL. 1992).

4.2.2.2.6 Sonstige Kraftwerke

1995 wurden 453 GWh_{el} durch die Verbrennung von Müll, Dieselkraftstoff, Ölschiefer, Holz u.ä. erzeugt (STALA-BW 1997:104). Im Vergleich zum Vorjahr sank trotz des leichten Anstiegs der installierten Engpaßleistung (1994: 262 MW, 1995 268 MW) der Anteil dieser Energieträger an der gesamten Stromerzeugung um 30,4 %. Im Zeitraum von 1973 bis 1995 schwankte der Anteil der „sonstigen" Energieträger zwischen 0,6 % und 1,5 % (WIRTSCHAFTSMINISTERIUM-BW 1997:39). Die „sonstigen" Energieträger leisteten entsprechend stets nur einen geringen Beitrag zur Stromversorgung.

In den amtlichen Statistiken werden zur Zeit Photovoltaik- und Windkraftanlagen sowie Biogas und Deponiegasanlagen noch nicht erfaßt, obwohl die installierte Leistung dieser Anlagen und die erzeugte Elektrizität in den letzten Jahren stark gestiegen ist. So wurde die Solarkollektorfläche von 1991 auf 1994 um 100.000 m^2 auf 140.000 m^2 vergrößert. Fast gleichzeitig verhundertfachte sich die installierte Leistung der netzgekoppelten Photovoltaikanlagen auf 2,7 MW (WIRTSCHAFTSMINISTERIUM-BW 1993:44, 1994:47, 1997:53). Der Anteil dieser Anlagen an der Stromerzeugung in Baden-Württemberg ist trotz hoher Zubauraten zur Zeit noch gering.

Aufgrund der ungünstigen Windverhältnis liegt in Baden-Württemberg nur ein eingeschränktes technisches Potential für Windkraftanlagen vor. Die Größe des Potentials hängt davon, bei welchen Windgeschwindigkeiten die Windkraftanlagen eingesetzt werden können. WIESE ET AL. (1995) gehen davon aus, daß für Windgeschwindigkeiten über 4 m/s ein Potential von bis zu 195 MW bzw. ein Stromerzeugungspotential von bis zu 347 GWh pro Jahr vorliegt. Werden auch die Gebiete mit geringeren Windgeschwindigkeiten genutzt, so erhöht das Potential auf ca. 3.600 MW bzw. auf bis zu 3.300 GWh/Jahr (WIESE ET AL. 1995:211).

Ein erheblich höheres Potential liegt für die Nutzung von Biomasse vor. Für Festbrennstoffe gehen FLAIG ET AL. (1995) von einem Potential von 34 PJ (kurzfristig) bzw. 90 PJ (langfristig) aus, wobei i.d.R. der größte Teil der mit Biomasse erzeugten Energie thermisch genutzt wird (FLAIG ET AL. 1995:191).[33] Hinzu kommen noch 20 PJ aus der energetischen Nutzung organischer Reststoffe (FLAIG ET AL. 1995:199).

4.2.2.2.7 Import von Elektrizität

Aufgrund der hohen Exportquote von Elektrizität standen 1995 nur 32.482 GWh zur Befriedigung der heimischen Nachfrage nach Strom zur Verfügung. Die Nachfragelücke wurde durch Importe aus anderen Bundesländern sowie aus dem Ausland gedeckt. Von anderen Bundesländern bezog Baden-Württemberg 1995 20.122 GWh. Weitere 13.889 GWh stammen aus Frankreich, Österreich und der Schweiz (siehe Abbildung 15).

---

[33] Setzt man die verfügbare Menge ausschließlich in Kraftwerken ein, so läßt sich bei einem elektrischen Wirkungsgrad von 30 % ca. 2 800 GWh_{el} bzw. 7 500 GWh_{el} erzeugen.

Abbildung 15: Entwicklung der Stromimporte aus dem Ausland bzw. aus anderen Bundesländern nach Baden-Württemberg

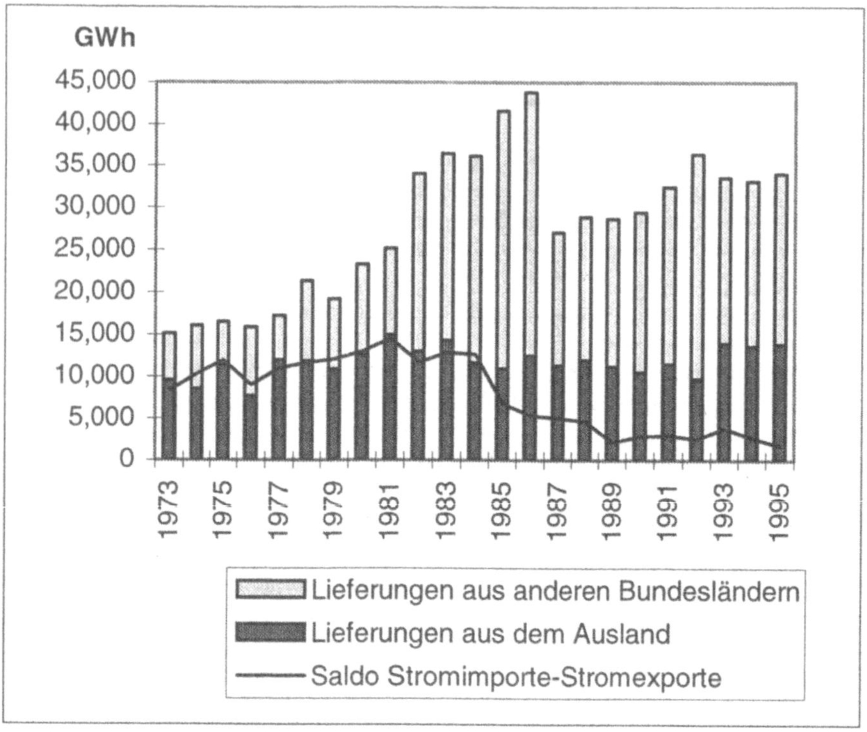

Datenquelle: StaLa-BW 1987, 1991b, 1997

Wie in den Jahren zuvor überstiegen auch 1995 die Importe die Exporte. Der Saldo lag hierbei bei ca. 1.720 GWh und damit deutlich unter dem der Vorjahre.

4.2.2.3 Schlußfolgerung

Im historischen Vergleich ist eine Abnahme des Anteils der Industrie am Stromverbrauch bei einem gleichzeitigen Ansteigen des Anteils der privaten Haushalte und der Kleinverbraucher zu beobachten. So sank der Anteil der Industrie von 1973 auf 1995 um 6,8 Prozentpunkte. Im selben Zeitraum stieg der Anteil der privaten Haushalte von 20,6 % auf 26 % und der Anteil der Kleinverbraucher von 20,6 % auf 24,3 %. Der Wandel in der Struktur der Stromnachfrage ist u.a. auf die zunehmende Elektrifizierung der privaten Haushalte und den wirtschaftlichen Strukturwandel, d.h. die zunehmende Bedeutung der Dienstleistungssektoren und die immer geringere Bedeutung der Industrie, zurückzuführen. Während die Nachfrage der privaten Haushalte kontinuierlich stieg, schwankte die Nachfrage der Produktionssektoren aufgrund von konjunkturellen Entwicklungen. Eine

Entkopplung von wirtschaftlicher Entwicklung und Stromverbrauch war hierbei nur in geringem Maße zu beobachten. Auffällig ist die hohe Stromexportquote. So wurden 1995 ca. 50% der erzeugten Elektrizität exportiert. Den hohen Exporten standen etwas höhere Stromimporte gegenüber.

Bei der inländischen Stromerzeugung dominierten die Kraftwerken mit einer Leistung über 100 MW_{el}. So lieferten die fünf in Baden-Württemberg eingesetzten Kernkraftwerke über 58,1 % der insgesamt erzeugten Elektrizität. Die restlichen 26 Kraftwerke, die eine Leistung über 100 MW aufweisen, produzierten weitere 24 %. 5% lieferten die Kraftwerke mit einer Leistung zwischen 40 MW und 100 MW, der Rest verteilt sich auf die Kraftwerke mit einer Leistung unter 40 MW.

Große Kraftwerke zeichnen sich durch einen hohen Fixkostenanteil und lange Nutzungsdauern aus. Zudem sind normalerweise lange Vorlaufzeiten notwendig, bevor diese Kraftwerke zur Verfügung stehen. Für die Planung von Investitionsvorhaben ist ein entsprechend langer Zeithorizont von Nöten. Langfristige Entscheidungen haben jedoch den Nachteil, daß viele Entwicklungen nur eingeschränkt ex-ante antizipiert werden können. Mit zunehmender Unsicher- und Unwissenheit bezüglich zukünftiger Entwicklungen steigt aufgrund der geringeren Planungssicherheit das Interesse an Investitionsobjekten mit kurzen Zeithorizonten.

Gesamtwirtschaftlich kann der Einsatz weniger, großer Kraftwerke zu Investitionswellen führen, da sobald das Ende der Nutzungsdauer dieser Kraftwerke erreicht wird und die Kraftwerke durch neue ersetzt werden sollen, kurzfristig eine sehr hohe Nachfrage nach Investitionsgütern anfällt. Sobald diese errichtet sind, besteht bis zum Ende der Nutzungsdauer der neuen Kraftwerke, je nach Entwicklung des Stromverbrauchs und der Altersstruktur der restlichen Kraftwerke nur eine geringe Nachfrage nach Investitionsgütern. Geht man von durchschnittlichen Nutzungsdauern von 35 Jahren für die eingesetzten Kraftwerke und von Vorlaufzeiten von durchschnittlich 5 Jahren aus, so ist im Zeitraum von 2005 bis 2015 mit dem Beginn einer größeren Investitionswelle zu rechnen, da in diesem Zeitraum ca. 33 % der installierten Kraftwerksleistung (48,5 % der Stromerzeugung von 1995) ersetzt werden müssen. Veränderungen der Rahmenbedingungen, die z.B. dazu führen, daß bestimmte Kraftwerkstypen (Kernkraftwerke) vorzeitig ausscheiden bzw. länger genutzt werden können, können dazu führen, daß schon vorzeitig ein hoher Investitionsbedarf besteht bzw. die Investitionswelle sich auf spätere Perioden verschiebt.

4.2.3 Referenzszenario

In dem folgenden Szenario wird die wirtschaftliche Entwicklung dargestellt, die sich einstellt, wenn die gegenwärtigen Trends (insbesondere im Bereich der Elektrizitätswirtschaft) bestehen bleiben. Das Szenario dient als Referenzszenario, d.h. als Grundlage für den Vergleich mit anderen Szenarien.

4.2.3.1 Spezifizierung des Szenarios

In diesem Szenario wird davon ausgegangen, daß die vorliegenden Trends in der Entwicklung der Stromnachfrage weiterhin anhalten, d.h. daß die Stromnachfrage der Produktionssektoren und der privaten Haushalte weiterhin kontinuierlich zunimmt und die EVU diese korrekt antizipieren. Die für die einzelnen Wirtschaftsbereiche unterstellte Entwicklung der Wachstumsraten der Stromnachfrage ist in Tabelle 10 aufgelistet.

Tabelle 10: Entwicklung der jährlichen, prozentualen Wachstumsraten des Stromverbrauchs im Referenzszenario

	1995-2005	2005-2025
Industrie	1,8	1,4
Private Haushalte	0,98	-0,12
Kleinverbraucher	2,14	1,32
Gesamt	1,64	1,01

Für die Jahre 1995 bis 2005 wird in Anlehnung an FAHL ET AL. (1992) von jährlichen Wachstumsraten des Stromverbrauchs von durchschnittlich 1,64 % ausgegangen. Für die Jahre danach wird angenommen, daß die Wachstumsraten auf durchschnittlich 1,01 % sinken.

Um die Entwicklung des Kraftwerkparks modellieren zu können, sind neben den Annahmen über die Erwartungen der EVU bzgl. der Entwicklung des Stromverbrauchs auch Annahmen über die Preisentwicklung der einzelnen Energieträger notwendig: Bezüglich der Preisentwicklung der einzelnen Energieträger wird unterstellt, daß diese sich wie von FAHL ET AL. (1992) prognostiziert, entwickeln, d.h. daß der Preis für Importkohle bis 2020 von 3,62 DM/GJ auf 5,52 DM/GJ, der Preis für leichtes Heizöl von 11,16 DM/GJ auf 17,02 DM/GJ und der Preis für Erdgas von 6,68 DM/GJ auf 10,18 DM/GJ bzw. bei nicht unterbrechbarem Bezug von 8,33 DM/GJ auf 12,14 DM/GJ steigen wird.[34]

Hinsichtlich des sektoralen Energieverbrauchs wird angenommen, daß sich die Nachfrage nach Energie entlang den von PROGNOS (1991) bzw. DIW (1994) abgeschätzten Entwicklungspfaden entwickelt.

Außerdem wird in diesem Szenario noch unterstellt, daß der Dissens bzgl. des Einsatzes von Kernkraftwerken weiterhin bestehen bleibt und zumindestens für den unterstellten Betrachtungszeitraum keine neuen Kernkraftwerke gebaut werden (vgl. z.B. ABB 1997:31). Der Verzicht auf den Einsatz von Kernkraftwerken führt u.U. dazu, daß Emissionsziele nicht eingehalten werden können (vgl. MICHAELIS 1997:196). Der unter Abschnitt 3.4.3 beschriebene Optimierungsansatz

[34] Bei Verträgen mit unterbrechbaren Lieferungen wird den Erdgaslieferanten das Recht eingeräumt, die Lieferung zu unterbrechen (FAHL ET AL. 1992:130). Dafür bekommt der Kunde einen Preisnachlaß.

führt in diesem Fall zu keiner Lösung. Im folgenden wird daher auf die Restriktion bzgl. der strikten Einhaltung von Emissionszielen verzichtet.

Tabelle 11: Preisentwicklung der einzelnen Energieträger in Preisen von 1990 im Referenzszenario in DM/GJ, ohne MwSt. und Erdgassteuer

	1995	2000	2005	2010	2020
Importkohle	3,62	4,00	4,38	4,76	5,52
Heizöl EL	11,16	12,33	13,5	14,67	17,02
Heizöl schwer	6,14	6,78	7,43	8,07	9,36
Erdgas unterbrechbar	6,68	7,38	8,08	8,78	10,18
Erdgas nicht unterbrechbar	8,33	9,11	9,89	10,66	12,14

Quelle: FAHL ET AL. 1992:21

4.2.3.2 Ergebnisse

In Abbildung 16 ist die Entwicklung des Investitionsbedarfs der Elektrizitätswirtschaft dargestellt, die sich aus oben getroffenen Annahmen ergibt. Wie man anhand dieser Abbildung erkennt, schwankt der Investitionsbedarf der Elektrizitätswirtschaft in Zeitablauf sehr stark.[35] Besonders hoch sind die Investitionen der Elektrizitätswirtschaft beispielsweise in den Jahren 2000 bis 2003, 2007, 2009 bis 2011 und 2014 bis 2020 sowie 2024 bis 2027. Die Investitionen in diesen Jahren dienen vor allem dazu, den durch das Ausscheiden der Kernkraftwerke resultierenden hohen Ersatzbedarf zu decken.

Ohne den Investitionsbedarf, der besteht, weil Kraftwerke ersetzt werden müssen, fällt die Investitionsnachfrage der Elektrizitätswirtschaft deutlich geringer aus. Zudem kommt es nicht zu größeren Investitionswellen. Der Ersatzbedarf hat somit eine deutlichen Einfluß auf die Entwicklung der Investitionsnachfrage und somit auch auf die technische Entwicklung.

[35] FLICKE/ADAMS (1997) kommen bei der Analyse des Bedarfs an zukünftigen Kraftwerken für die VEW Energie AG zu ähnlichen Effekten. Auch in ihrem Modell erfolgt die Ablösung von Kraftwerkstypen schrittweise.

Abbildung 16: Entwicklung des Investitionsbedarfs der Elektrizitätswirtschaft im Referenzszenario

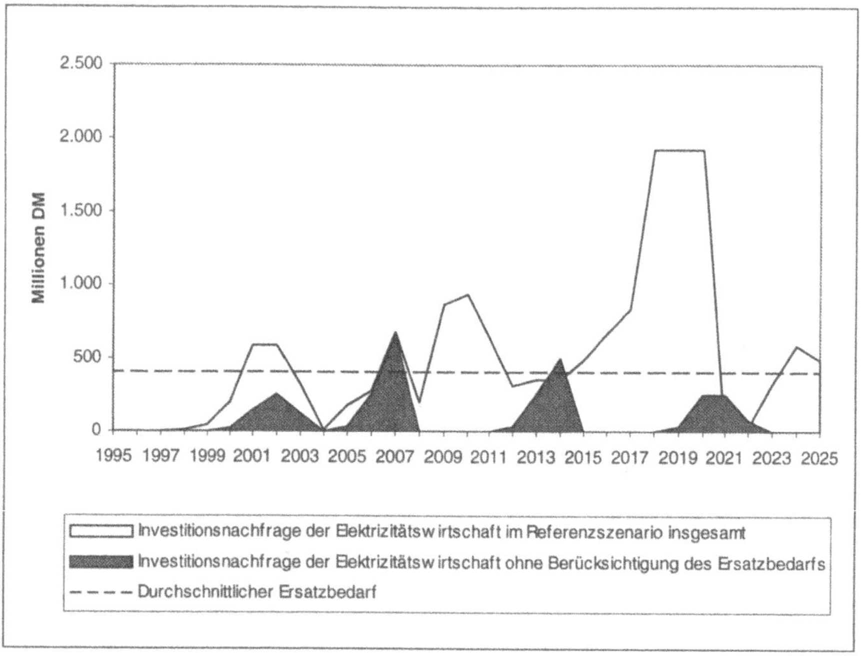

Modellendogen ergibt sich die in Abbildung 17 dargestellte Entwicklung des Kraftwerkmixes. Die Entwicklung der Anteile der einzelnen Kraftwerkstypen hängt hierbei von der Altersstruktur des Kraftwerkparks, der Entwicklung der Nachfrage nach Strom und von der Vorteilhaftigkeit der Kraftwerkstypen ab. Ersetzt werden die ausscheidenden Kraftwerke im Grundlastbereich durch Steinkohlekraftwerke, die unter den vorgegebenen Bedingungen die kostengünstige Option sind. Im Mittellastbereich sind mit Erdgas betriebene GuD-Kraftwerke bis zum Jahr 2004 am vorteilhaftesten. Danach werden aufgrund der unterstellten Preisentwicklungen und der Annahme, daß ab dem Jahr 2005 neue Kraftwerkstechniken ihre Serienreife erreichen werden (vgl. FZJ 1994), auch in diesem Lastbereich Steinkohlekraftwerke günstiger. Im Spitzenlastbereich stellen Erdgaskraftwerke während des ganzen Betrachtungszeitraumes die günstigste Alternative dar.

Wie man anhand von Abbildung 17 erkennt, verändert sich der in der Elektrizitätswirtschaft eingesetzte Kraftwerkpark im Laufe der Zeit deutlich. Dabei kommt es immer wieder zu sprunghaften Veränderungen. Zu einer, im Vergleich zum Vorjahr deutlichen Veränderung kommt es beispielsweise im Jahr 2020: In diesem Jahr steigt der Anteil der „fortentwickelten Steinkohlekraftwerke (Staubfeuerung)" an der installierten Kapazität von 5 % auf 16 %. In den Jahren danach bleibt der Anteil dieses Kraftwerktyps unverändert. Weitere sprunghafte Veränderungen im Kraftwerkmix erfolgen beispielsweise in den Jahren 2007 (Anstieg des Anteils der

„Gasturbinenkraftwerke (Erdgas)" von 6 % auf 10 %) und 2010 (Anstieg des Anteils der „Steinkohlekraftwerke (Wirbelschichtfeuerung)" von 7 % auf 15 %).

Abbildung 17: Entwicklung der Anteile der einzelnen Kraftwerkstypen an der insgesamt installierten Kraftwerksleistung im Referenzszenario

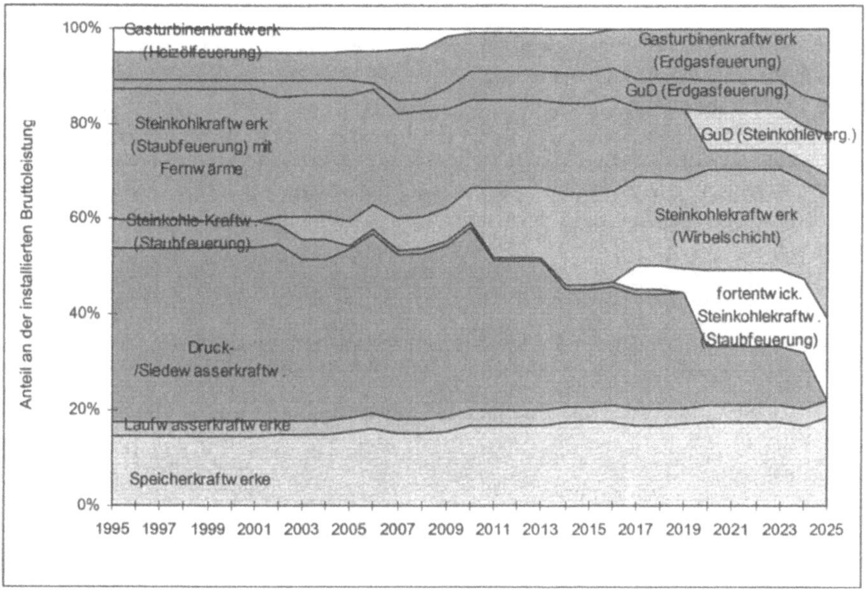

Wie unter Abschnitt 4.2.1 beschrieben, handelt es sich bei DIOGENES um ein für die Elektrizitätswirtschaft entwickeltes Partialmodell, das in ein dynamisches Input-Output Modell eingebettet wurde. Das Input-Output Modell wird verwendet, um die gesamtwirtschaftlichen Auswirkungen technischer Veränderungen innerhalb der Elektrizitätswirtschaft abschätzen zu können. Grundsätzlich wird in dem verwendeten Input-Output Modell nur ein Ausschnitt des volkswirtschaftlichen Kreislaufes erfaßt. Vereinfachte Annahmen werden insbesondere hinsichtlich des Kapital- und des Arbeitsmarktes sowie hinsichtlich des Außenhandels getroffen. So wird beispielsweise die Abhängigkeit der Investitionsnachfrage von der Zinsentwicklung bzw. vom Sparverhalten der privaten Haushalte ignoriert. Außerdem wird der Einkommenskreislauf des Staates, d.h. der Zusammenhang zwischen der Höhe der Staatseinnahmen und -ausgaben, nicht explizit berücksichtigt.

Die aus Gründen der Operationalisierbarkeit und Datenverfügbarkeit getroffenen Vereinfachungen führen dazu, daß die mit dem Modell berechneten gesamtwirtschaftlichen Größen nur eingeschränkt aussagekräftig sind.

Im Mittelpunkt der Berechnung der gesamtwirtschaftlichen Größen steht nicht die absolute Höhe der einzelnen Größen, sondern der Vergleich zwischen den einzelnen Szenarien. So dient die in Abbildung 18 dargestellte Entwicklung des

Bruttoinlandsproduktes ausschließlich als Vergleichsgrundlage zur Ermittlung der Größenordnung der durch den technischen Wandel in der Elektrizitätswirtschaft induzierten gesamtwirtschaftlichen Effekte.

Bei der Interpretation der in Abbildung 18 dargestellten gesamtwirtschaftlichen Entwicklung, ist zudem zu beachten, daß DIOGENES fast ausschließlich auf bundeslandspezifischen Daten (z.B. auf den für Baden-Württemberg erstellten Input-Output Tabellen) beruht. Da die in Baden-Württemberg vorliegenden wirtschaftlichen Strukturen teilweise deutlich vom Bundesdurchschnitt abweichen (vgl. Abschnitt 4.3), ist eine Übertragung der Ergebnisse auf die Bundesrepublik nicht ohne Einschränkung möglich.

Um die Form und Stärke der durch die Investitionsaktivitäten der Elektrizitätswirtschaft ausgelösten Investitionswellen analysieren zu können, wurde zusätzlich die Entwicklung des Bruttoinlandsproduktes berechnet, die sich ergibt, wenn man die Investitionsnachfrage der Elektrizitätswirtschaft bzgl. neuer Kraftwerke außer Acht läßt.

Abbildung 18: Entwicklung des Bruttoinlandsproduktes im Referenzszenario

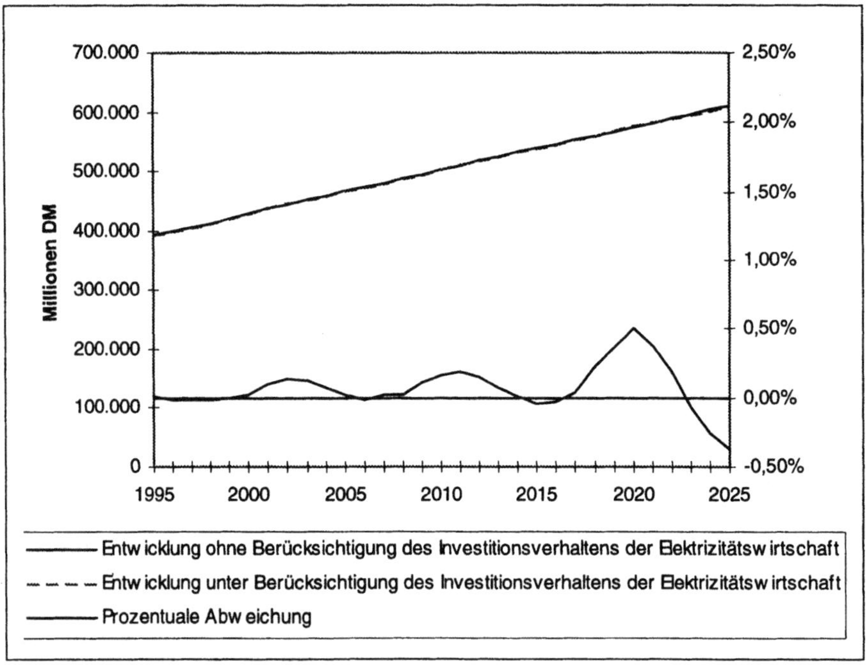

Wie man anhand von Abbildung 18 erkennt, wirken sich die Investitionsaktivitäten der Elektrizitätswirtschaft nur gering auf die Entwicklung des Bruttoinlandsproduktes aus. Zur nur leicht unterschiedlichen Entwicklung in den beiden

Szenarien tragen neben den Veränderungen in der Investitionsnachfrage der Elektrizitätswirtschaft auch die dadurch induzierten Veränderungen in der Investitionsnachfrage der anderen Produktionssektoren und die Veränderungen in der Konsumnachfrage bei (siehe Abbildung 19). So führt beispielsweise das Ansteigen der heimischen Investitionsnachfrage der Elektrizitätswirtschaft dazu, daß die Produktion der Investitionsgüter produzierenden Sektoren zunimmt. Dies hat wiederum zur Folge, daß sich nicht nur die Nachfrage dieser Sektoren nach Vorleistung erhöht, sondern daß, weil unterstellt wird, daß die Nachfrage nach Ersatzinvestitionen direkt von der Produktion in den einzelnen Sektoren abhängt, auch diese Nachfrage nach Investitionen steigt. Das Ansteigen der Produktionswerte hat zudem den Effekt, daß das Volkseinkommen und dadurch auch die Nachfrage der privaten Haushalte zunimmt.

Ein Rückgang der Nachfrage der Elektrizitätswirtschaft hat dagegen den Effekt, daß über die Multiplikatorwirkung auch die Produktion in den anderen Sektoren zurückgeht. Entsprechend sinkt auch die Bruttowertschöpfung und damit auch das für Konsumzwecke zur Verfügung stehende Einkommen sowie die Investitionsnachfrage der Produktionssektoren.

Abbildung 19: Vergleich der Endnachfrage im Szenario mit Berücksichtigung der Investitionsaktivitäten der Elektrizitätswirtschaft gegenüber der Entwicklung ohne Berücksichtigung der Investitionsaktivitäten (Referenzszenario)

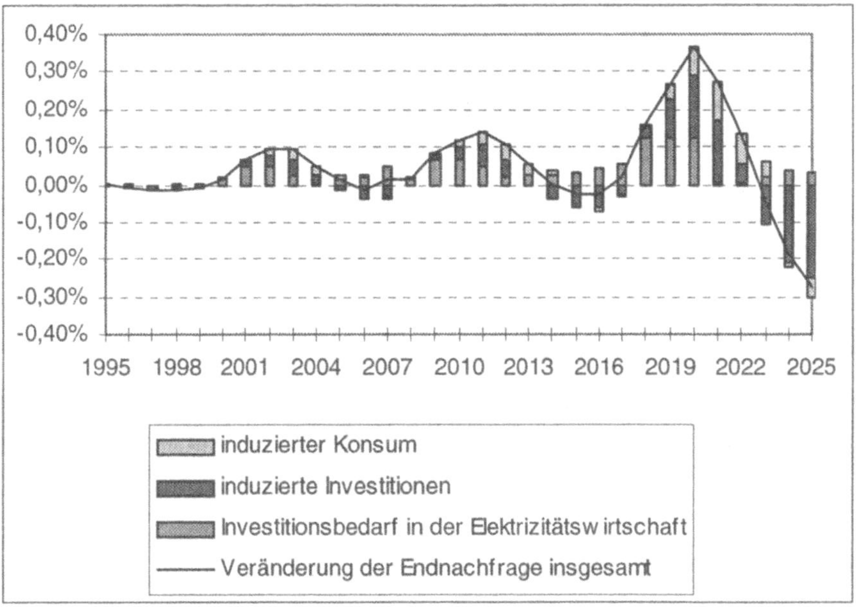

Die Entwicklung der Emissionen ist in Abbildung 20 dargestellt. Wie man anhand dieser Abbildung erkennt, nehmen die Kohlendioxidemissionen der

Elektrizität im Zeitablauf stufenförmig zu. Zu einem sprunghaften Anstieg der Emissionen kommt es, sobald eines der vorhandenen Kernkraftwerke durch Kohlekraftwerke ersetzt wird. Leicht vermindert wird der Anstieg der Emissionen durch den Ersatz der alten Kohlekraftwerke im Mittellastbereich durch neue GuD-Anlagen. Insgesamt steigen sowohl die Emissionen der Elektrizitätswirtschaft als auch die Emissionen insgesamt deutlich über den Wert von 1990 an.

Abbildung 20: Entwicklung der Kohlendioxidemissionen im Referenzszenario in Tonnen

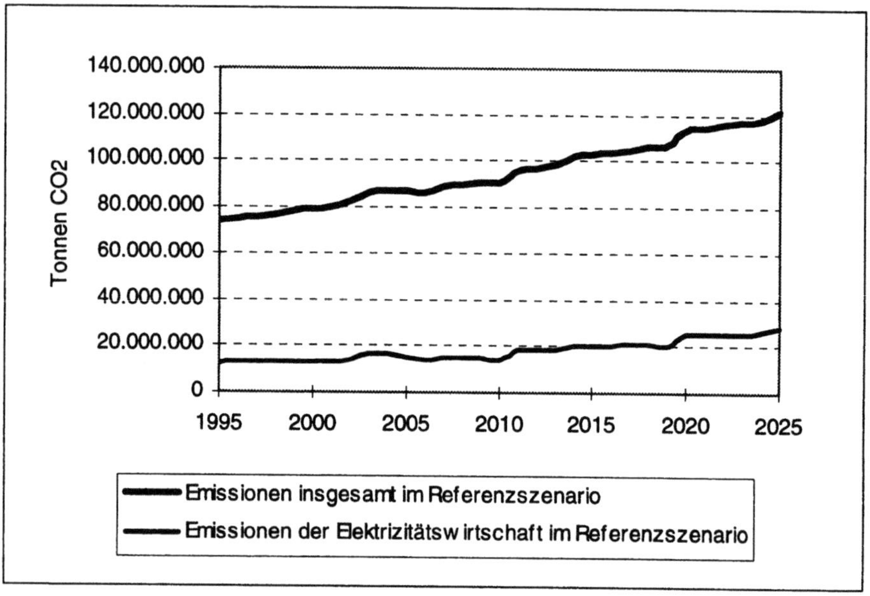

4.2.4 Szenario „Ökosteuer I"

Im folgenden wird ein Szenario erstellt, in dem die Auswirkungen einer Ökosteuer auf die Volkswirtschaft von Baden-Württemberg untersucht wird. Wie im Abschnitt zuvor, werden zunächst die getroffenen Annahmen beschrieben. Anschließend werden die Ergebnisse der Berechnungen dargestellt und erläutert.

4.2.4.1 Spezifizierung des Szenarios

Im Szenario „Ökosteuer I" wird in Anlehnung an die Vorgehensweise des DIW (1994) unterstellt, daß eine Steuer in Form eines progressiv steigenden, einheitlichen Aufschlags auf den Energiewert der einzelnen Energieträger (inkl. Elektrizität) erhoben wird. Analog zur Vorgehensweise des DIW wird hierbei von einem energieträger- einheitlichen Preis pro Energieeinheit in Höhe von 9 DM/GJ ausgegangen. Im ersten Jahr beträgt der Aufschlag 0,63 DM/GJ, in den folgenden 14 Jahren steigt der Aufschlag jeweils um 7 %. Ausgenommen von der Steuer sind erneuerbare Energieträger wie z.B. Holz und Biogas sowie der mit den erneuerbaren Energieträgern erzeugte Strom (DIW 1994:54 f.). Die Preise der einzelnen Energieträger, die sich ergeben, falls die Steuer im Jahre 2000 eingeführt wird, sind aus Tabelle 12 ersichtlich.

Tabelle 12: Preisentwicklung der einzelnen Energieträger in Preisen von 1990 im Ökosteuerszenario I in DM/GJ

	1995	2000	2005	2010	2020
Importkohle	3,62	4,63	8,89	14,71	23,09
Heizöl EL	11,16	12,96	18,01	24,62	34,59
Heizöl schwer	6,14	7,41	11,41	18,02	26,93
Erdgas unterbrechbar	6,68	8,01	12,59	18,73	27,75
Erdgas nicht unterbrechbar	8,33	9,74	14,40	20,61	29,71

Wie man anhand von Tabelle 12 erkennt, führt die Ökosteuer dazu, daß die Preise der einzelnen Energieträger prozentual unterschiedlich stark zunehmen. So steigt der Preis für Importkohle von 1995 auf 2020 real um 538 %, während der Erdgaspreis lediglich um 315 % bzw. 257 % steigt.

Zu beachten ist, daß in der DIW-Studie die Energieträger nicht besteuert werden, wenn sie in der Elektrizitätswirtschaft zur Stromerzeugung eingesetzt werden (DIW 1994:63). Hierdurch soll die Doppelbelastung des Stroms als Energieträger vermieden werden, die entsteht, weil sowohl die Inputs als auch die erzeugte Elektrizität besteuert werden. Außerdem soll durch die Nichtbesteuerung der in der Elektrizitätswirtschaft eingesetzten Energieträger verhindert werden, daß verstärkt Strom importiert wird. Diese Vorgehensweise hat jedoch den Nachteil, daß in der Elektrizitätswirtschaft nur ein geringer Anreiz besteht, vermehrt erneuerbare bzw. emissionsarme Energieträger einzusetzen.

Im folgenden wird deshalb von der Vorgehensweise des DIW (1994) abgewichen und unterstellt, daß die Energieträger in der Elektrizitätswirtschaft wie in den anderen Sektoren besteuert werden. Um den dadurch bedingten Anstieg der Strompreise in Grenzen zu halten, wird vereinfachend angenommen, daß der Steuersatz auf Elektrizität so korrigiert wird, daß der Strompreis dem entspricht, der sich bei Besteuerung von Elektrizität mit dem Standardsteuersatz und Nichtbesteuerung der Energieträger ergeben würde.

Die Belastung der Elektrizitätswirtschaft durch die Besteuerung hängt davon ab, inwieweit sie von der aufkommensneutralen Kompensation, die normalerweise in den Ökosteuerszenarien unterstellt wird, profitiert. Im folgenden wird vereinfachend unterstellt, daß das Steueraufkommen zur Senkung der Beiträge zur Sozialversicherung verwendet wird. Hierbei wird angenommen, daß mit einer Hälfte des

Steueraufkommens die Arbeitgeberbeiträge und mit der anderen Hälfte die Arbeitnehmerbeiträge gesenkt werden (siehe hierzu MEYER ET AL. 1999:127).

Zudem wird angenommen, daß nur der emissionsrelevante Energieträgereinsatz der fossilen Energieträger besteuert wird. So wird bei der Mineralölverarbeitung nur der Eigenverbrauch, nicht jedoch der Umwandlungseinsatz besteuert. Durch diese Vorgehensweise werden Doppelbelastungen, die durch die Besteuerung des Erdöls und der daraus gewonnenen Mineralölerzeugnisse entstehen, vermieden.

Um die Auswirkungen der Ökosteuer inklusive Kompensationszahlung ermitteln zu können, müssen Annahmen bzgl. der Anpassungsreaktion der Produktionssektoren und privaten Haushalte an die erhöhten Energiekosten getroffen werden. Ein Teil der Effekte wird hierbei durch die Gleichungen (3.18) und (3.23), d.h. über die unterstellten Abhängigkeiten der Nachfrage von der Entwicklung der relativen Preise erfaßt. Diese Gleichungen beziehen sich auf die Nachfrage nach aggregierten Güterbündeln (z.B. die Nachfrage nach Gütern des Sektors „Chemie, Mineralöl"). Um die Veränderung der Nachfrage nach den einzelnen Energieträgern erfassen zu können, wird im folgenden unterstellt, daß es durch die oben beschriebene Ökosteuer zu einer Entwicklung kommt, wie sie vom DIW (1994) beschrieben wurde, d.h. es wird angenommen, daß es durch die Ökosteuer zu einem verstärkten technischen Fortschritt kommt, durch den die Nachfrage nach Energie und insbesondere auch die Stromnachfrage geringer ansteigt als im Referenzszenario.[36] Die Veränderung der gesamten Nachfrage nach Energie bzw. Strom ist aus Tabelle 13 ersichtlich.

Sowohl die gesamte Nachfrage nach Energie als auch die Stromnachfrage liegen im Ökosteuerszenario durch die niedrigeren Wachstumsraten deutlich unter den Vergleichswerten im Referenzszenario. In den ersten Jahren der Ökosteuer wird mit einem stärkeren Rückgang der Wachstumsraten gerechnet als in den nachfolgenden Jahren. Begründen läßt sich dies mit der Entwicklung der Einsparpotentiale: Am Anfang sind noch relativ viele Einsparpotentiale vorhanden, diese werden jedoch mit der Zeit zunehmend ausgeschöpft.

Tabelle 13: Wachstumsraten der Nachfrage nach Energie (insgesamt) bzw. nach Strom im Ökosteuerszenario I

	1995-2000	2000-2005	2005-2010	2010-2025
Strom	1,64 %	0,80 %	0,58 %	0,85 %
Energie insgesamt	0,14 %	-1,26 %	-0,70 %	-0,08 %

[36] Die Abschätzung der durch die Ökosteuer induzierten Veränderungen im Energieverbrauch erfolgt hierbei auf Basis der von PROGNOS durchgeführten Studien (vgl. PROGNOS 1991, 1993).

4.2.4.2 Ergebnisse

Bevor im folgenden die Ergebnisse des Vergleichs zwischen Referenz- und Ökosteuerszenario dargestellt werden, soll nochmals darauf hingewiesen werden, daß bei der Entwicklung von DIOGENES die Erfassung der technischen Entwicklung der Elektrizitätswirtschaft in Baden-Württemberg und nicht gesamtwirtschaftliche Fragestellungen im Vordergrund stand. Dies erklärt, warum technische Substitutionsvorgänge in der Elektrizitätswirtschaft sehr detailliert abgebildet werden, während durch die Beschränkung auf die Darstellung eines Teils des volkswirtschaftlichen Kreislaufes lediglich ein Teil der induzierten gesamtwirtschaflichen Struktureffekte erfaßt wird (vgl. Abschnitt 4.2.1).

Die Beschränkung auf die Abbildung eines Teils des volkswirtschaftlichen Kreislaufes sowie die Verwendung von bundeslandspezifischen Daten sind insbesondere bei der Interpretation der gesamtwirtschaftlichen Größen im Ökosteuerszenario zu beachten: Grundsätzlich hängen die im Ökosteuerszenario induzierten gesamtwirtschaftlichen Effekte von der Ausgestaltung der Ökosteuer (d.h. von der Wahl der Besteuerungsgrundlage und der Form der Rückerstattung) und von den unterstellten Substitutionselastizitäten (insbesondere von der Entwicklung der Nachfrage nach Energie bzw. nach Arbeit) ab. Wie unter Abschnitt 4.1.2 beschrieben, beruht das verwendete gesamtwirtschaftliche Modell vorwiegend auf den für Baden-Württemberg vorliegenden Input-Output Tabellen. Diese beinhalten zwar Informationen über die Bruttowertschöpfung in den einzelnen Wirtschaftsbereichen, sie liefern jedoch keine Angaben über das sektorale Einkommen aus unselbständiger bzw. selbständiger Arbeit. Um die Reaktion der einzelnen Sektoren auf die Senkung der Arbeitgeberbeiträge bzw. auf die Verteuerung des Faktors Energie gegenüber Arbeit berechnen zu können, ist man deshalb auf Annahmen bzw. Hilfskonstrukte angewiesen. Dies hat zur Folge, daß die durch die Einführung einer Ökosteuer in Verbindung mit einer aufkommensneutralen Kompensation induzierten Beschäftigungseffekte und somit auch die Auswirkungen auf das Volkseinkommen nicht exakt erfaßt werden können.

Bei der Interpretation der für das Ökosteuerszenario errechneten gesamtwirtschaftlichen Größen ist zudem zu berücksichtigen, daß im Ökosteuerszenario die Entwicklung des Energieverbrauchs in allen Sektoren außer der Elektrizitätswirtschaft exogen vorgegeben wird. Die Entwicklung der Besteuerungsgrundlage für die Ökosteuer wird somit exogen bestimmt und hängt nicht direkt von der Preisentwicklung ab, die sich im Modell ergibt. Dadurch ist es möglich, daß die Ausweichreaktionen der Wirtschaftsbereiche auf die Steuer unter- bzw. überschätzt werden.

Zusätzlich ist bei der Interpretation der berechneten gesamtwirtschaftlichen Größen zu beachten, daß implizit unterstellt wird, daß das Ökosteueraufkommen innerhalb von Baden-Württemberg aufkommensneutral verteilt wird. Transferzahlungen zwischen den Bundesländern werden entsprechend außer Acht gelassen.

Die in Abbildung 21 dargestellte Entwicklung des Bruttoinlandsproduktes sollte entsprechend nur als Anhaltspunkt für die Größenordnung bzw. als für den Vergleich mit den anderen Szenarien jedoch nicht als Absolutwert gesehen werden.

Die Abweichung zwischen der Entwicklung des Bruttoinlandsproduktes im Referenzszenario und der Entwicklung im Ökosteuerszenario resultieren u.a. aus der unterschiedlichen Investitionsnachfrage in den einzelnen Szenarien und den dadurch induzierten Effekten sowie aus der Senkung der Arbeitnehmerbeiträge zur Sozialversicherung. Durch die oben spezifizierten Ökosteuer liegt das Bruttoinlandsprodukt durchschnittlich um 0,4 % unter dem Bruttoinlandsprodukt im Referenzszenario.

Abbildung 21: Prozentuale Abweichung des Bruttoinlandsproduktes im Ökosteuerszenario I gegenüber dem Referenzszenario

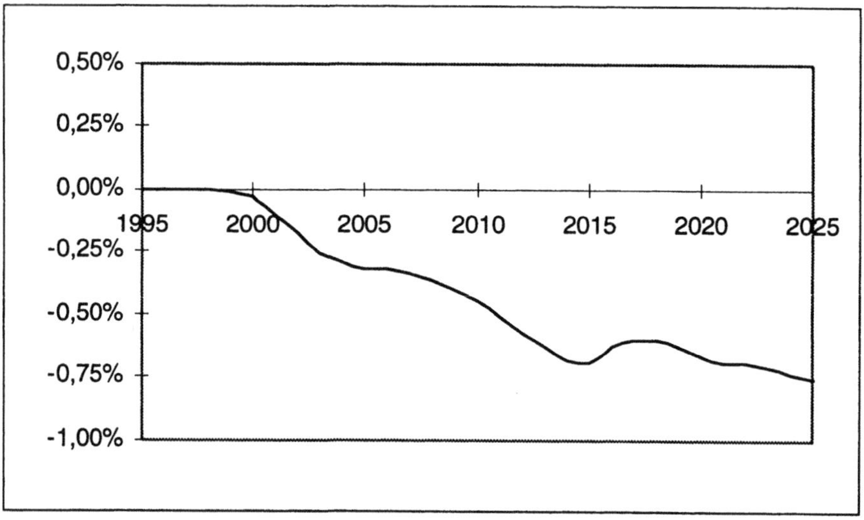

Da durch die Ökosteuer die Preise der in den energieintensiven Sektoren produzierten Güter stärker ansteigen als die Preise in den anderen Sektoren, werden die einzelnen Sektoren unterschiedlich stark belastet. Zu den Sektoren, die besonders von der Ökosteuer betroffen sind, gehören etwa die Sektoren „Eisenbahnen, Schiffahrt", „Übriger Verkehr", „Steine, Erden, Glas", und „Chemie, Mineralöl", zu den Sektoren, die von der Ökosteuer profitieren bzw. nur gering belastet werden, gehören beispielsweise die Sektoren „Holz", „Leder, Textilien, Bekleidung", sowie die Sektoren „Elektrotechnik" und „Fahrzeugbau".

Auf die Elektrizitätswirtschaft hat die Ökosteuer folgende Auswirkungen: Da sich der Anstieg der Stromnachfrage vermindert, wird grundsätzlich weniger Kraftwerksleistung benötigt als im Referenzszenario. Des weiteren werden im Ökosteuerszenario durch die unterschiedliche Belastung der Energieträger durch die Ökosteuer teilweise andere Kraftwerkstypen nachgefragt werden als im Referenzszenario. Sowohl der Rückgang der Stromnachfrage als auch die Veränderung der Nachfrage nach den einzelnen Kraftwerkstypen führen dazu, daß sich die Investitionsnachfrage der Elektrizitätswirtschaft im Ökosteuerszenario gegenüber dem

Referenzszenario ändert. Der Verlauf der Investitionsnachfrage der Elektrizitätswirtschaft im Ökosteuerszenario I ist aus Abbildung 22 ersichtlich.

Abbildung 22: Entwicklung der Investitionsnachfrage der Elektrizitätswirtschaft im Ökosteuerszenario I im Vergleich zur Entwicklung im Referenzszenario

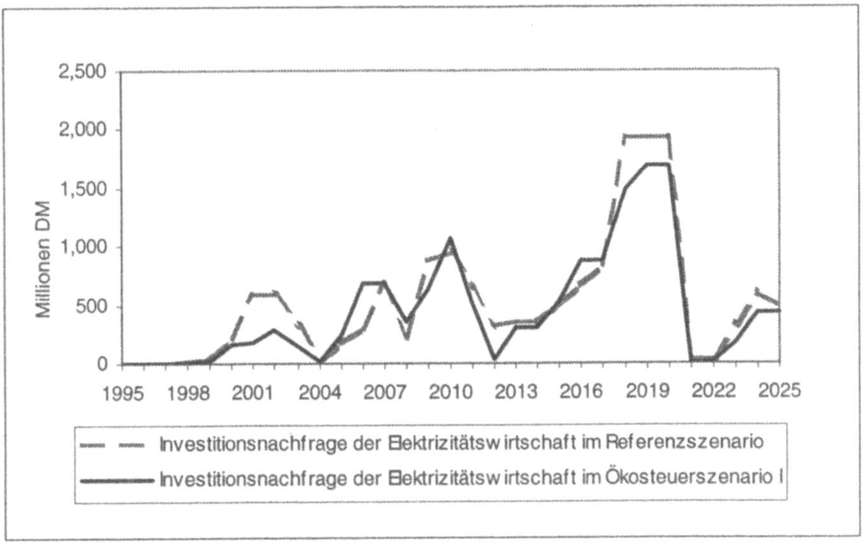

Im Vergleich zum Referenzszenario werden im Ökosteuerszenario I vermehrt erneuerbare Energieträger bzw. -quellen eingesetzt, da sich die Preise der fossilen Energieträger gegenüber den anderen Energieträgern verteuern. Der Anteil der regenerativen Energieträger steigt in Abhängigkeit von der unterstellten Entwicklung der Potentiale bis zur Erreichung eines maximalen Potentials. Da die mit erneuerbaren Energieträgern betriebenen Kraftwerke, die neu gebaut werden, im Vergleich zu den konventionellen Kraftwerken eine relativ geringe Leistung aufweisen, ist eine bessere Anpassung an den Kraftwerksbedarf möglich als dies mit konventionellen Kraftwerken möglich wäre. Hierdurch fällt, solange die wirtschaftlichen Potentiale der erneuerbaren Energieträger bzw. -quellen nicht erschöpft sind, die Investitionsnachfrage der Elektrizitätswirtschaft im Ökosteuerszenario I geringer aus als im Referenzszenario.

Vergleicht man die Entwicklung der Anteile der fossilen Kraftwerkstypen an der installierten Leistung im Ökosteuerszenario mit der im Referenzszenario, so wird deutlich, daß durch die Ökosteuer die Verbreitung von Erdgaskraftwerken durch Kohlekraftwerke bzw. durch Biomassekraftwerke zurückgedrängt wird. Dieser Effekt tritt auf, da sich aufgrund des hohen Anteils der Brennstoffkosten an den Gesamtkosten bei den Erdgaskraftwerken die für alle fossilen Energieträger gleich hohe Ökosteuer stärker auf die mit diesen Kraftwerken erzielbare Annuität niederschlägt als auf die Annuitäten der Kohlekraftwerke (vgl. Tabelle 2). Während der

Anteil der Erdgaskraftwerke an der insgesamt installierten Leistung im Referenzszenario bei ca. 22 % liegt, beträgt er im Ökosteuerszenario lediglich 18 % (siehe Abbildung 23).

Abbildung 23: Entwicklung der Anteile der einzelnen Kraftwerkstypen an der insgesamt installierten Leistung im Ökosteuerszenario I

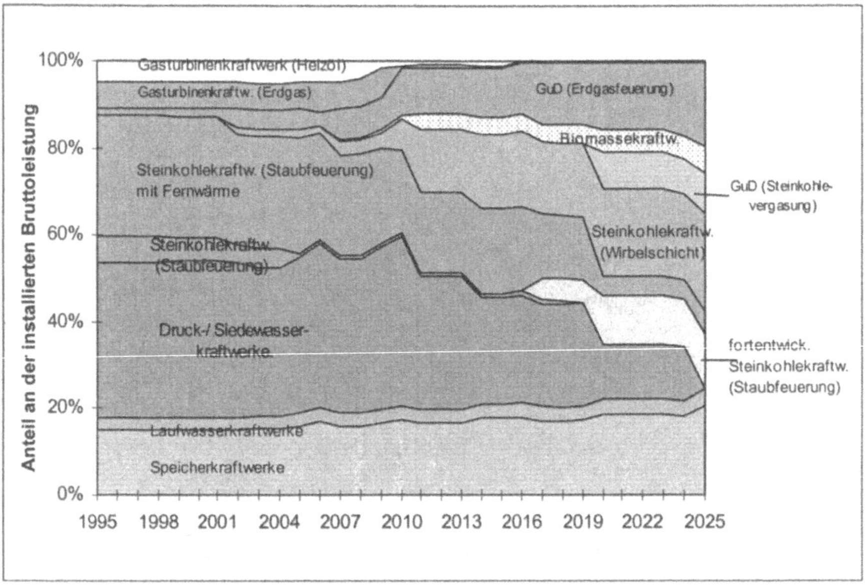

Das Ansteigen des Anteils der Kohlekraftwerke an der installierten Leistung führt des weiteren dazu, daß die Kohlendioxidemissionen der Elektrizitätswirtschaft pro produzierter kWh trotz des zunehmenden Anteils der erneuerbaren Energiequellen im Ökosteuerszenario ebenso wie im Referenzszenario stark ansteigen, wobei die Kohlendioxidemissionen der Elektrizitätswirtschaft insgesamt durch den Rückgang der Stromnachfrage gegenüber der Entwicklung im Referenzszenario sinken. Das Ziel, die Kohlendioxidemissionen um 25 % unter das Niveau von 1987 zu reduzieren, das nach den Berechnungen des DIW mit der oben spezifizierten Steuer auf nationaler Ebene nur knapp verfehlt wird (vgl. DIW 1994:120), ist auf regionaler Ebene nicht erreichbar.

Abbildung 24: Entwicklung der Kohlendioxidemissionen im Ökosteuerszenario I im Vergleich zur Entwicklung im Referenzszenario

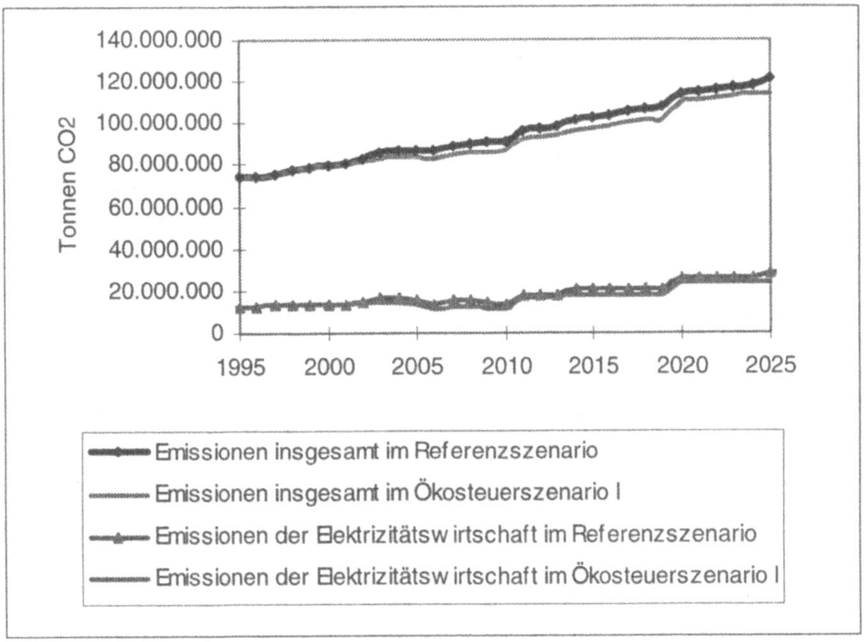

Im folgenden soll untersucht werden, welche Bedingungen erfüllt sein müssen, damit es zu einer Verringerung bzw. zu einem geringeren Anstieg der spezifischen Emissionen der Elektrizitätswirtschaft, d.h. der Emissionen pro produzierter kWh, und damit auch zu einer Reduzierung der Gesamtemissionen kommt. Grundsätzlich ist hierbei zu unterscheiden, ob emissionsvermindernde Maßnahmen im Rahmen von Erweiterungs- und Ersatzmaßnahmen erfolgen oder ob Kraftwerke vorzeitig ersetzt werden. Im ersten Fall ist wie unter Abschnitt 3.4.2 beschrieben, erforderlich, daß die Annuität der emissionsärmeren Technik über der der anderen Techniken liegt. Es gilt somit

$$AN_k^b(t) \leq AN_{niedrig}^b(t) \tag{4.10}$$

mit $$AN_j^b(t) = \sum_{tt=1}^{t_k}\left(\left(p_j\ (t+tt) * \bar{h}_j^b - \left(Kf_j + kv_j(t+tt) * \bar{h}_j^b\right)\right) q^{-tt}\right) ANF^{t_j}$$

und $t_j = u_j + \tau_j$

für *j=k, niedrig,* wobei $0 \leq k \leq s_{Elek}(t)$.

Unter der Annahme, daß sich die Energieträgerpreise wie im Referenzszenario entwickeln sind im Mittellastbereich bis zum Jahr 2005 mit Erdgas betriebene

GuD- Kraftwerke den anderen Kraftwerkstypen überlegen. Danach werden Steinkohlekraftwerke vorteilhafter. Im Spitzenlastbereich weisen stets Erdgaskraftwerke die höchste Annuität auf, im Grundlastbereich Steinkohlekraftwerke (siehe Anhang B).

Damit die vergleichsweise emissionsarmen Erdgas-GuD Kraftwerke im Mittellastbereich auch nach dem Jahr 2005 anstelle von Kohlekraftwerken gebaut werden, ist c.p. eine Erhöhung der Preise für Importkohle erforderlich. So muß der Preis für Importkohle ab dem Jahre 2010 im finanzmathematischen Durchschnitt um 1,92 DM/GJ steigen, damit im Mittellastbereich mit Erdgas betriebene-GuD Kraftwerke anstelle von Kohlekraftwerken gebaut werden. Aufgrund der unterstellten Preisentwicklung der einzelnen Energieträger ist ab dem Jahre 2020 eine Erhöhung des Kohlepreises um 2,62 DM/GJ im finanzmathematischen Durchschnitt nötig, damit ab diesem Zeitpunkt Erdgas-GuD Kraftwerke gegenüber Kohlekraftwerken bei Investitionsentscheidungen bevorzugt werden (siehe Tabelle 14).

Eine wesentlich stärkere Erhöhung des Preises für Importkohle ist für den Grundlastbereich erforderlich: Hierzu muß der Preis für Importkohle um 2,52 DM/GJ (2005), 4,33 DM/GJ (2010) bzw. um 5,48 DM/GJ (2020) im finanzmathematischen Durchschnitt steigen.

Die Berechnung der im ersten Teil von Tabelle 14 aufgeführten Werte erfolgte unter der Annahme, daß sich die Erdgaspreise wie im Referenzszenario entwickeln. Eine Erhöhung der Erdgaspreise wie sie in Tabelle 10 unterstellt wird, führt dazu, daß die Preise für Importkohle im finanzmathematischen Durchschnitt stärker ansteigen müssen, als bei einer Nichtbesteuerung von Erdgas. So muß der Preis für Importkohle um durchschnittlich 17,26 DM/GJ und damit um mehr als das fünffache des Wertes ohne Erdgasbesteuerung erhöht werden, wenn im Jahre 2005 Erdgas-GuD Kraftwerke anstelle von Kohlekraftwerken gebaut werden. Die Werte für andere Jahre und andere Lastbereiche sind aus dem unteren Teil von Tabelle 14 ersichtlich.

Tabelle 14: Im finanzmathematischen Durchschnitt erforderliche Erhöhung des Preises für Importkohle, damit in dem entsprechenden Jahr Erdgaskraftwerke Kohlekraftwerken vorgezogen werden, in DM/GJ

	1995	2000	2005	2010	2020
Version 1: Keine Veränderung der Erdgaspreise					
Spitzenlast	-	-	-	-	-
Mittellast	-	-	1,10	1,69	2,62
Grundlast	0,82	2,52	3,89	4,33	5,48
Version 2: Entwicklung der Erdgaspreise wie im Steuerszenario des DIW					
Spitzenlast	-	-	-	-	-
Mittellast	-	-	18,09	21,46	22,50
Grundlast	11,48	17,26	20,39	23,32	24,33

Zu beachten ist, daß es sich bei den Angaben in Tabelle14 um Erhöhungen handelt, die im finanzmathematischen Durchschnitt erforderlich sind. Die Entwicklung der Preise für Importkohle hängt von der Ausgestaltung der Steuer ab. Im folgenden soll ein Beispiel hierfür dargestellt werden. Hierzu wird angenommen, daß analog zur Vorgehensweise bei der Spezifizierung der Ökosteuer zu Beginn dieses Abschnittes ab dem Jahre 2000, 15 Jahre lang, ein jährlich mit dem gleichen Prozentsatz steigender Aufschlag auf die Energieträgerpreise erhoben wird. Auf die Annahme, daß der Prozentsatz für alle Energieträger gleich hoch ist, wird verzichtet, d.h. es wird zugelassen, daß die Abgaben auf die einzelnen Energieträger mit unterschiedlichen Prozentsätzen steigen. Um die Entwicklung der Energieträgerpreise mit denen aus dem ursprünglichen Ökosteuerszenario vergleichen zu können, wird wiederum von einer für alle Energieträger gleichen Steuergrundlage von 9 DM in der Ausgangssituation ausgegangen.

Für den Fall, daß nach der Ausschöpfung erneuerbarer Energiequellen und Einsparmaßnahmen Erdgaskraftwerke anstelle von Steinkohlekraftwerken gebaut werden sollen, ist ein Ansteigen des Abgabesatzes bei Importkohle um jährlich ca. 8,23 % (Mittellast) bzw. 9,29 % (Grundlast) erforderlich. Die Entwicklung der Preise für Importkohle, die sich bei einer solchen Besteuerung ergibt, ist aus Tabelle 15 ersichtlich.

Tabelle 15: Entwicklung der Preise für Importkohle im modifizierten Ökosteuerszenario

Lastbereich	1995	2000	2005	2010	2015	2020
Mittellast	3,62	4,85	10,69	19,19	28,81	29,21
Grundlast	3,62	4,96	11,65	21,78	33,94	34,34

Eine Entwicklung der Preise für Importkohle wie sie in Tabelle 15 dargestellt wird, hat zur Folge, daß in der Elektrizitätswirtschaft im Jahre 2025 weniger Kohlendioxidemissionen anfallen als 1990. Falls sich die Kohlepreise entsprechend der letzten Zeile aus dieser Tabelle entwickeln, fallen im Jahr 2025 aufgrund des Ersatzes der vorhandenen Kohle- und Kernkraftwerke durch Erdgaskraftwerke ca. 50 % weniger Kohlendioxidemissionen an als im Referenzszenario (siehe Abbildung 25).

4.2.5 Szenario „Ökosteuer II"

Im folgenden wird ein Szenario entworfen, in dem untersucht wird, wie sich eine Ökosteuer, die nicht auf den Energiegehalt sondern auf den Kohlenstoffgehalt erhoben wird, auf die wirtschaftliche Entwicklung und auf die Entwicklung der Emissionen in Baden-Württemberg auswirkt. Grundlage hierfür bildet ein von Meyer et al. (1999) entworfenes Szenario. Wie im Abschnitt zuvor, werden zunächst die getroffenen Annahmen beschrieben. Anschließend werden die Ergebnisse der Berechnungen dargestellt und erläutert.

Abbildung 25: Entwicklung der Emissionen der Elektrizitätswirtschaft im modifizierten Ökosteuerszenario

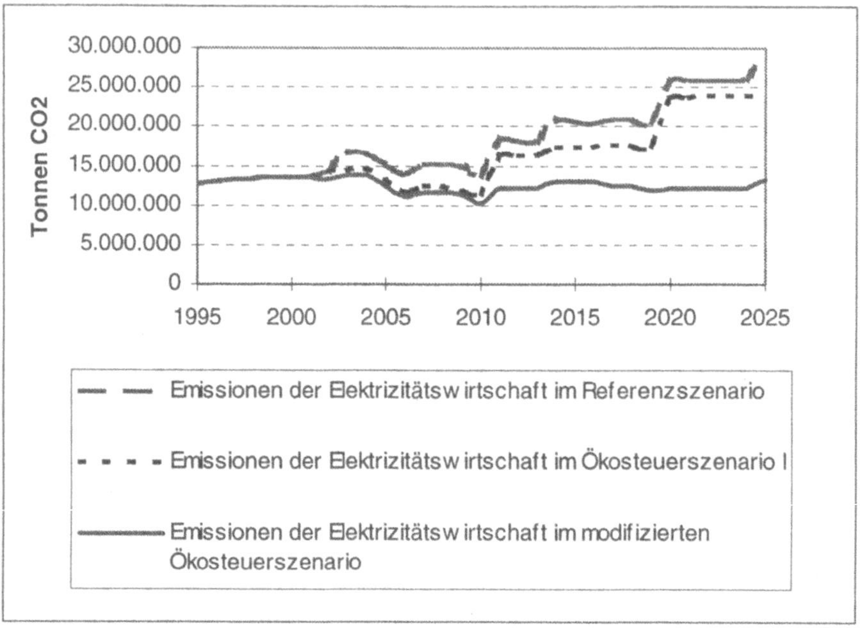

4.2.5.1 Spezifizierung des Szenarios

In Anlehnung an MEYER ET AL. (1999) wird im folgenden davon ausgegangen, daß ab dem Jahre 1999 eine Steuer in Höhe von 10 DM/Tonne Kohlenstoff (C) auf die einzelnen Energieträger erhoben wird. Die Steuer wird in den folgenden zehn Jahren jährlich um 20 DM/Tonne C erhöht. Hierdurch entwickeln sich die Energiepreise wie in Tabelle 16 dargestellt.

Tabelle 16: Preisentwicklung der einzelnen Energieträger in Preisen von 1990 in DM/GJ im Ökosteuerszenario II

	1995	2000	2005	2010	2020
Importkohle	3,62	6,84	16,69	26,54	27,30
Heizöl EL	11,16	14,53	23,04	31,55	33,90
Heizöl schwer	6,14	8,98	16,97	24,95	26,24
Erdgas unterbrechbar	6,68	9,06	15,38	21,69	23,09
Erdgas nicht unterbr.	8,33	10,79	17,19	23,57	25,05

Aufgrund des unterschiedlichen Kohlenstoffgehalts der einzelnen Energieträger steigen deren Preise in diesem Szenario unterschiedlich stark an. Die Preisentwicklung unterscheidet sich deutlich von der im Ökosteuerszenario I. So nimmt der Preis für Kohle wesentlich stärker zu als im Ökosteuerszenario I. Relativ gering ist dagegen der Preisanstieg bei Erdgas.

Auch in diesem Szenario soll eine aufkommensneutrale Besteuerung erfolgen, d.h. es wird wiederum davon ausgegangen, daß die zusätzlich erzielten Steuereinnahmen in voller Höhe zurückerstattet werden. Wie im Ökosteuerszenario I wird auch in diesem Szenario unterstellt, daß die zusätzlich erzielten Steuereinnahmen je zur Hälfte zur Senkung der Arbeitgeber- bzw. der Arbeitnehmerbeiträge zur Sozialversicherung verwendet werden.

Analog zur Vorgehensweise im Abschnitt zuvor wird unterstellt, daß nur der emissionsrelevante Energieträgereinsatz besteuert wird. So wird auch in diesem Szenario bei der Mineralölverarbeitung nur der Eigenverbrauch, nicht jedoch der Umwandlungseinsatz mit der Ökosteuer belastet.

Hinsichtlich der Nachfrage nach den einzelnen Energieträgern der Sektoren, wird mit Ausnahme der Elektrizitätswirtschaft vereinfachend angenommen, daß es durch die oben beschriebene Ökosteuer zu einer Entwicklung kommt, wie sie von PROGNOS (1993) erwartet wird.

4.2.5.2 Ergebnisse

Aufgrund der unterschiedlichen Ausgestaltung der Ökosteuer (inkl. Kompensation) kommt es in den einzelnen Ökosteuerszenarien modellendogen zu unterschiedlichen Preiseffekten. Wie man anhand von Tabelle 17 erkennt, fallen die Preiseffekte sowohl im Vergleich der einzelnen Ökosteuerszenarien miteinander als auch im Vergleich zur Entwicklung im Referenzszenario gering aus. So sind die Preise im Jahre 2025 im Ökosteuerszenario II durchschnittlich nur um 0,89 % höher als im Referenzszenario des gleichen Jahres. Im Ökosteuerszenario I beträgt der Unterschied 1,38 %.

Im Ökosteuerszenario I werden die einzelnen Sektoren grundsätzlich durch die Ökosteuer stärker belastet als im Ökosteuerszenario II. Gleichzeitig wird jedoch auch ein höheres zusätzliches Steueraufkommen erzielt, was dazu führt, daß beschäftigungsintensive Sektoren wie z.B. die Sektoren „Landwirtschaft", „Private Organisationen o.E." und „Handel" im Ökosteuerszenario I stärker von der Kombination aus Ökosteuer und Kompensationszahlung profitieren als im Ökosteuerszenario II.

In beiden Ökosteuerszenarien werden die Sektoren „Energie, Bergbau", „Eisenbahnen, Schiffahrt", „Steine und Erden, Glas", „Übriger Verkehr" und „Chemie, Mineralöl" relativ stark durch eine Ökosteuer belastet. Positive Auswirkungen haben die verschiedenen Varianten einer Ökosteuer auf die Preisentwicklung in den Sektoren „Holz", „Leder, Textilien, Bekleidung". Gering bzw. nicht werden u.a. die Sektoren „Stahl- und Maschinenbau, ADV", „Elektrotechnik" und „Fahrzeuge" belastet.

Tabelle 17: Entwicklung der Preise in den verschiedenen Ökosteuerszenarien im Vergleich zur Preisentwicklung im Referenzszenario

Nr.	Bezeichnung	Ökosteuer-szenario I	Ökosteuer-szenario II
1	Landwirtschaft	1,49%	1,39%
2	Energie, Bergbau	23,68%	19,56%
3	Chemie, Mineralöl	3,68%	2,49%
4	Kunstoff, Gummi	1,50%	0,70%
5	Steine und Erden, Glas	7,81%	6,73%
6	Eisen, NE-Metalle, Giessereien	0,50%	0,20%
7	Stahl- und Maschinenbau, ADV	0,20%	0,00%
8	Fahrzeuge	0,40%	-0,10%
9	Elektrotechnik	0,10%	-0,20%
10	EBM-Waren	0,40%	0,10%
11	Holz	-0,40%	-0,40%
12	Papier, Druck	4,09%	2,09%
13	Leder, Textilien,Bekleidung	-0,50%	-0,50%
14	Nahrungmittel, Tabak	2,09%	1,39%
15	Bau	1,00%	0,80%
16	Handel	0,60%	0,50%
17	Eisenbahnen, Schiffahrt	7,62%	3,96%
18	Postdienstleistungen	-0,40%	-0,30%
19	Übriger Verkehr	5,63%	4,45%
20	Kreditinstitute, Versicherungen	-0,40%	-0,40%
21	Wohnungsvermietungen	0,30%	0,20%
22	Gastgewerbe	1,19%	0,70%
23	Wissenschaft, Verlage	0,40%	0,20%
24	Gesundheits- und Veterinaerwesen	-0,20%	-0,20%
25	Sonstige Dienstleistungen	0,10%	0,10%
26	Staat	0,50%	0,20%
27	Private Organisationen o.E.	0,10%	-0,10%
28	Insgesamt	1,34%	0,89%

Die sektoralen Produktionswerte, die sich in den einzelnen Szenarien im Jahre 2025 ergeben, sind in Tabelle 18 aufgelistet.[37]

Negativ wirkt sich eine Ökosteuer vor allem auf die Produktionswerte der Sektoren „Energie, Bergbau", „Chemie, Mineralöl", „Steine und Erden, Glas", „Papier, Druck", und „Übriger Verkehr" aus. Im Vergleich zum Referenzszenario fallen die Produktionswerte dieser Sektoren im Ökosteuerszenario I um mindestens 5 % niedriger aus. Geringere Verluste entstehen im Ökosteuerszenario II. Hier verringern sich lediglich die Produktionswerte der beiden Sektoren „Energie, Bergbau", und „Chemie, Mineralöl" um mehr als 5 %. Positiv wirkt sich die Ökosteuer im Ökosteuerszenario II u.a. auf die Entwicklung der Produktionswerte der Sektoren „Holz", „Leder, Textilien, Bekleidung", „Stahl- und Maschinenbau,

[37] Die Auswirkung der unterschiedlichen Ökosteuerszenarien auf die Entwicklung der Produktionswerte der einzelnen Sektoren ist aus Anhang A ersichtlich.

ADV", „Elektrotechnik" und „Fahrzeuge" sowie auf die meisten Dienstleistungsektoren aus.

Tabelle 18: Vergleich der sektoralen Produktionswerte in den verschiedenen Szenarien zum Zeitpunkt 2025 in Millionen DM (in Preisen von 1990)

Nr	Bezeichnung	Referenz-szenario	Ökosteuerszenario I		Ökosteuerszenario II	
			absolut	AvR *	absolut	AvR *
1	Landwirtschaft	18.089	17.759	-1,83%	17.987	-0,56%
2	Energie, Bergbau	27.503	23.260	-15,43%	23.995	-12,76%
3	Chemie, Mineralöl	58.054	52.883	-8,91%	54.811	-5,59%
4	Kunstoff, Gummi	25.354	24.329	-4,04%	25.315	-0,15%
5	Steine und Erden, Glas	11.885	11.228	-5,53%	11.403	-4,06%
6	Eisen, NE-Metalle, Giessereien	31.044	30.439	-1,95%	31.168	0,40%
7	Stahl- und Maschinenbau, ADV	105.808	103.673	-2,02%	106.297	0,46%
8	Fahrzeuge	118.787	115.011	-3,18%	118.915	0,11%
9	Elektrotechnik	91.111	88.682	-2,67%	91.708	0,65%
10	EBM-Waren	24.851	24.413	-1,76%	24.996	0,59%
11	Holz	8.530	8.754	2,62%	8.673	1,68%
12	Papier, Druck	34.857	32.777	-5,97%	34.250	-1,74%
13	Leder, Textilien, Bekleidung	15.213	15.762	3,61%	15.684	3,10%
14	Nahrungmittel, Tabak	32.336	32.040	-0,92%	32.204	-0,41%
15	Bau	79.225	77.103	-2,68%	79.052	-0,22%
16	Handel	89.533	87.752	-1,99%	89.606	0,08%
17	Eisenbahnen, Schiffahrt	3.962	3.782	-4,54%	3.907	-1,39%
18	Postdienstleistungen	14.742	14.433	-2,09%	14.752	0,07%
19	Übriger Verkehr	27.120	25.094	-7,47%	26.102	-3,75%
20	Kreditinstitute, Versicherungen	43.257	42.577	-1,57%	43.453	0,45%
21	Wohnungsvermietungen	71.534	69.938	-2,23%	71.013	-0,73%
22	Gastgewerbe	16.295	15.582	-4,38%	15.780	-3,16%
23	Wissenschaft, Verlage	11.491	11.343	-1,29%	11.484	-0,06%
24	Gesundheits- und Veterinaerwesen	27.023	26.440	-2,16%	27.457	1,61%
25	Sonstige Dienstleistungen	84.426	82.411	-2,39%	84.940	0,61%
26	Staat	119.947	117.169	-2,32%	119.995	0,04%
27	Private Organisationen o.E.	24.151	23.062	-4,51%	24.261	0,45%
28	Insgesamt	1.216.128	1.177.697	-3,16%	1.209.209	-0,57%

* AvR = Abweichungen vom Referenzszenario

Die Auswirkung der oben spezifizierten Ökosteuer in Verbindung mit einer aufkommensneutralen Kompensation auf die Entwicklung des Bruttoinlandsproduktes ist aus Abbildung 26 ersichtlich. Wie man anhand dieser Abbildung erkennt, liegt das Brutto- inlandsprodukt (BIP) im Ökosteuerszenario II bis zum Jahre 2020 i.d.R. leicht unter dem Bruttoinlandsprodukt des Ökosteuerszenarios I. Danach verringert sich die Differenz zwischen dem Referenzszenario und dem Ökosteuerszenario I deutlich, während das BIP im Ökosteuerszenario II gegenüber dem BIP im Referenzszenario weiterhin fällt.

Die Schwankungen der Abweichungen zwischen dem Ökosteuerszenario I bzw. II und dem Referenzszenario resultieren u.a. aus der unterschiedlichen Investitionsnachfrage in den einzelnen Szenarien und den dadurch induzierten Veränderungen der Endnachfrage.

Abbildung 26: Prozentuale Abweichung der Bruttoinlandsprodukte in den Ökosteuerszenarien vom Referenzszenario

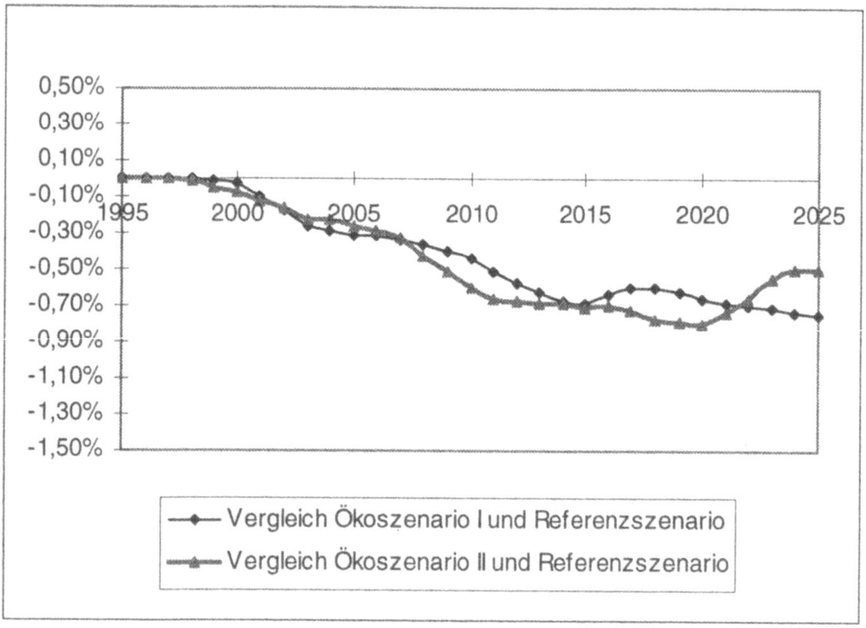

Die Auswirkungen einer Ökosteuer gemäß Szenario II auf die technische Entwicklung der Elektrizitätswirtschaft gehen aus Abbildung 27 hervor. Wie man anhand dieser Graphik erkennt, steigt der Anteil der Erdgaskraftwerke in diesem Szenario im Laufe der Zeit deutlich an.

Die Geschwindigkeit mit der Erdgaskraftwerke andere Kraftwerke verdrängen hängt wie in den anderen Szenarien aufgrund des nur geringen Bedarfs an Erweiterungsinvestitionen vom Ersatzbedarf ab. Da der Ersatzbedarf in der Elektrizitätswirtschaft stark schwankt, verläuft auch in Ökosteuerszenario II die technische Entwicklung schrittweise. Zu besonders großen Veränderungen kommt es u.a. in den Jahren, in denen die Kernkraftwerksblöcke in Obrigheim, Neckarwestheim und Philippsburg ersetzt werden.

Aufgrund der technischen Entwicklung der Elektrizitätswirtschaft steigen auch im Ökosteuerszenario II die spezifischen Emissionen des Sektors gegenüber 1995 deutlich an. Im Vergleich zu den anderen Szenarien fällt aufgrund des verstärkten

Einsatzes von Erdgas- anstelle von Kohlekraftwerken der Anstieg geringer aus (siehe Tabelle 19).

Abbildung 27: Entwicklung der Anteile der einzelnen Kraftwerkstypen an der insgesamt installierten Leistung im Ökosteuerszenario II

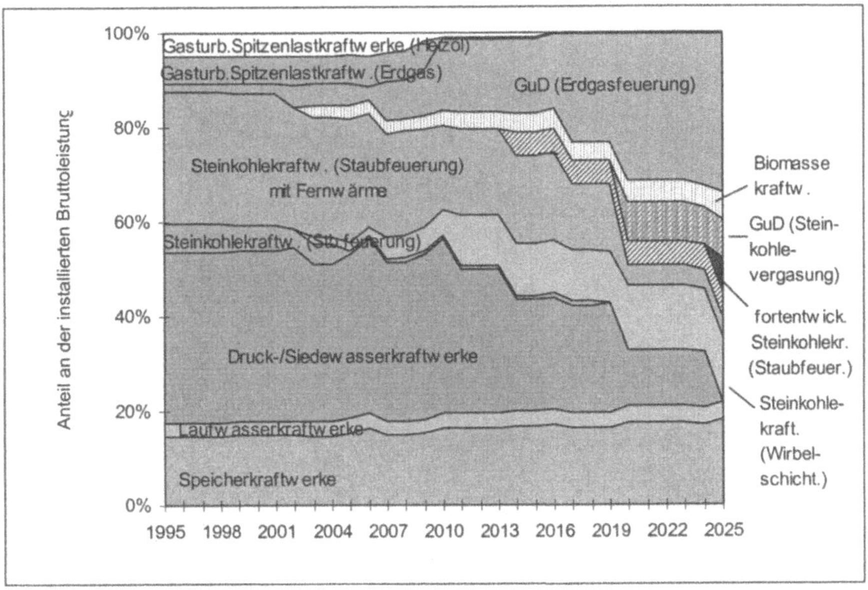

Tabelle 19: Entwicklung der Kohlendioxidemissionen pro Millionen DM in der Elektrizitätswirtschaft (Angaben in Tonnen / Millionen DM)

	Referenzszenario	Ökosteuerszenario I	Ökosteuerszenario I
1995	460	460	460
2025	1.031	1.025	1.009
Veränderung	124%	123%	119%

Der Anstieg der spezifischen Emissionen der Elektrizitätswirtschaft fällt im Ökosteuerszenario II höher aus als erwartet. Zwar stellen durch die Ökosteuer Erdgaskraftwerke im Mittellastbereich die kostengünstigste Alternative dar, im Grundlastbereich sind jedoch aufgrund der unterstellten Preisentwicklung und der Differenzierung nach unterbrechbaren und nicht unterbrechbaren Erdgasbezug moderne Kohlekraftwerke günstiger.

Durch die Zunahme der spezifischen Emissionen steigen im Ökosteuerszenario II die Kohlendioxidemissionen der Elektrizitätswirtschaft ca. 50 %

gegenüber 1990 an. Sowohl die Emissionen der Elektrizitätswirtschaft als auch die gesamten Kohlendioxidemissionen fallen in diesem Szenario deutlich geringer aus als in den anderen Szenarien (siehe Abbildung 28).

Abbildung 28: Entwicklung der Kohlendioxidemissionen in den verschiedenen Szenarien

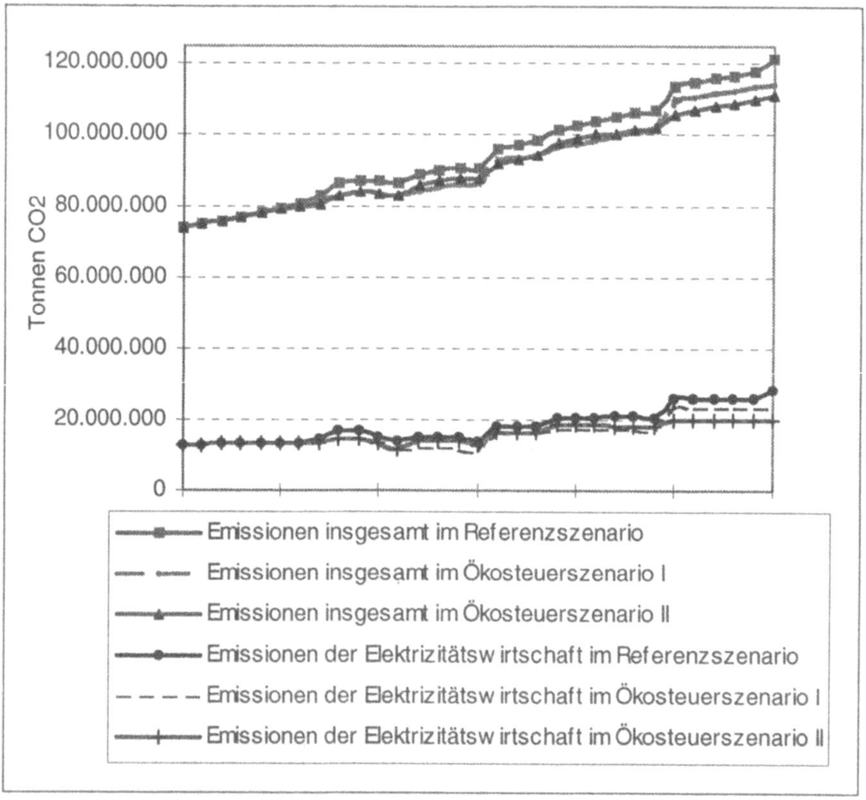

In beiden Ökosteuerszenarien wird das auf nationaler Ebene gesteckte Ziel, die Kohlendioxidemissionen bis zum Jahre 2005 um 25 % unter das Niveau von 1990 zu reduzieren (vgl. BROCKMANN 1999) in Baden-Württemberg deutlich verfehlt. Im Vergleich zu einer in der absoluten Höhe gleichmäßigen Besteuerung der Energieträger wie sie in Anlehnung an die Vorgehensweise des DIW (1994) im Ökosteuerszenario I verwendet wurde, kann mit einer Ökosteuer bei der der unterschiedliche Kohlenstoffgehalt der Energieträger berücksichtigt wird, der Anstieg der Kohlendioxidemissionen deutlich verringert werden. Die Wirksamkeit der Steuer hängt hierbei davon ab, inwieweit emissionslose (z.B. Biomassekraftwerke) bzw. emissionsarme (z.B. Erdgaskraftwerke) in den verschiedenen Lastbereichen emissionsreiche Kraftwerkstypen verdrängen können. In dem untersuchten Szenario reichte hierbei die Ökosteuer nicht aus, um den Einsatz von Erdgaskaftwerken im Grundlastbereich zu fördern.

4.3 Anmerkungen zur Übertragbarkeit der Ergebnisse auf andere Bundesländer

Durch den Vergleich von Größen, die für die Initialisierung des Modells notwendig sind, soll im folgenden geprüft werden, inwieweit sich die Ergebnisse auf andere Bundesländer übertragen lassen bzw. inwieweit es sich um Baden-Württemberg spezifische Ergebnisse handelt.

Die Ergebnisse hängen wesentlich von den vorliegenden ökonomischen Strukturen ab. Diese spiegeln sich u.a. in der Anzahl und Art der vorhandenen Betriebe wieder. Vergleicht man die Anzahl der Betriebe innerhalb des Verarbeitenden Gewerbes verschiedener Bundesländer miteinander, so sind deutliche Unterschiede erkennbar. Mit 9.222 Betrieben im Verarbeitenden Gewerbe lag Baden-Württemberg 1994 weit über dem Bundesdurchschnitt. Lediglich Nordrhein-Westfalen hatte mehr Betriebe.

Wie man anhand von Tabelle 20 erkennen kann, unterscheiden sich die Bundesländer nicht nur in der absoluten Anzahl der Betriebe, sondern auch in ihren prozentualen Anteilen. So betrug beispielsweise der Anteil des Sektors „Stahl- u. Leichtmetallbau" an den insgesamt vorhandenen Betrieben in Baden-Württemberg im Jahre 1994 2,75 %, während in Mecklenburg-Vorpommern ca. 10 % der vorhandenen Betriebe auf diesen Wirtschaftsbereich entfielen.

Ein weiteres Beispiel ist das „Ernährungsgewerbe". Der Anteil der Betriebe dieses Wirtschaftsbereichs betrug 1994 in Baden-Württemberg 7,07 %. In Schleswig-Holstein lag der entsprechende Anteil im gleichen Jahr dagegen bei 17,15 %.

Da sich die einzelnen Wirtschaftsbereiche hinsichtlich der Nachfrage nach Vorleistungs- und Investitionsgütern unterscheiden und sie zudem unterschiedlich stark von der Entwicklung der einzelnen Komponenten der Endnachfrage abhängen, ist damit zu rechnen, daß sich bei der Verwendung eines anderen Untersuchungsgebiets auch bei einer Normierung der Anzahl der Betriebe eine andere Entwicklung der Produktionswerte einstellt als im Referenzszenario.

Wesentlich stärker als im Anteil der Betriebe in den einzelnen Wirtschaftsbereichen unterschieden sich die einzelnen Bundesländer hinsichtlich der Anteile der einzelnen Energieträger am gesamten Energieträgereinsatz. In Tabelle 21 sind die Anteile der einzelnen Energieträger am Energieverbrauch im Verarbeitenden Gewerbe (inklusive Bergbau und Gewinnung von Steinen und Erden) für jedes Bundesland aufgelistet.

Der in Baden-Württemberg im Verarbeitenden Gewerbe vorliegende Energieträgermix weicht ebenso wie der Energieträgermix in den meisten anderen Bundesländern deutlich vom Bundesdurchschnitt ab. Zwischen den einzelnen Bundesländern bestehen große Unterschiede. So wird beispielsweise in Nordrhein-Westfalen und dem Saarland im Verarbeitenden Gewerbe (einschließlich Bergbau und Gewinnung von Steinen und Erden) prozentual mehr Kohle als in Baden-

Württemberg eingesetzt, während in Bundesländern wie z.B. Rheinland-Pfalz und Hessen vermehrt Erdgas zum Einsatz kommt.

Tabelle 20: Anzahl der Betriebe in den einzelnen Wirtschaftsbereichen des Verarbeitenden Gewerbes 1994 (in Klammer: Anteil an der Gesamtzahl der Betriebe)

	Schleswig-Holstein	Nieder-sachsen	Baden-Württ.	Bayern	Mecklen-burg-Vorp.	Bundesrep Deutschl.
Bergbau	7 (0,43)	87 (2,06)	*	12 (0,14)	3 (0,56)	255 (0,5)
Mineralöl-verarbeitung	7 (0,43)	6 (0,14)	8 (0,09)	14 (0,16)	0 (0)	89 (0,17)
Herst. von Spaltstoffen	0 (0)	*	*	1 (0,01)	0 (0)	4 (0,01)
Steine u. Erden	150 (9,19)	488 (11,56)	568 (6,16)	963 (10,93)	69 (12,83)	4256 (8,34)
Eisenschaf-fende Ind.	0 (0)	6 (0,14)	7 (0,08)	7 (0,08)	0 (0)	167 (0,33)
NE-Metall-erzeugung	1 (0,06)	17 (0,4)	24 (0,26)	36 (0,41)	0 (0)	218 (0,43)
Gießereien	11 (0,67)	31 (0,73)	95 (1,03)	70 (0,79)	3 (0,56)	538 (1,05)
Stabziehereien, usw.	28 (1,71)	45 (1,07)	85 (0,92)	100 (1,14)	1 (0,19)	600 (1,18)
Chemische Industrie	67 (4,1)	173 (4,1)	277 (3)	259 (2,94)	8 (1,49)	1829 (3,59)
Holzbe-arbeitung	9 (0,55)	75 (1,78)	275 (2,98)	293 (3,33)	8 (1,49)	1067 (2,09)
Zellstoff-herstellung	5 (0,31)	18 (0,43)	35 (0,38)	32 (0,36)	0 (0)	187 (0,37)
Gummiver-arbeitung	12 (0,73)	56 (1,33)	46 (0,5)	37 (0,42)	0 (0)	316 (0,62)
Stahlver-formung, u.ä.	24 (1,47)	68 (1,61)	404 (4,38)	133 (1,51)	1 (0,19)	1567 (3,07)
Stahl- u. Lei-chtmetallbau	72 (4,41)	169 (4)	254 (2,75)	246 (2,79)	54 (10,04)	2254 (4,42)
Maschinenbau	199 (12,19)	454 (10,75)	1574 (17,06)	915 (10,39)	52 (9,67)	6747 (13,23)
Straßenfahr-zeugbau	161 (9,86)	261 (6,18)	461 (5)	411 (4,67)	50 (9,29)	3005 (5,89)
Schiffbau	17 (1,04)	25 (0,59)	4 (0,04)	5 (0,06)	13 (2,42)	121 (0,24)
Luft-/Raum-fahrzeugbau	2 (0,12)	9 (0,21)	14 (0,15)	21 (0,24)	0 (0)	81 (0,16)
Elektrotechnik	134 (8,21)	263 (6,23)	969 (10,5)	787 (8,93)	40 (7,43)	4547 (8,91)
Feinmechanik, Optik	73 (4,47)	154 (3,65)	359 (3,89)	205 (2,33)	7 (1,3)	1420 (2,78)
Herst. von Eisen, usw.	56 (3,43)	160 (3,79)	484 (5,24)	375 (4,26)	17 (3,16)	2799 (5,49)
Herst. von Büromasch.	5 (0,31)	9 (0,21)	57 (0,62)	40 (0,45)	0 (0)	209 (0,41)
Herst. von Musikinstr.	5 (0,31)	24 (0,57)	210 (2,28)	190 (2,16)	1 (0,19)	678 (1,33)
Feinkeramik	3 (0,18)	3 (0,07)	16 (0,17)	86 (0,98)	1 (0,19)	219 (0,43)

Tabelle 20: Fortsetzung

	Schleswig-Holstein	Nieder-sachsen	Baden-Würt.	Bayern	Mecklen-burg-Vorp.	Bundesrep Deutschl.
Glasherst. u. Verarb.	14 (0,86)	38 (0,9)	73 (0,79)	87 (0,99)	2 (0,37)	435 (0,85)
Holzver-arbeitung	55 (3,37)	208 (4,93)	431 (4,67)	531 (6,03)	42 (7,81)	2639 (5,17)
Papier- u. Pappeverarb.	35 (2,14)	85 (2,01)	178 (1,93)	167 (1,9)	3 (0,56)	976 (1,91)
Druckerei, Vervielfält.	95 (5,82)	180 (4,26)	451 (4,89)	466 (5,29)	6 (1,12)	2297 (4,5)
Herst. von Kunststoffen	74 (4,53)	239 (5,66)	521 (5,65)	501 (5,69)	15 (2,79)	2806 (5,5)
Ledererzeugung	0 (0)	1 (0,02)	15 (0,16)	7 (0,08)	0 (0)	40 (0,08)
Lederver-arbeitung	0 (0)	13 (0,31)	56 (0,61)	82 (0,93)	3 (0,56)	444 (0,87)
Textilgewerbe	14 (0,86)	67 (1,59)	398 (4,31)	247 (2,8)	1 (0,19)	1375 (2,7)
Bekleidungs-gewerbe	16 (0,98)	113 (2,68)	222 (2,41)	489 (5,55)	8 (1,49)	1558 (3,05)
Rep. von Gebrauchsg.	0 (0)	2 (0,05)	1 (0,01)	0 (0)	1 (0,19)	18 (0,04)
Ernährungs-gewerbe	280 (17,15)	674 (15,96)	652 (7,07)	994 (11,28)	127 (23,61)	5203 (10,2)
Tabakver-arbeitung	2 (0,12)	2 (0,05)	4 (0,04)	4 (0,05)	2 (0,37)	43 (0,08)

Datenquelle: Statistisches Bundesamt 1996.
* keine Angaben vorhanden.

Wie unter Abschnitt 3.2.3 beschrieben, hängen die sektoralen Emissionskoeffizienten vom eingesetzten Energieträgermix ab. Entsprechend können, wie das Beispiel des Energieträgereinsatzes im Verarbeitenden Gewerbe (einschließlich Bergbau und Gewinnung von Steinen und Erden) zeigt, die für Baden-Württemberg berechneten Emissionskoeffizienten nur eingeschränkt für die Untersuchung der Entwicklung in anderen Bundesländern verwendet werden.

Von wesentlicher Bedeutung für die Entwicklung der Emissionen sind außer den im Verarbeitenden Gewerbe eingesetzten Energieträgern auch die Höhe und die Zusammensetzung des Energieverbrauchs der privaten Haushalte und der Energieträgereinsatz in der Elektrizitätswirtschaft. Ein Beispiel für regionale Unterschiede in der Nutzung von Energieträgern durch die privaten Haushalte ist im Abbildung 29 dargestellt.

Mit ca. 1.673 kWh pro Einwohner liegt der Stromverbrauch in Baden-Württemberg über dem Bundesdurchschnitt von 1.554 kWh pro Einwohner. Sehr gering ist der durchschnittliche Verbrauch in den neuen Bundesländern. So wird in Sachsen mit 1.016 kWh pro Einwohner deutlich weniger Strom verbraucht als in Baden-Württemberg.

Tabelle 21: Anteile der einzelnen Energieträger am Energieverbrauch im Verarbeitenden Gewerbe (inklusive Bergbau und Gewinnung von Steinen und Erden) im Jahre 1995

	Kohle	Heizöl	Gas	Strom
Schleswig-Holstein	6%	50%	25%	19%
Hamburg	*	*	41%	40%
Niedersachsen	*	*	48%	22%
Bremen	*	*	*	*
Nordrhein-Westfalen	43%	12%	26%	19%
Hessen	8%	11%	56%	30%
Rheinland-Pfalz	14%	9%	55%	23%
Baden-Württemberg	12%	19%	35%	34%
Bayern	11%	18%	38%	34%
Saarland	71%	2%	17%	10%
Berlin	2%	36%	16%	46%
Brandenburg	60%	8%	18%	14%
Mecklenburg-Vorpomm.	6%	26%	37%	31%
Sachsen	31%	11%	34%	24%
Sachsen-Anhalt	20%	10%	56%	15%
Thüringen	15%	11%	46%	28%
Bundesrep. Deutschland	31%	13%	34%	22%

Datenquelle: Statistisches Bundesamt 1996.
* keine Angaben vorhanden

Ähnlich deutliche Unterschiede wie bei dem Stromverbrauch der privaten Haushalte in den einzelnen Bundesländern bestehen hinsichtlich der eingesetzten Kraftwerkparks. In Tabelle 22 sind die Anteile der Kraftwerke an der insgesamt installierten Bruttoleistung der öffentlichen Stromversorgung nach Bundesland und Art des eingesetzten Brennstoffes aufgelistet. Wie aus dieser Tabelle zu ersehen ist, unterscheidet sich der Kraftwerkspark der Elektrizitätswirtschaft von Baden-Württemberg deutlich von dem anderer Bundesländer. So wird beispielsweise in Baden-Württemberg kein Braunkohlekraftwerk in der öffentlichen Elektrizitätsversorgung eingesetzt, während in den Bundesländern Brandenburg und Sachsen fast ausschließlich Braunkohlekraftwerke in Betrieb sind. Der Anteil von Kernenergie an der installierten Kraftwerksleistung liegt in Baden-Württemberg deutlich über dem Bundesdurchschnitt. Übertroffen wird Baden-Württemberg hierbei u.a. von Rheinland-Pfalz und Schleswig-Holstein. In diesen Bundesländern beträgt der Anteil der Kernenergie an der installierten Kraftwerksleistung 58 % bzw. 64 %.

Abbildung 29: Durchschnittlicher Stromverbrauch der privaten Haushalte in den einzelnen Bundesländern im Jahre 1995

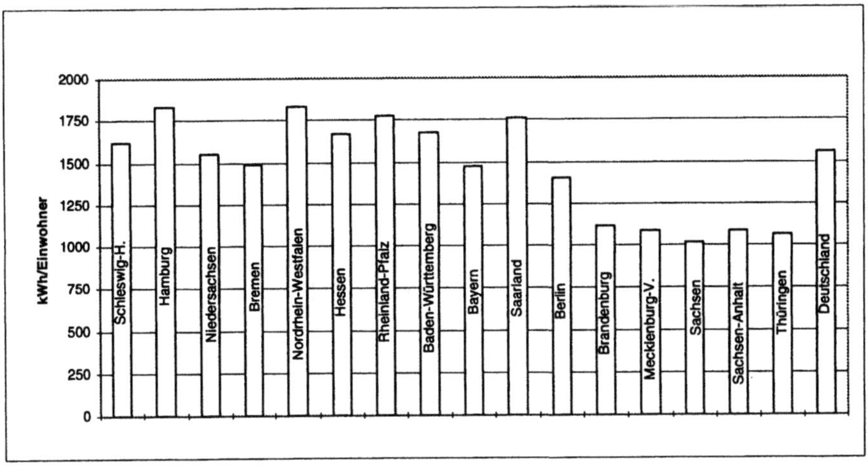

Datenquelle: BMWi 1997

Tabelle 22: Anteile der im öffentlichen Netz eingesetzten Kraftwerke an der installierten Bruttoleistung in den einzelnen Bundesländern (Stand 1996)

	Stein-kohle	Braun-kohle	Kern-energie	Erdgas	Heizöl	Wasser-kraft	Sonstige
Bundesrep. Deutschland	25%	21%	22%	15%	8%	8%	1%
Schleswig-Holstein	16%	0%	64%	1%	10%	2%	6%
Hamburg	16%	0%	0%	32%	48%	0%	4%
Niedersachsen	22%	6%	40%	28%	2%	2%	0%
Bremen	63%	0%	0%	29%	6%	0%	2%
Nordrhein-Westfalen	40%	35%	2%	15%	6%	2%	0%
Hessen	31%	1%	42%	15%	0%	11%	2%
Rheinland-Pfalz	14%	0%	58%	17%	1%	10%	0%
Baden-Württemberg	28%	0%	35%	9%	8%	19%	0%
Bayern	11%	5%	39%	12%	18%	13%	2%
Saarland	98%	0%	0%	1%	0%	1%	0%
Berlin	52%	6%	0%	9%	33%	0%	0%
Brandenburg	0%	88%	0%	12%	0%	0%	0%
Mecklenburg-Vorp.	79%	0%	0%	13%	9%	0%	0%
Sachsen	0%	77%	0%	6%	0%	16%	0%
Sachsen-Anhalt	0%	12%	0%	70%	9%	8%	1%
Thüringen	2%	10%	0%	4%	31%	52%	0%

Datenquelle: Statistisches Bundesamt 1997

Aufgrund des unterschiedlich hohen Anteils von Kohle und den unterschiedlich hohen Potentialen für erneuerbare Energieträger und Energiequellen (vgl. z.B. KALTSCHMITT/WIESE 1997:413) liegen in den einzelnen Bundesländern unterschiedliche Reduktionsmöglichkeiten bzgl. der energiebedingten Emissionen in der Elektrizitätswirtschaft vor.

Die Geschwindigkeit, mit der Technikablösungen erfolgen können, hängt, wie in Abschnitt 3.2. beschrieben, neben der Entwicklung der Stromnachfrage vom Alter und der Größe der vorhandenen Kraftwerke ab. Im Gegensatz zur Elektrizitätswirtschaft in Baden-Württemberg verlief die Entwicklung der installierten Kraftwerksleistung im Bundesdurchschnitt gleichmäßiger. Zwar schwankte auch auf Bundesebene die Rate, mit der die installierte Leistung erhöht wurde, sie überschritt jedoch nur in den Jahren vor 1977 die 5 %-Marke. In Baden-Württemberg dagegen stieg die Kapazitätserweiterungsrate auch nach diesem Jahr kurzfristig immer wiederum über 5 % an (siehe Abbildung 30).

Abbildung 30: Entwicklung des Zuwachses an installierter Bruttoleistung in Baden-Württemberg im Vergleich zur Entwicklung in der Bundesrepublik Deutschland

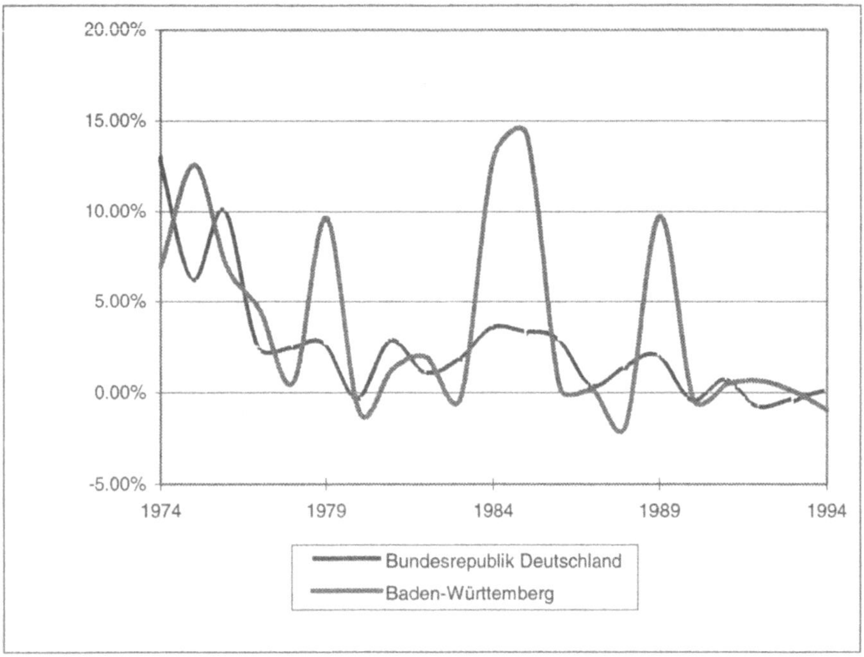

Der kontinuierliche Zubau neuer Kraftwerke auf Bundesebene hat zur Folge, daß der bundesdeutsche Kraftwerkspark im Vergleich zum Kraftwerkspark von Baden-Württemberg einen gleichmäßigeren Altersaufbau aufweist. Durch den

dadurch auch in Zukunft zu erwartenden gleichmäßigen Investitionsbedarf muß der Bestimmung der optimalen Zeitpunkte für Investitionsentscheidungen auf Bundesebene weniger Aufmerksamkeit gewidmet werden als der Investitionsplanung der Elektrizitätswirtschaft in Baden-Württemberg.

Wie die Vergleiche der wirtschaftlichen Struktur, der Nachfrage nach den Energieträgern und des Aufbaus der Kraftwerkparks zeigen, unterscheiden sich die einzelnen Bundesländer teilweise deutlich von einander. Die für ein bestimmtes Bundesland ermittelten Effekte lassen sich entsprechend nur eingeschränkt auf andere Bundesländer übertragen. Da normalerweise die auf Bundeslandebene vorliegenden ökonomischen und technischen Strukturen vom Bundesdurchschnitt abweichen (siehe Tabelle 20, Tabelle 21, Tabelle 22), können sowohl die sich in regionalen Modellen ergebenden Entwicklungspfade als auch Ergebnisse aus nationalen Modellen nur eingeschränkt auf andere Untersuchungsgebiete (z.B. andere Bundesländer) übertragen werden.

4.4 Schlußfolgerungen

In diesem Kapitel wurde das Modell DIOGENES eingesetzt, um Szenarien bzgl. der zukünftigen Entwicklung der Elektrizitätswirtschaft von Baden-Württemberg zu erstellen und die dadurch induzierten Effekte zu analysieren. Aufgrund der im Vergleich zu anderen Bundesländern relativ guten Datensituation für Baden-Württemberg können die vorliegenden regionalen Besonderheiten (z.B. die geringe Bedeutung des Bergbaus in Baden-Württemberg, die Größe der wirtschaftlichen Potentiale für erneuerbare Energiequellen) bei der Implementierung berücksichtigt werden. Auch liegen genügend Daten über die Entwicklung des Kraftwerkparks der Elektrizitätswirtschaft von Baden-Württemberg vor, so daß Szenarien bzgl. der zukünftigen Entwicklung dieses Sektors ohne größere Einschränkungen erstellt werden können.

Wie man anhand des Referenzszenarios erkennt, führt das Anhalten der gegenwärtigen Trends dazu, daß die energiebedingten Emissionen in Baden-Württemberg weiterhin stark ansteigen. Der Anteil der Elektrizitätswirtschaft an den Kohlendioxidemissionen steigt hierbei aufgrund der Zunahme des Stromverbrauchs und durch den Ersatz von Kernkraftwerken durch Kohlekraftwerke deutlich an. Die Entwicklung des Kraftwerkparks und somit auch die der Emissionen dieses Sektors hängt aufgrund des geringen Anstiegs der Stromnachfrage vorwiegend von der Entwicklung des Ersatzbedarfs ab. Die Struktur des Kraftwerkparks der Elektrizitätswirtschaft führt dazu, daß es auch in Zukunft zu Investitionswellen kommt. So besteht ein hoher Investitionsbedarf sobald eines der vorhandenen Kernkraftwerke ersetzt werden muß, da die einzelnen Kraftwerke durchschnittlich einen Anteil von 6 % an der in Baden-Württemberg installierten Leistung aufweisen. Zu anderen Zeiten besteht i.d.R. nur eine geringe Nachfrage nach neuen Kraftwerken.

In Zeiten, in denen Bedarf an neuen Kraftwerken besteht, sind Veränderungen des Kraftwerkmixes, d.h. des Anteils der einzelnen Kraftwerkstypen an der insgesamt installierten Leistung, zu relativ geringen Kosten möglich. Besteht kein Bedarf an neuen Kraftwerken, so ist eine Veränderung des Kraftwerkmixes i.d.R. nur unter hohen Kosten möglich. Die Ursachen hierfür liegen in den Fixkosten, die unabhängig von der Auslastung des Kraftwerks anfallen und in den hohen Opportunitätskosten, die anfallen, wenn das abgeschriebene Kraftwerk vorzeitig ersetzt wird

Wie am Beispiel des in Anlehnung an die DIW Studie von 1994 erstellten Ökosteuerszenarios gezeigt wurde, können falsche Preissignale dazu führen, daß es zu einem Ausbleiben erwünschter Substitutionseffekte kommt. So führt eine Ökosteuer, bei der die Unterschiedlichkeit der einzelnen Energieträger hinsichtlich der bei der Verbrennung entstehenden Umweltbelastungen und die unterschiedlichen Anteile der Brennstoffkosten an den Gesamtkosten der einzelnen Kraftwerkstypen nur ungenügend berücksichtigt werden, dazu, daß das Ziel der Ökosteuer, die Emissionen innerhalb einer Volkswirtschaft zu vermindern u.U. nicht in der gewünschten Weise erreicht wird.

Insbesondere bei Sektoren mit einer einseitigen Altersstruktur des Kapitalstocks, wie es z.B. bei der Elektrizitätswirtschaft von Baden-Württemberg der Fall ist, müssen Preissignale zum richtigen Zeitpunkt und in der richtigen Höhe erfolgen, da ansonsten Substitutionen der Prozeßtypen nur zu hohen Kosten möglich sind.

5 Zusammenfassung und Ausblick

In ökonomischen Modellen steht i.d.R. entweder die Darstellung einzelner Techniken oder die Erfassung der gesamtwirtschaftlichen Zusammenhänge im Vordergrund. Die Modelle, in deren Mittelpunkt einzelne Techniken stehen, haben normalerweise den Nachteil, daß die durch die technischen Veränderungen induzierten sektoralen und gesamtwirtschaftlichen Effekte aus Vereinfachungsgründen nicht bzw. nur eingeschränkt berücksichtigt werden. In den Modellen, in deren Mittelpunkt gesamtwirtschaftliche Zusammenhänge stehen, werden hingegen die vielfältigen ökonomischen Wirkungszusammenhänge berücksichtigt. Technischer Fortschritt wird in diesen Modellen dagegen nur rudimentär erfaßt. Beide Modelltypen sind somit nur beschränkt für die Beurteilung des Beitrags der technischen Entwicklung und der dadurch induzierten Effekte geeignet.

Um die technische Entwicklung der Elektrizitätswirtschaft von Baden-Württemberg inklusive der induzierten ökonomischen bzw. ökologischen Größen untersuchen zu können, wurde deshalb das Modell DIOGENES erstellt, mit dem sowohl technische als auch wirtschaftliche Zusammenhänge erfaßt werden können. Die Basis für dieses Modell bildet ein von Leontief, Szyld und Duchin entwickeltes dynamisches Input-Output Modell. Dieses wurde so erweitert, daß die Abhängigkeit der Entwicklung des eingesetzten Prozeßmixes von der Altersstruktur der vorhandenen Kapitalstöcke und von technischen, wirtschafts- und gesellschaftspolitischen sowie rechtlichen Restriktionen berücksichtigt werden kann. Die Entwicklung des Prozeßmixes wird hierbei in dem Modell endogen bestimmt.

Grundsätzlich wurde bei der Spezifizierung des Modells eine Vielzahl von vereinfachten Annahmen getroffen. So wird beispielsweise die Abhängigkeit der Investitionsnachfrage von der Zinsentwicklung nicht berücksichtigt. Außerdem werden die Preisentwicklung im Ausland und die Entwicklung auf den Arbeitsmarkt nur rudimentär erfasst. Zur Vereinfachung wurde des weiteren angenommen, dass die Eigenschaften zukünftiger Techniken ex-ante bekannt sind. Da sich in dem Modell die Veränderung des eingesetzten Prozessmixes modellendogen ergibt, eignet es sich trotz der Vereinfachungen besonders für die Darstellung der technischen Entwicklung von Sektoren, bei denen sich das Prozessmix nicht kontinuierlich sondern schrittweise verändert. Dies ist aufgrund der Altersstruktur des Kapitalstocks der Elektrizitätswirtschaft und des nur geringen Erweiterungsbedarfs bei der Elektrizitätswirtschaft von Baden-Württemberg der Fall.

Die schrittweise Veränderung des Kraftwerkparks wirkt sich insbesondere aufgrund der induzierten Nachfrage- und Einkommenseffekte erkennbar auf die gesamtwirtschaftliche Entwicklung aus. Von wesentlicher Bedeutung ist die technische Entwicklung der Elektrizitätswirtschaft für die Entwicklung der Kohlendioxidemissionen. Während die Kohlendioxid- emissionen im Referenzszenario durchschnittlich um 1,63 % steigen, nehmen sie aufgrund von Veränderungen im Technikmix der Elektrizitätswirtschaft in den Jahren 2003, 2011, 2014, 2020 und 2025 um durchschnittlich 4,5 % zu. Zu ähnlichen Effekten kommt es auch in den erstellten Ökosteuerszenarien.

Die Nichtbeachtung des schrittweisen Verlaufs technischer Veränderungen kann entsprechend zu einer Fehleinschätzung der Geschwindigkeit mit der umweltpoltitische Ziele erreicht werden können bzw. des Zeitraums, in dem die Ziele eingehalten werden können, führen. Zu dem kann es zu einer Fehleinschätzung der kurzfristig vorhandenen technischen Substitutionsmöglichkeiten kommen. Das entwickelte Modell eignet sich entsprechend besonders für die Erstellung von kurz- und mittelfristigen Szenarien.

Der Aufbau der sektoralen Kapitalstöcke und das Vorliegen von Restriktionen sind insbesondere dann zu beachten, wenn technische Entwicklungen beispielsweise durch den Einsatz ökonomischer Instrumente beeinflußt werden sollen. Wie der Vergleich der erstellten Szenarien zeigt, können Preissignale, die nicht in der richtigen Höhe bzw. nicht zum richtigen Zeitpunkt erfolgen, dazu führen, daß u.U. Ziele nicht in der gewünschten Weise erreicht werden.

Außer für die Elektrizitätswirtschaft ist das erstellte Modell auch für die Analyse der technischen Entwicklung anderer Sektoren bzw. der Entwicklung der Elektrizitätswirtschaft in anderen Regionen einsetzbar.

Zu beachten ist hierbei, daß in anderen Sektoren bzw. Regionen i.d.R. andere Ersatzbedarfsstrukturen vorliegen als in der Elektrizitätswirtschaft von Baden-Württemberg. Aufgrund des gleichmäßigeren Aufbaus des Kapitalstocks ist beim Einsatz des Modells für Fragestellungen auf nationaler Ebene ein kontinuierlicherer Verlauf der technischen Entwicklung zu erwarten als in dem untersuchten Beispiel.

Anhang

A Entwicklung der Produktionswerte einzelner Sektoren in verschiedenen Szenarien

Abbildung A-1: Entwicklung der Produktion der Landwirtschaft in den einzelnen Szenarien (in Preisen von 1990)

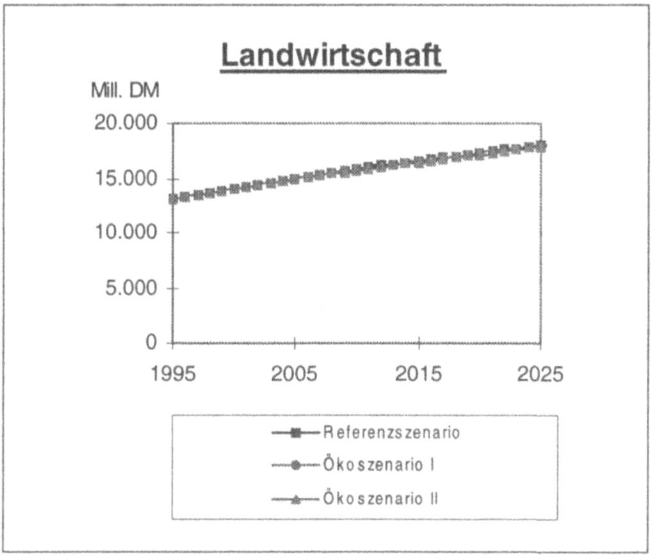

Abbildung A-2: Entwicklung der Produktion des Sektors „Energie und Bergbau" in den einzelnen Szenarien (in Preisen von 1990)

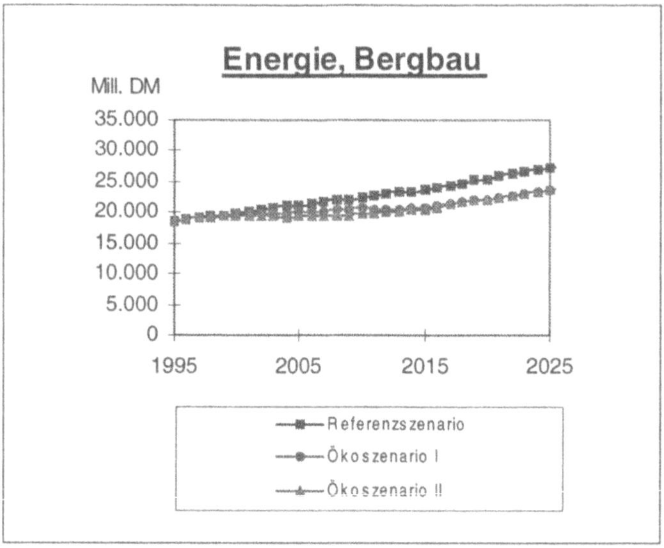

Abbildung A-3: Entwicklung des Produktionswertes des Sektors „Chemie, Mineralöl" in den einzelnen Szenarien (in Preisen von 1990)

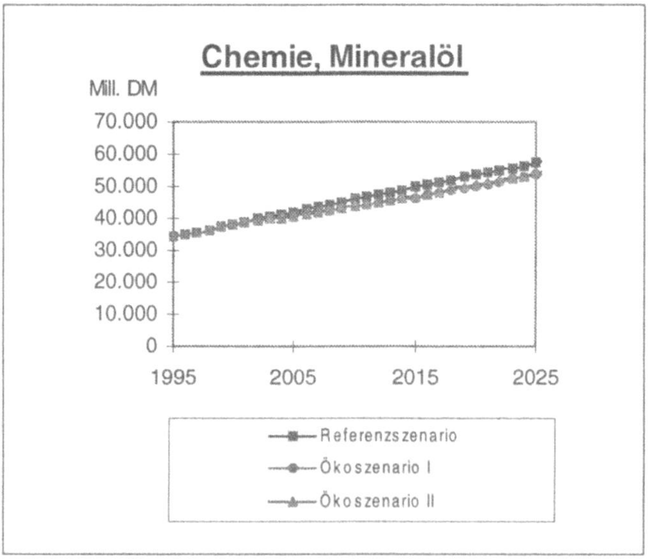

Abbildung A-4: Entwicklung der Produktion des Sektors „Kunstoff, Gummi" in den einzelnen Szenarien (in Preisen von 1990)

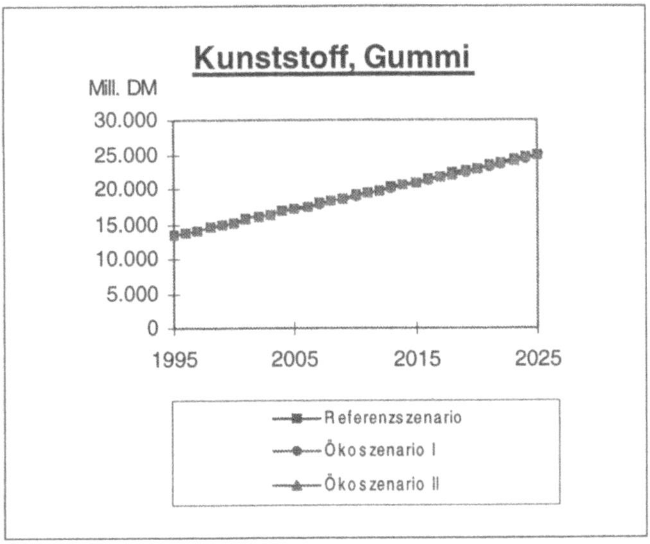

Abbildung A-5: Entwicklung des Produktionswertes des Sektors „Steine und Erden, Glas" in den einzelnen Szenarien (in Preisen von 1990)

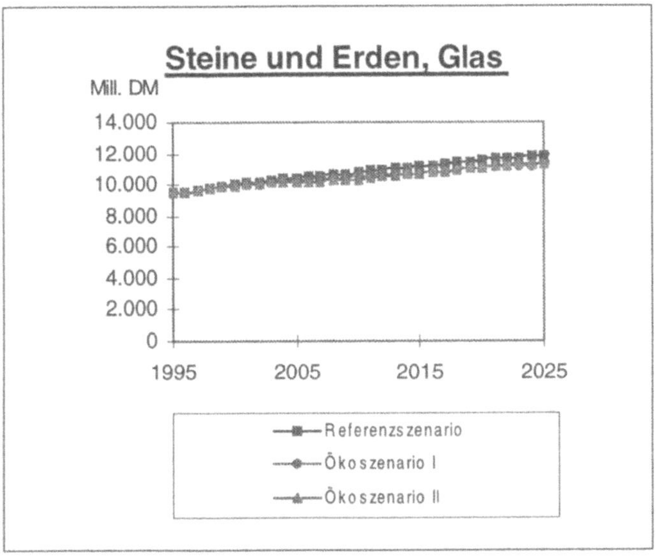

Abbildung A-6: Entwicklung des Produktionswertes des Sektors „Eisen, NE-Metalle, Giessereien" in den einzelnen Szenarien (in Preisen von 1990)

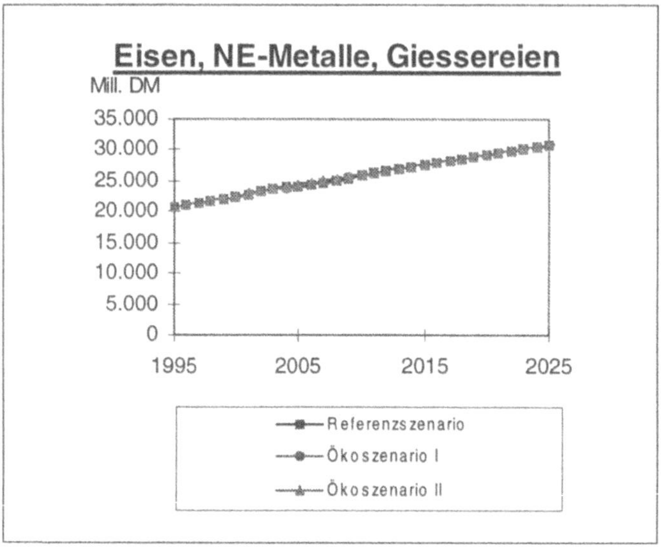

Abbildung A-7: Entwicklung des Produktionswertes des Sektors „Stahl- und Maschinenbau" in den einzelnen Szenarien (in Preisen von 1990)

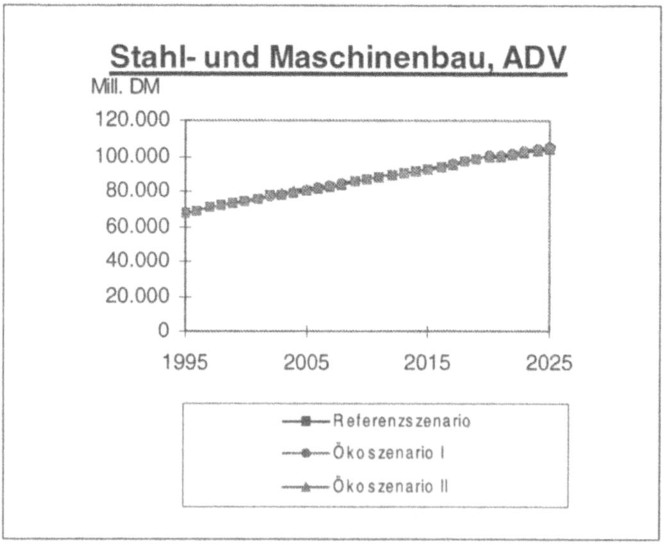

Abbildung A-8: Entwicklung des Produktionswertes des Sektors „Fahrzeuge" in den einzelnen Szenarien (in Preisen von 1990)

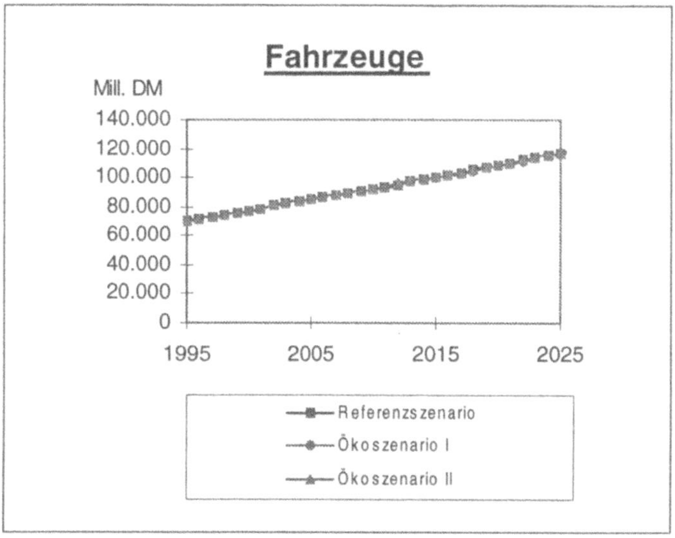

Abbildung A-9: Entwicklung des Produktionswertes des Sektors „Elektrotechnik" in den einzelnen Szenarien (in Preisen von 1990)

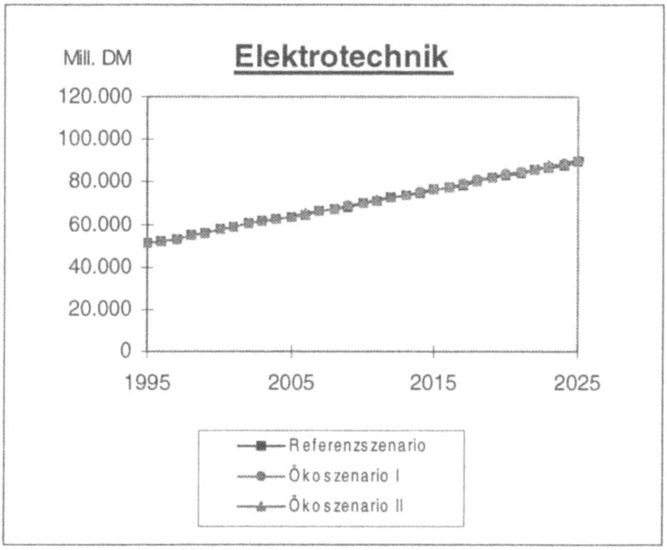

Abbildung A-10: Entwicklung des Produktionswertes des Sektors „EBM- Waren" in den einzelnen Szenarien (in Preisen von 1990)

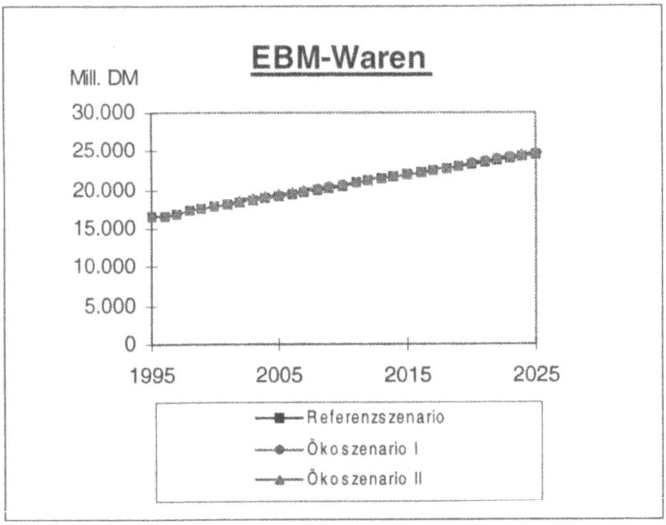

Abbildung A-11: Entwicklung des Produktionswertes des Sektors „Holz" in den einzelnen Szenarien (in Preisen von 1990)

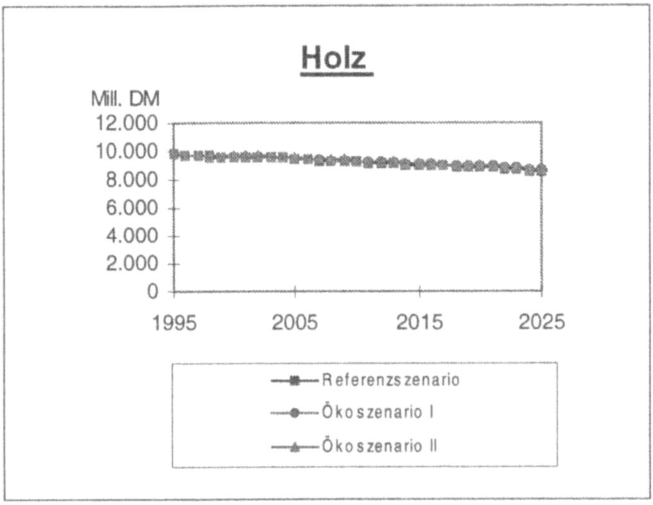

Abbildung A-12: Entwicklung des Produktionswertes des Sektors „Papier, Druck" in den einzelnen Szenarien (in Preisen von 1990)

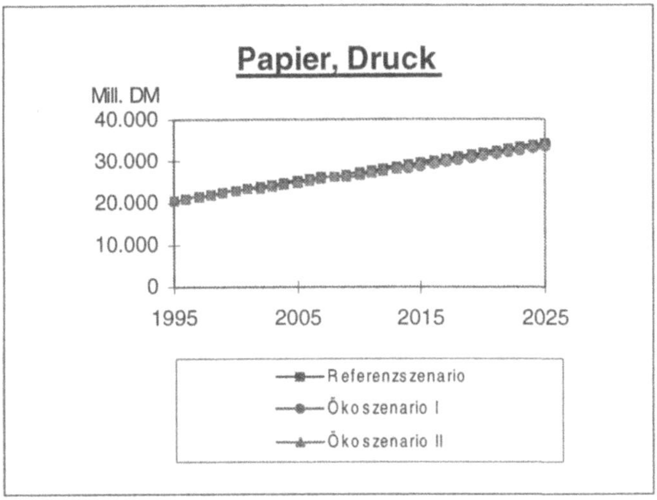

Abbildung A-13: Entwicklung des Produktionswertes des Sektors „Leder, Textilien, Bekleidung" in den einzelnen Szenarien (in Preisen von 1990)

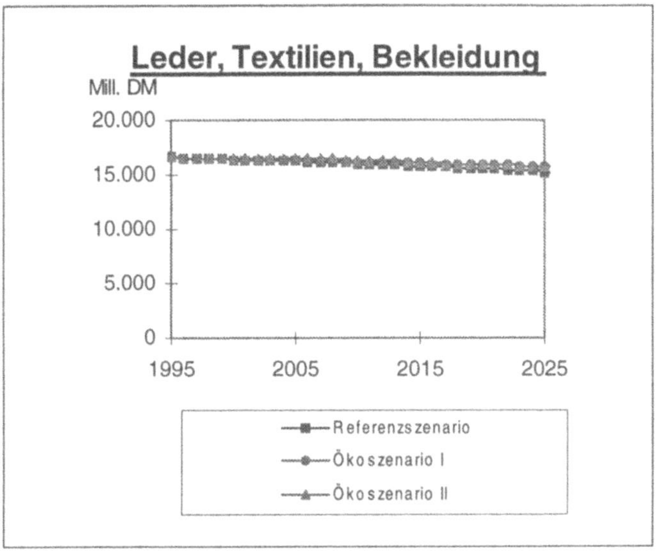

Abbildung A-14: Entwicklung des Produktionswertes des Sektors „Nahrungsmittel, Tabak" in den einzelnen Szenarien (in Preisen von 1990)

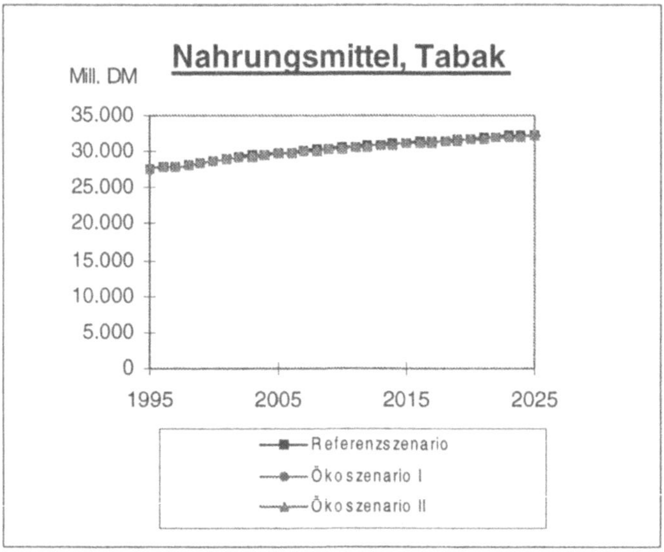

Abbildung A-15: Entwicklung des Produktionswertes des Sektors „Bau" in den einzelnen Szenarien (in Preisen von 1990)

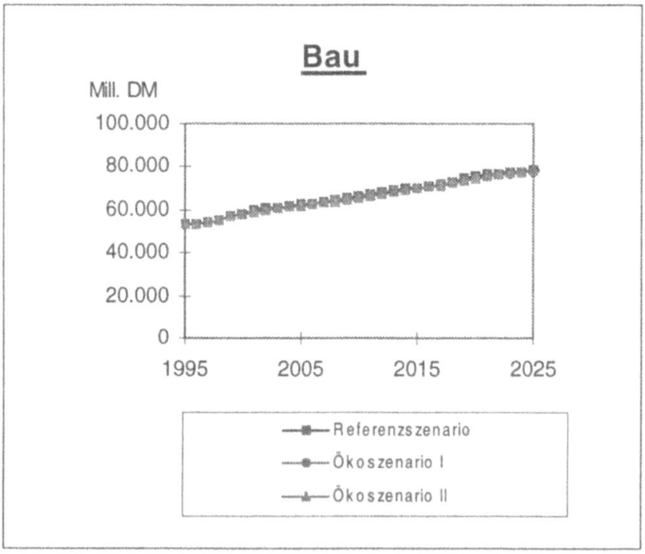

Abbildung A-16: Entwicklung des Produktionswertes des Sektors „Handel" in den einzelnen Szenarien (in Preisen von 1990)

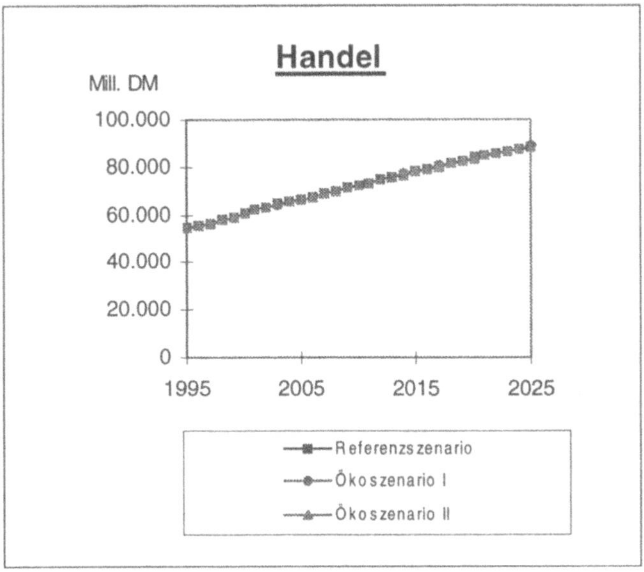

Abbildung A-17: Entwicklung des Produktionswertes des Sektors „Eisenbahnen, Schiffahrt" in den einzelnen Szenarien (in Preisen von 1990)

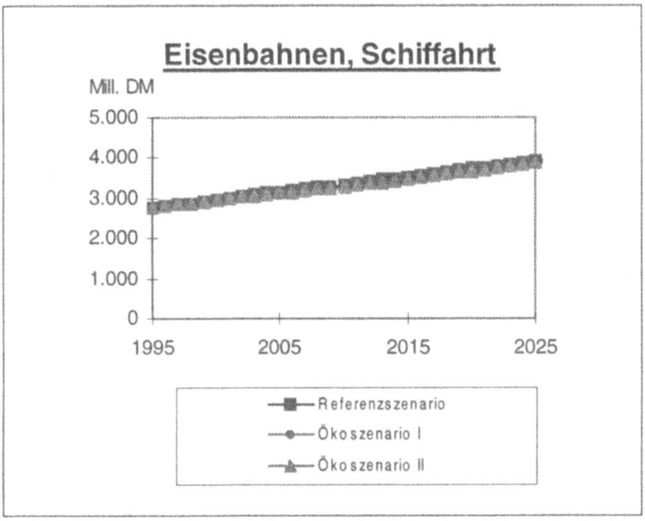

Abbildung A-18: Entwicklung des Produktionswertes des Sektors „Postdienstleistungen" in den einzelnen Szenarien (in Preisen von 1990)

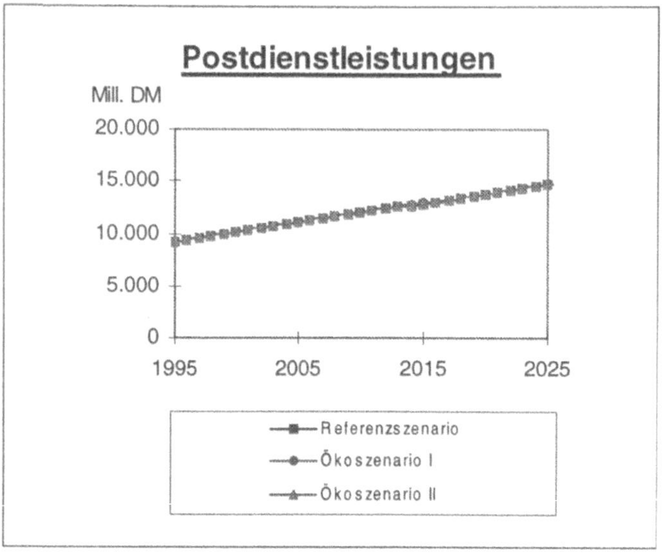

Abbildung A-19: Entwicklung des Produktionswertes des Sektors „Übriger Verkehr" in den einzelnen Szenarien (in Preisen von 1990)

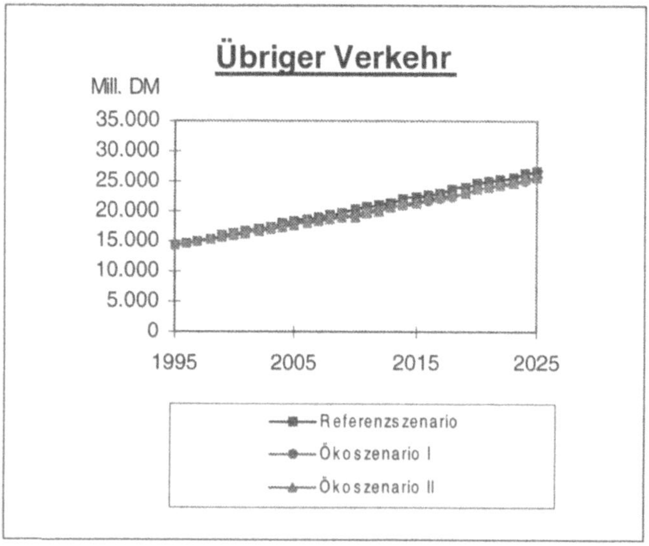

Abbildung A-20: Entwicklung des Produktionswertes des Sektors „Kreditinstitute, Versicherungen" in den einzelnen Szenarien (in Preisen von 1990)

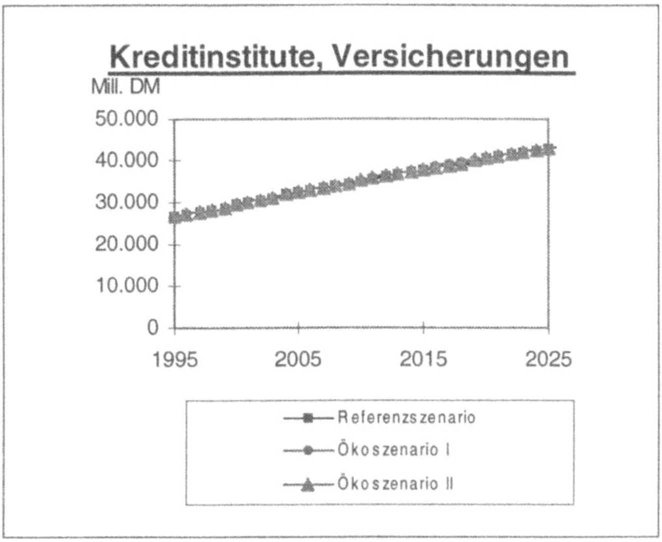

Abbildung A-21: Entwicklung des Produktionswertes des Sektors „Wohnungsvermietung" in den einzelnen Szenarien (in Preisen von 1990)

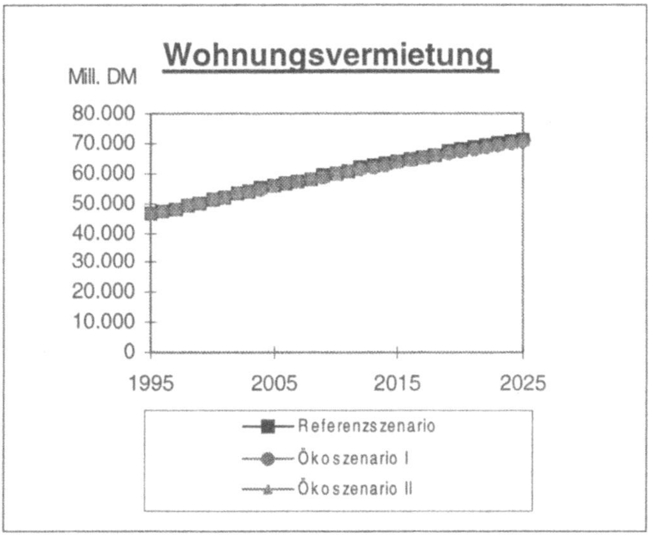

Abbildung A-22: Entwicklung des Produktionswertes des Sektors „Gastgewerbe” in den einzelnen Szenarien (in Preisen von 1990)

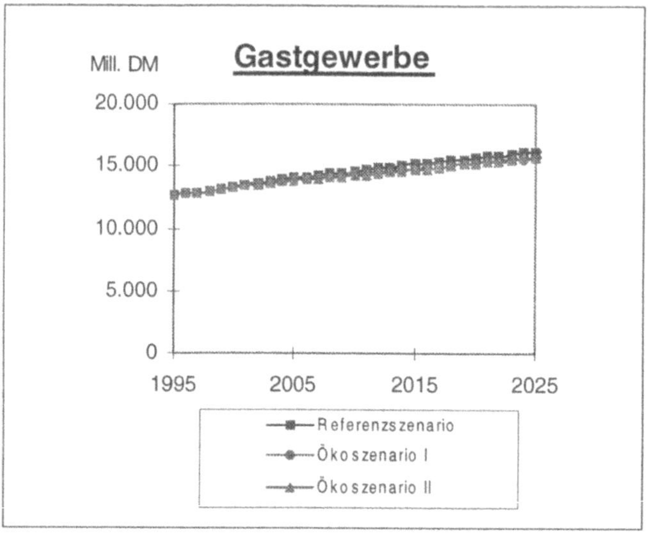

Abbildung A-23: Entwicklung des Produktionswertes des Sektors „Wissenschaft, Verlage” in den einzelnen Szenarien (in Preisen von 1990)

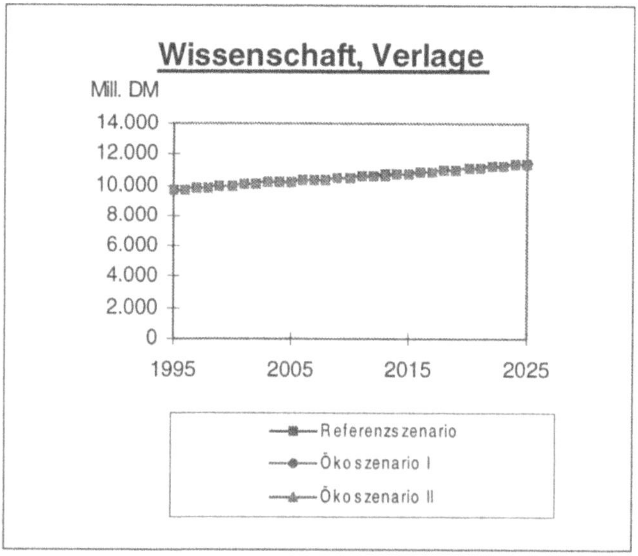

Abbildung A-24: Entwicklung des Produktionswertes des Sektors „Gesundheits-/ Veterinärwesen" in den einzelnen Szenarien (in Preisen von 1990)

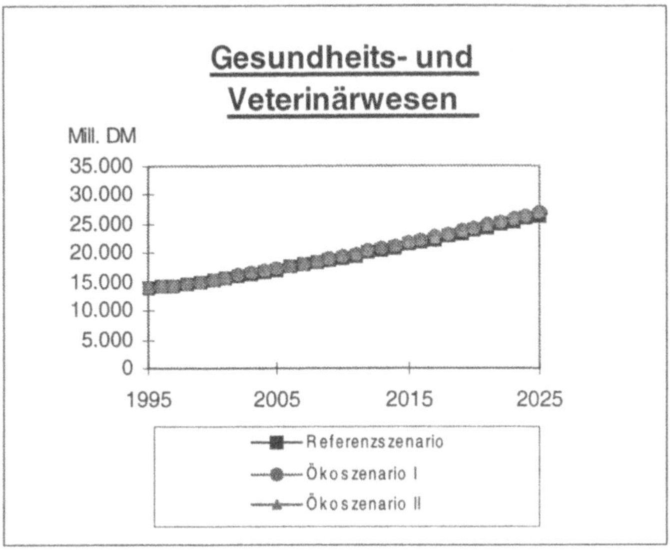

Abbildung A-25: Entwicklung des Produktionswertes des Sektors „Sonstige Dienstleistungen" in den einzelnen Szenarien (in Preisen von 1990)

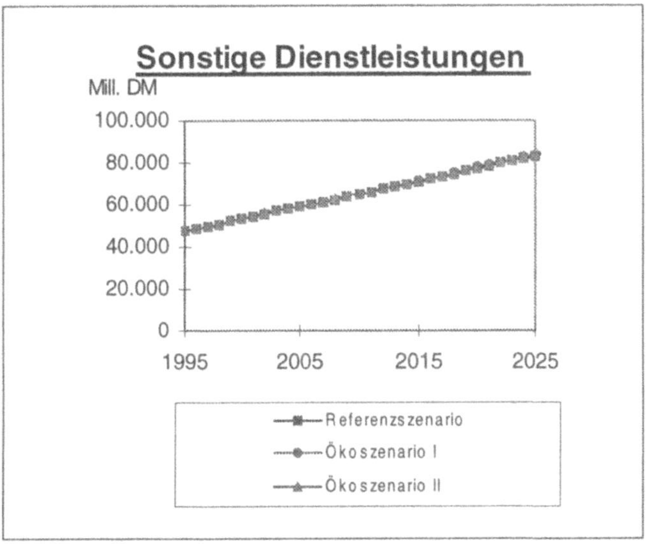

Abbildung A-26: Entwicklung des Produktionswertes des Sektors „Staat" in den einzelnen Szenarien (in Preisen von 1990)

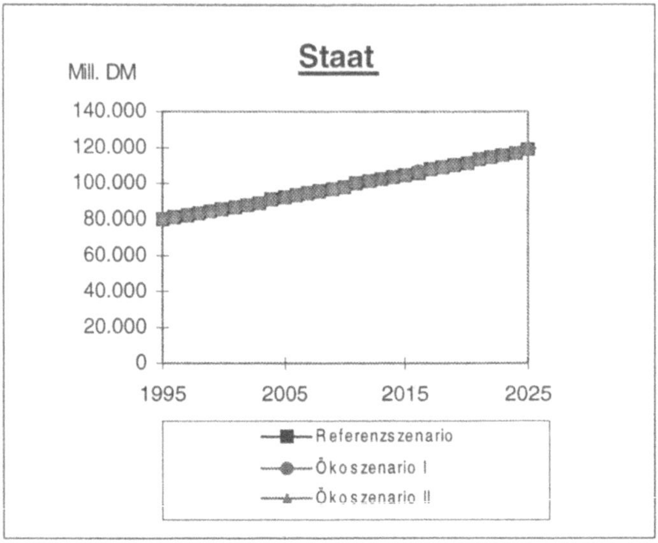

Abbildung A-27: Entwicklung des Produktionswertes des Sektors „Private Organisationen ohne Erwerbszweck" in den einzelnen Szenarien (in Preisen von 1990)

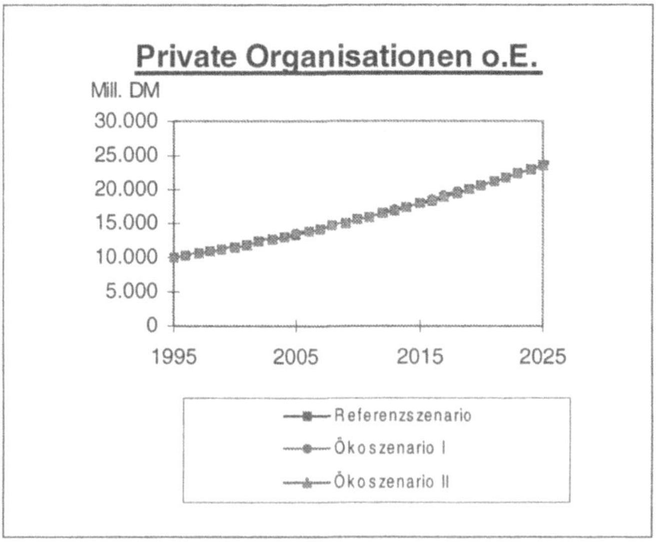

B Annuitäten der einzelnen Kraftwerkstypen in verschiedenen Lastbereichen (unter Vernachlässigung der für Fernwärme erzielbaren Erlöse)

B.1 Rahmendaten

Allgemeine Daten:

Art	Wert
Zinsatz:	7,5 %
Durchschnittliche Erlöse[1]:	20,58 Pfennig/kWh$_{el}$
Durchschnittliche Durchleistungskosten innerhalb von Baden-Württemberg:	2,3 Pfenig/kWh

[1] in Anlehnung an Wirtschaftsministerium Baden-Württemberg (1997)

Technisch-ökonomische Daten:

	Stand der Technik	Leistung	Investitionskosten	Sonst. fixe Betriebskosten	Brennstoffkosten	Sonst. var. Kosten
Einheit		Mwel	DM/kW	Mio./a	DM/kWh	DM/kWh
Kernkraftwerk (Druckwasser)	2000	1.445	3.868	167	0,02	0,01
Kernkraftwerk (Siedewasser)	2000	1.445	3.832	167	0,02	0,01
Steinkohle mit Staubfeuerung	1989	216	2.675	27	0,04	0,01
Braunkohle mit Staubfeuerung	2000 1989	888	2.574	71	0,05	0,01
Steinkohle (Wirbelschichtfeuerung)	1989	216	2.465	26	0,04	0,02
Erdgaskraftwerk (Gasturbine)	1989	146	562	2	0,10	0,01
Heizölkraftwerk (Gasturbine)	1989	157	654	3	0,18	0,01
Steinkohle-Kombikraftwerk (Wirbelschicht)	1989	181	3.230	26	0,04	0,03
GuD mit Erdgas	1989	184	1.517	12	0,06	0,00
GuD mit Steinkohlevergasung	2005	763	3.544	81	0,03	0,01
GuD mit Braunkohlevergasung	2005	791	3.671	104	0,04	0,01
GuD mit Steinkohlevergasung	2005	905	3.068	83	0,03	0,01
Kombikraftwerk Steinkohle/Erdgas	2005	196	2.893	30	0,04	0,01
Ölkraftwerk (GuD)	1989	547	1.504	27	0,12	0,01
Erdgas GuD (Heizkraftwerk)	1989	169	1.979	13	0,07	0,01
Verbundkraftwerk Steinkohle/Erdgas	1989	689	2.523	57	0,05	0,01
Steinkohlekraftwerk (Staubfeuerung)	2005	600	2.595	59	0,04	0,01
Steinkohlekraftwerk mit Wärmeauskopplung	1989	189	3.653	30	0,04	0,03
Steinkohlekraftwerk mit Wärmeauskopplung	1989	575	2.728	52	0,04	0,01

Datenquelle: FZJ 1994, eigene Berechnungen

Abbildung B-1: Annuitäten der einzelnen Kraftwerkstypen im Grundlastbereich in [DM/kW] unter Vernachlässigung der für Fernwärme erzielbaren Erlöse

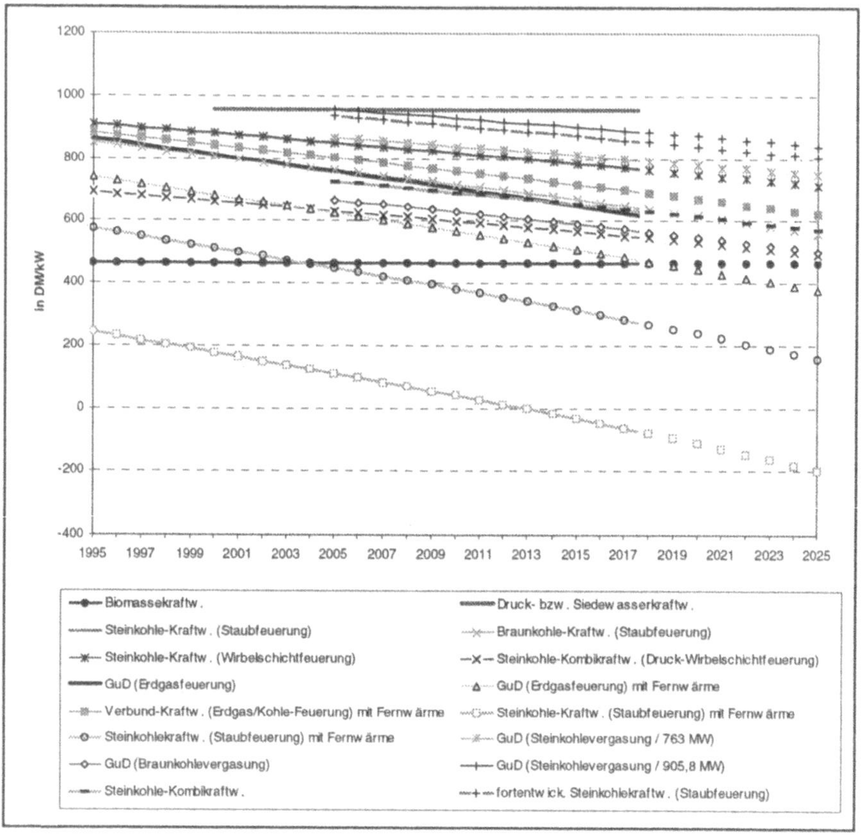

Abbildung B-2: Annuitäten der einzelnen Kraftwerkstypen im Bereich der Mittellast in [DM/kW] unter Vernachlässigung der für Fernwärme erzielbaren Erlöse

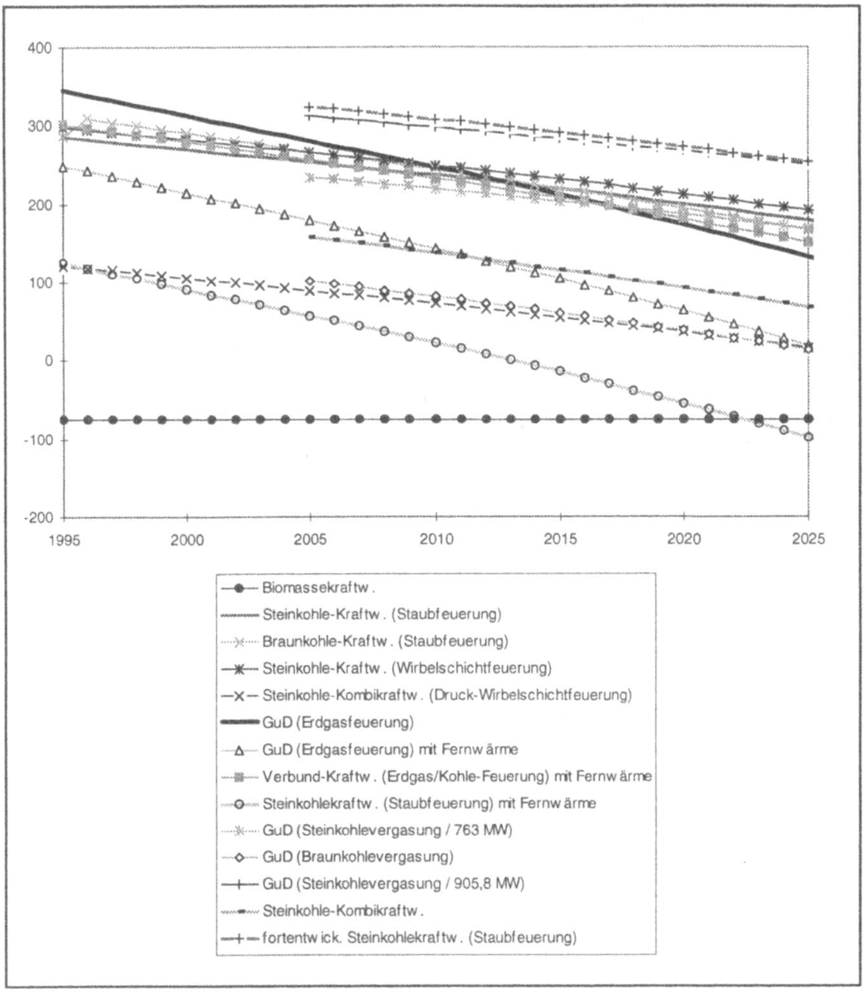

Abbildung B-3: Annuitäten der einzelnen Kraftwerkstypen im Spitzenlastbereich in [DM/kW] unter Vernachlässigung der für Fernwärme erzielbaren Erlöse

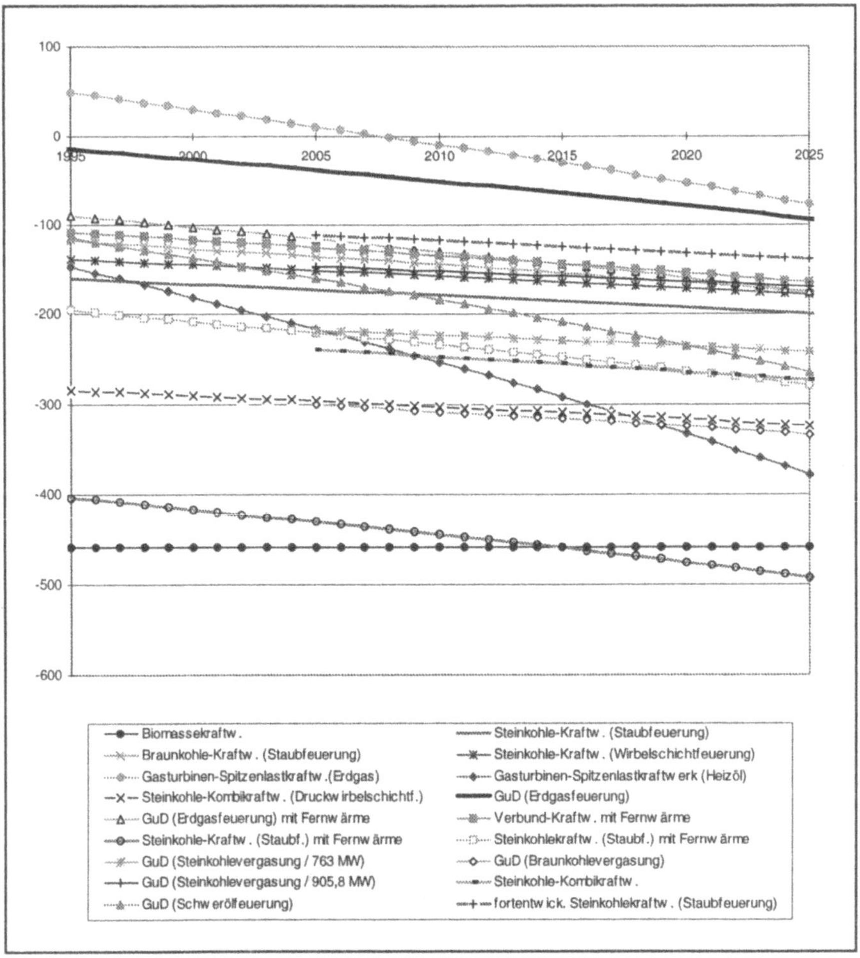

Abbildungsverzeichnis

Tabellenverzeichnis

Symbol- und Abkürzungsverzeichnis

$A(t)$:	Matrix der Produktionskoeffzienten
$a_{Elek}(t)$:	Produktionskoeffizient des Sektors „Elektrizitätswirtschaft" zum Zeitpunkt t
$a_{ij}(t)$:	Produktionskoeffizient des Sektors *i* zum Zeitpunkt *t*
a_{ij}^{k}:	Produktionskoeffizient für Prozeß *k*
a_{kj} :	Güter des Sektors *j*, die als Vorleistung zur Produktion einer Outputeinheit bei Verwendung eines Kraftwerkes des Typs *k* benötigt werden
$\tilde{a}_{zi}(\bar{h}_k^b)$:	Vorleistungen, die unabhängig vom Einsatz eines Kraftwerks des Typs *k* für die Produktion einer Outputeinheit benötigt werden
$AN_k^b(t)$:	Annuität der Kraftwerke des Typs *k*
ANF:	Annuitätenfaktor
$Aus_k^b(t)$:	Ausgaben bei Einsatz eines Kraftwerkes des Typs *k* im Lastbereich *b* in der Periode *t*
$A\tilde{u}s_k^b$:	Ausgaben eines Kraftwerks des Typs *k* ohne die Kosten, die unabhängig vom Einsatz des Kraftwerks anfallen
B_i :	Matrix der Vektoren mit der Nachfrage nach Gütern der Sektoren 1 bis *n*, die τ_i Perioden vor dem Zeitpunkt benötigt werden, zu dem der Kapitalstock des Sektors *i* um eine Einheit erhöht werden soll
B^k :	Vektor mit der Nachfrage nach den Gütern 1 bis *n*, die t-τ_k bis t-1 Perioden vor dem Zeitpunkt, zu dem der Kapitalstock eines Sektors um eine Einheit erhöht werden soll, benötigt werden
$B^k(l)$:	*l*-tes Element des Investitionsnachfragevektors B^k
$\tilde{B}^{\theta}(t)$:	Matrix, deren Elemente den Umfang der Investitionen angibt, die zum Zeitpunkt *t* notwendig sind, um die Kapazität der einzelnen Sektoren in der Periode $t + \theta$ um eine Einheit zu erhöhen
$c(t)$:	Vektor mit den Konsumkoeffizienten $c_i(t)$

$C(t)$:	Vektor mit der Nachfrage der privaten Haushalte nach den einzelnen Gütern
$C^k(1)$:	Vektor mit der Nachfrage nach den Gütern 1 bis n, die τ_k Perioden vor dem Zeitpunkt benötigt werden, zu dem der Prozeß k zur Verfügung stehen soll
$C^0(t)$:	Vektor mit der einkommensunabhängigen Nachfrage nach den einzelnen Gütern
$e^u_{Elek}(t)$:	Emissionskoeffizient der Elektrizitätswirtschaft zum Zeitpunkt t
$E_{ges}(t)$:	Matrix mit den Emissionen, die insgesamt in der Volkswirtschaft anfallen
$E_{Haus}(t)$:	Matrix mit den Emissionen der privaten Haushalte
$E_{HH}(t)$:	Matrix der Emissionskoeffizienten e_{ui} der privaten Haushalte
e_k^u:	Emissionskoeffizient für Prozeß k
$E^u_{kj}(t)$:	in der Periode t emittierte Menge an Schadstoff u
$E^u_{\max}$:	maximale Emissionsmenge der Emissionsart u
$E_{Prod}(t)$:	Vektor mit den Emissionen der Produktionssektoren
e_{ui} :	Emissionen des Sektors i an Schadstoff u
$Eink^b_k(t)$:	Einnahmen bei Einsatz eines Kraftwerkes des Typs k im Lastbereich b in der Periode t
$Erw_i\,(t)$:	Nachfrage des Sektors i nach Erweiterungsinvestitionen
$Erw_i^k(t+\theta)$:	Vektor mit der Nachfrage nach Investitionsgütern, die zum Zeitpunkt t benötigt werden, um die Kapazität des Sektors i in der Periode $t+\theta$ zu erhöhen bzw. zu senken
et_{k1}:	technischer Emissionskoeffizient für den Einsatz des Energieträgers j im Sektor i
et_{k2}:	technischer Emissionskoeffizient für die mit Produktionsprozeß *k2* erzeugten Güter
et_{k3}:	technischer Emissionskoeffizient für die mit Produktionsprozeß *k2* erzeugten Güter
$g^k_i(t)$:	Anteil von Prozeß k am zum Zeitpunkt t vorhandenen Prozeßmix
$g_k(t)$:	Marktanteil des Prozesses k zum Zeitpunkt t
$\tilde{g}_k\,(t)$:	Anteil der Kraftwerke des Typs k an der in Periode t produzierten Menge an Elektrizität
g_{k1}:	Gewichtungsfaktor für den Anteil des Energieträgers am gesamten Energieverbrauch in Sektor i

GJ: Gigajoule

GW: Gigawatt

$\bar{h}^b$: exogen vorgegebene, kraftwerksunabhängige, durchschnittliche Auslastung im Lastbereich b

$\bar{h}_k^b$: durchschnittlicher Einsatz der Kraftwerke des Typs k im Lastbereich b

$h_k^{\max}$: Anzahl der Stunden, die Kraftwerke des Typs k maximal innerhalb eines Jahres maximal eingesetzt werden können

$h_{kj}(t)$: durchschnittliche Betriebsstunden des Kraftwerkes j des Typs k in der Periode t

$h_{kj}^b(t)$: zeitlicher Umfang in dem das Kraftwerk j des Typs k zum Zeitpunkt t im Lastbereich b eingesetzt wird

I: Einheitsmatrix

$I(t)$: Investitionen zum Zeitpunkt t

$I_i(t)$: Vektor mit der Nachfrage des Sektors i nach Investitionsgütern, die in der Periode benötigt werden, um die Kapazität der Perioden t+1 bis t+max(τ_k) zu erhalten bzw. auszuweiten

$I_i^k(t,\ t+\tau_k)$: Vektor mit der Nachfrage nach Investitionen, die in der Periode t benötigt werden, damit in der Periode $t + \tau_k$ der Prozeß k zur Verfügung steht

$I_{Elek}^k(t, T)$: Nachfrage nach Investitionsgütern, die zum Zeitpunkt t benötigt werden, damit in der Periode T Kraftwerke des Typs k mit einer Gesamtleistung von $\Delta m_k(T) Leist_k$ neu zur Verfügung stehen

Inv_k : Kapitalbedarf für Prozeß k

$k1$: Index der in Sektor i eingesetzten Energieträger

$k2$: Index der erfaßten Produktionsprozesse mit spezifischen, energetisch determinierten Emissionskoeffizienten des Sektors i

$k3$: Index der erfaßten Produktionsprozesse mit spezifischen, nicht energetisch determinierten Emissionskoeffizienten des Sektors i

$K_i(t)$: Kosten, die im Sektor i in der Periode t anfallen

$K_k^b(t+tt, \bar{h}_k^b)$: Kosten, die beim Einsatz der Kraftwerke des Typs k im Lastbereich b in der Periode $t+tt$ pro kWh anfallen

$K_{kj}(t)$: Kosten, die beim Einsatz des Kraftwerkes j des Typs k in der Periode t anfallen

$Kap_i\ (t)$: Kapazität des Sektors i in der Periode t

$Kap_i^*(t)$: für die Periode t geplante Kapazität des Sektors i

$Kap^{Neu}(t+\theta)$: Matrix mit der Nachfrage nach neuer Kapazität

$Kap_i^{Neu}(t)$:	in der Periode t im Sektor i neu installierte Leistung
kv_{kj} :	variable Kosten des Kraftwerkes j des Typs k
kW:	Kilowatt
kWh:	Kilowattstunden
$l_k(t)$:	Anzahl der Kraftwerke des Typs k, die der Periode t aus ökonomischen Gründen vorzeitig ausscheiden
$Leist_k$:	Leistung der Kraftwerke des Typs k
$Leist_k^{Ges}$:	maximal vorhandenes gesellschaftliches Potential für Kraftwerke des Typs k
$Leist_k^{\max}$:	maximal vorhandenes technisches Potential für Kraftwerke des Typs k
m:	Anzahl der unterschiedlichen Arten von primären Inputs
$m1$:	Anzahl der in Sektor i eingesetzten Energieträger
$m2$:	Anzahl der in Sektor i einzeln erfaßten energetischen Produktionsprozesse
$m3$:	Anzahl der im Sektor i einzeln erfaßten Produktionsprozesse
$m_k(t)$:	Anzahl der Kraftwerke des Typs k in der Periode t
$m_k^{\max}$:	maximale Anzahl der Kraftwerke des Typs k
MW:	Megawatt
n:	Anzahl der Produktionssektoren insgesamt
n_k :	Anzahl der Sektoren, deren technische Entwicklung auf Prozeßniveau erfaßt wird
$N_{Elek}^b(t)$:	Nachfrage nach Elektrizität in der Periode t im Lastbereich b
$N^{Ersatz(ök),b}(t)$:	Ersatzbedarf in der Elektrizitätswirtschaft aus ökonomischen Gründen
$N^{Ersatz(tech),b}(t)$:	Ersatzbedarf in der Elektrizitätswirtschaft aus technischen Gründen
$N^{Erweiter,b}(t)$:	Veränderung der Stromnachfrage von Periode t-1 auf t
$N^{\max}(t)$:	in der Periode t nachgefragte Leistung an Strom
$p^{Fernwärme}(t)$:	Preis für Fernwärme
$p^{Strom}(t)$:	durchschnittlicher Strompreis
p_j:	Preis des Gutes j
p_l^{prim} :	Preis des primären Inputfaktors l
p_v:	durchschnittlicher Preisindex für Konsumgüter
PJ	Petajoule

$prim_{lj}$:	Menge des primären Inputfaktors *l*, der zur Produktion einer Outputeinheit in Sektor *j* benötigt wird
$\tilde{prim}_{li}^{k}(\bar{h}_{k}^{b})$:	Primäre Inputs, die unabhängig vom Einsatz eines Kraftwerks des Typs *k* für die Produktion einer Outputeinheit benötigt werden
prof:	Index für die Gewinne aus Unternehmertätigkeit
q:	Diskontrate, die sich aus $1+i$ mit i=Kalkulationszinssatz ergibt
q_i:	Gesamter Energieverbrauch des Sektors *i*
q_{k2}:	Menge der mit Produktionsprozeß *k2* erzeugten Güter
q_{k3}:	Menge der mit Produktionsprozeß *k3* erzeugten Güter
R :	Matrix der Kapitalkoeffizienten für Ersatzinvestitionen der Sektoren 1 bis *n*
$\bar{R}$:	Mittelwert der tatsächlichen Werte
R_i :	Vektor mit den Kapitalkoeffizienten für Ersatzinvestitionen
R_t :	tatsächlicher Wert
RBF:	Rentenbarwertfaktor
$Re_i(t)$:	Verminderung der Kapazität von Sektor *i* zum Zeitpunkt *t* durch das Ausscheiden der Prozesse, deren Nutzungsdauer zum Zeitpunkt *t* endet
$Re_i^*(t)$:	Vektor mit der Nachfrage des Sektors *i* nach Ersatzinvestitionen
$Re_i^k(t+\theta)$:	*n* x 1 Vektor mit der Nachfrage des Sektors *i* nach den einzelnen Investitionsgütern, die zum Zeitpunkt *t* nachgefragt werden, um den Teil der Kapazität zu ersetzen, dessen Nutzungsdauer in der Periode $t+\theta$ endet
$\bar{S}$:	Mittelwert der prognostizierten Werte
$s_{Elek}(t)$:	Anzahl der unterschiedlichen Kraftwerkstypen, die in der Periode *t* in der Elektrizitätswirtschaft eingesetzt werden
$s_i(t)$:	Anzahl der zum Zeitpunkt *t* im Sektor i eingesetzten Prozeßtypen
s_i^u:	aus nicht technischen Informationsquellen entnommene Emissionsmengen des Sektors i
S_t :	prognostizierter Wert
SKE:	Steinkohleeinheiten
t:	Betrachtungszeitpunkt
T_{kj}^{Rest}:	Restnutzungsdauer des Kraftwerks *j* des Typs *k*
u:	Schadstoffindex

u_k :	technische Nutzungsdauer des für den Prozeß k notwendigen Kapitalstocks
$v(t)$:	Vektor mit den sektoralen Wertschöpfungskoeffizienten
$V(t)$:	in der Periode *t* verfügbares Einkommen
$v_{Elek}(t)$:	Wertschöpfungskoeffizient der Elektrizitätswirtschaft zum Zeitpunkt *t*
v_k :	Wertschöpfungskoeffizient eines Kraftwerkes des Typs *k*
w_{ij} :	Trendrate
$X_i(t)$:	Produktionswert des Sektors *i*
$X_i^*(t)$:	vom Sektor *i* für die Periode *t* erwartete Absatzmenge
$Y^{NC}(t)$:	Vektor mit der sonstigen nicht-investiven Endnachfrage
$Y^R(t)$:	Vektor mit der nicht- investiven Endnachfage (inklusive Konsum)
$a_i^k\ (t)$:	Anteil des Prozesses *k* an der zum Zeitpunkt *t* neu installierten Kapazität
β_k :	Diffusionsgeschwindigkeit der Kraftwerke des Typs *k*
γ_{ij}^0 :	Faktor zur Erfassung des preis- und trendunabhängigen Teils des Produktionskoeffizienten
γ_{ij}^1 :	Faktor für die Preisabhängigkeit der Nachfrage des Sektors *j*
δ_t :	maximale Wachstumsrate der Kapazität des Sektors *i*
Δg_i^k :	Veränderung des Anteils von Prozeß *k* von Periode *t*-1 auf *t*
ΔKap_i :	Veränderung des Kapitalstocks von Sektor *i* von Periode *t*-1 auf Periode *t*
ΔKap_k :	für den Einsatz von Prozeß *k* erforderlicher Kapitalstock
$\Delta N_{Elek}^b(t)$:	Nachfragelücke für Elektrizität in der Periode *t*
$\Delta m_k(t)$:	Anzahl der Kraftwerke des Typs *k*, die in der Periode *t* neu in Betrieb genommen wurden
$\Delta m_k^b(t)$:	Anzahl der Kraftwerke des Typs *k*, die in der Periode *t* im Lastbereich *b* neu in Betrieb genommen werden
ζ_i^0 :	Faktor für die Erfassung des einkommsunanhängigen Anteils an der Konsumnachfrage
ζ_i^1 :	Faktor, der die Abhängigkeit der Konsumnachfrage von den relativen Preisen widerspiegelt
ζ_i^2 :	Trendrate
κ_i	Bedarf an Investitionen um die Absatzmenge um eine Einheit erhöhen zu können,

ρ :	Korrelationskoeffizient zwischen tatsächlichen und prognostizierten Werten
σ_R :	Standardabweichung der tatsächlichen Werte
σ_S :	Standardabweichung der prognostizierten Werte
τ_i :	Anzahl der Perioden, die zur Erhöhung des Kapitalstocks des Sektors *i* notwendig sind
τ_{ij} :	Ausreifungszeit des Investitionsgutes *j* im Sektor *i*
τ_k :	Anzahl der Perioden, die zur Erstellung des Kapitalstocks für Prozeß *k* notwendig sind
$\tau^{\max}$:	maximale Ausreifungszeit

Literaturverzeichnis

Asea Brown Boveri (ABB) (1997), Umweltreport, Mannheim.

Akademie für Technikfolgenabschätzung in Baden-Württemberg (Hrsg.) (1994), Klimaverträgliche Energieversorgung in Baden-Württemberg, Kurzzusammenfassung der Fachgutachten der Projektphase I. Arbeitsbericht Nr. 5, Stuttgart.

Alchian, A.A. (1950), Uncertainty, Evolution, and Economic Theory, Journal of Political Economy, Vol. LVIII, S. 211-221.

Allen, R.G.D. (1971), Mathematische Wirtschaftstheorie, Berlin.

Almon, C. (1991), The INFORUM Approach to Interindustry Modelling, Economic Systems Research , Vol. 3, S. 1-7.

Arrow, K.J. (1962), Economic Welfare and the Allocation of Resources for Invention, in: NBER (Hrsg.), The Rate and Direction of Incentive Activity: Economic and Social Factors, Special Conference Series No. 13, Princeton, S. 609-625.

Attiyeh, R. (1967), Estimation of a Fixed Coefficients Vintage Model of Production, Cowls Foundation Paper Nr. 258, Yale Economic Essays 7, S. 5-40.

Aulin-Ahmavaara, P. (1990), Dynamic Input-Output Models and Time, Economic Systems Research, Vol. 2, Nr. 4, S. 329-344.

Ayres, R.U. (1969), Technological forecasting and long-range planning, New York .

Ayres, R.U. (1995), Thermodynamics and Process Analysis for Future Economic Scenarios, Environmental & Resource Economics, Vol. 6, Nr. 3, S. 207-230.

Ayres, R.U. und A. Shapanka (1976), Explicit Technological Substitutions Forcast in Longe-Range Input-Output Models, in: Linstone, H.A. Und D. Sahal (Hrsg.), Technological Substitution: Forecasting Techniques and Applications, New York, Oxford, Amsterdam.

Bank, M. (1994), Basiswissen Umwelttechnik: Wasser, Luft, Abfall, Lärm, Umweltrecht, 2. bearb. Auflage, Würzburg.

Battelle-Institut (1984), Bemerkungen des Battelle-Instituts zum Zusammenhang zwischen Selbstkostenpreis und Lastbereichen, in: Der Minister für Wirtschaft, Mittelstand und Verkehr des Landes Nordrhein-Westfalen: Stromerzeugung im Kostenvergleich von Steinkohlen- und Kernkraftwerken, Düsseldorf.

Betge, P. (1991), Investitionsplanung: Methoden, Modelle, Anwendungen, Wiesbaden.

Bernholz, P. und F. Breyer (1984), Grundlagen der Politischen Ökonomie, 2. völlig neu gestaltete Auflage, Tübingen.

Blzejczak, J. (1985), Assessing the Performance of the DIW Long-Term Model, in: Gahlen, B. und M. Sailer (Hrsg.), Macroeconometric Modelling of the West German Economy, Wissenschaftszentrum Berlin, Ed. Sigma Bohn, Berlin, S. 99-126.

Böhm-Bawerk, E. von (1921), Positive Theorie des Kapitals, Jena.

Bohn, TH. und H.P. Marschall (1992), Die technische Entwicklung der Stromversorgung, in: Fischer, W. (Hrsg.), Die Geschichte der Stromversorgung, Frankfurt a. M.

Böhringer, C. (1996), Allgemeine Gleichgewichtsmodelle als Instrument der energie- und umweltpolitischen Analyse: theoretische Grundlagen und empirische Anwendungen, Frankfurt a.M.

BollmanN, P. (1990), Technischer Fortschritt und wirtschaftlicher Wandel. Eine Gegenüberstellung neoklassicher und evolutorischer Innovationsforschung, Heidelberg.

Bosworth, D. (1976), Production functions: A theoretical and empirical study, Westmead.

Bräuer, W., Egeln, J. und A. Werner (1997), Wettbewerb in der Versorgungswirtschaft und seine Auswirkungen auf kommunale Querverbundunternehmen, Baden-Baden.

Brendemoen, A. (1993), Economic growth and emissions to air in Norway, 1990-2010: Projections based on the MSG model, in: Proceedings from UN-ECE workshop on emission projections, Roskilde/Denmark, 1-2 June 1993.

Bröcker, B. (1996), Innovationen in der Kerntechnik, Elektrizitätswirtschaft, Jahrgang 95, Heft 7, S. 400-402.

Brockmann, K. L. (1999), Innovationswirkungen der Erklärungen der deutschen Wirtschaft zur Klimavorsorge – eine Fallstudie, in: Rennings, K. (Hrsg.), Innovation durch Umweltpolitik, ZEW-Wirtschaftsanalysen Band 36, S. 147-182. Baden-Baden.

Brodbeck, K.-H. (1989), Diffusion multipler Techniken in Systemen evolutionären Wachstums, Diskussionpapier Nr. 89-20, Münchner Wirtschaftswissenschaftliche Beiträge, München.

Bundesministerium für Umwelt, Naturschutz und Reaktorsicherheit (BMU) (1992), Umweltpolitik. Konferenz der Vereinigten Nationen für Umwelt und Entwicklung im Juni 1992 in Rio de Janeiro, Dokumente, Bonn.

Bundesministerium für Wirtschaft (BMWi) (1996), Energiedaten '96, Bonn.

Bundesministerium für Wirtschaft (BMWi) (1997), Die Elektrizitätswirtschaft in der Bundesrepublik Deutschland im Jahre 1995, 47. Bericht des Referats Elektrizitäswirtschaft, Frankfurt a.M.

Bundgaard-Nielsen, M. und P. Fiehn (1976), The Diffusion of New Technology in the U.S. Petroleum Refining Industry, in: Linstone, H.A. und D. Sahal (Hrsg.), Technological Substitution: Forecasting Techniques and Applications, New York, Oxford, Amsterdam.

Burniaux, J.M., J.P. Martin, G. Nicoletti und J. Oliveira-Martins (1992), GREEN: A multisector, multi-region dynamic general equiblibrium model for quantifying the costs of curbing CO2 emission: a technical manual, OECD Economics Department Working Papers, No. 116, Paris.

Busse von Colbe, W. und G. Laßmann (1990), Betriebswirtschaftstheorie 3, Investitionstheorie, Berlin, Heidelberg.

Castello, P.M.P. (1996), Innovationsanreize für Stromversorgungsbetriebe, The IPTS Report Nr. 4, S. 14-19.

Conrad, K. (1985), On the Process of Construction the Bonn Model, in: Gahlen, B. und M. Sailer (Hrsg.), Macroeconometric Modelling of the West German Economy, Wissenschaftszentrum Berlin, Ed. Sigma Bohn, Berlin.

Conrad, K. und T.F.N. Schmidt (1995), National Economic Impacts of an EU Environmental Policy - An Applied General Equilibrium-Analysis. ZEW- Discussion Paper Nr. 95-22, Mannheim.

Coombs R., P. Savotti und V. Walsh (1987), Economics and Technological Change, London.

Corsten, H. (1994), Betriebswirtschaftslehre, München, Wien.

Davies, S. (1979), The Diffusion of Process Innovations, London, New York, Melbourne.

Deubner, C. (1977), Die Atompolitik der westdeutschen Industrie und die Gründung von Euratom, Frankurt, New York.

Deutsche Bundesbank (1994), Macroeconometric model of the German economy, Frankfurt a.M.

Deutsche Verbundgesellschaft (DVG) (1997), Bericht 1996, Heidelberg.

Deutsches Institut für Wirtschaftsforschung (DIW) (1988), Sektorale und gesamtwirtschaftliche Beschäftigungseffekte moderner Technologien, Gutachten im Rahmen der Metastudie II: Arbeitsmarktwirkungen moderner Technologien, Band 1, Berlin.

Deutsches Institut für Wirtschaftsforschung (DIW) (1994), Wirtschaftliche Auswirkungen einer ökologischen Steuerreform, Gutachten im Auftrage von GREENPEACE E.V., Berlin.

Dosi, G. (1988), Sources, Procedures, and Microeconomic Effects of Innovation, Journal of Economic Literature, Vol. XXVI, S. 1120-1171.

Dosi, G. (1993), Evolutionäre Ansätze zu Innovationen, Marktprozessen und Institutionen sowie Konsequenzen für die Technologiepolitik, in: Meyer-Krahmer, F. (Hrsg.), Innovationsökonomie und Technologiepolitik: Forschungsansätze und politische Konsequenzen, Heidelberg.

Duchin, F. und D.B. Szyld (1985), A Dynamic Input-Output Model with assured positive Output, Metroeconomica Vol. 37, S. 269-282.

Duffner, H. (1987), Die Einbeziehung des Arbeitsmarktes in ein dynamisches Input-Output-Modell der Bundesrepublik Deutschland, Arbeitspapier Nr. 10 der Forschungsgruppe „Technologischer Wandel und Beschäftigung", Universität Bremen, Bremen.

Edler, D. (1990), Ein dynamisches Input-Output-Modell zur Abschätzung der Auswirkung ausgewählter neuer Techniken auf die Beschäftigung in der Bundesrepublik Deutschland, Deutsches Institut für Wirtschaftsforschung, Beiträge zur Strukturforschung, Heft 116.

Edler, D. und T. Ribakova (1994), The Impact of Industrial Robots on the Level and Structure of Employment in Germany - A Simulation Study for the Period 1980-2000, Technological Forecasting and Social Change, Vol. 45, S. 255-274.

Enerdieversorgung Schwaben (EVS) (1996), Umweltschutz '95, Stuttgart.

Energy for Sunstainable Development Ltd. (ESD) (1996), SAFIRE - Methodology Report. Report for the Commission of the European Communities, Directorate-General for Research and Development, Corsham.

Erber, G. und M. Kiy (1983), Analyse des Disaggregierten Bonner Prognosemodells, Vierteljahrshefte zur Wirtschaftsforschung DIW, Heft 4, S. 265-296.

Erber, G., Haas, H. und M. Kiy (1984), Das FIND Modell; Zur Konzeption eines disaggregierten Modells für die Bundesrepublik Deutschland, Vierteljahrshefte zur Wirtschaftsforschung DIW, Heft 3, S. 273-313.

Erdmann, G. (1992), Energieökonomik: Theorie und Anwendungen, Zürich.

Erdmann, G. (1993), Elemente einer evolutorischen Innovationstheorie, Tübingen.

Faber, M. (1979), Introduction to Modern Austrian Capital Theory, Berlin, Heidelberg, New York.

Faber, M. und J.L.R. PROOPS (1991), The Innovation of Techniques and the Time-horizon: a Neo-Austrian Approach, Structural Change and Economic Dynamics, Vol. 2, Nr. 1, S. 143-158.

Faber, M. und J.L.R. Proops (1993), Evolution, Time, Production and the Environment, 2. erweiterte Auflage, Berlin, Heidelberg, New York.

Faber, M., H. Niemes und G. Stephan (1983), Umweltschutz und Input-Output-Analyse; Mit zwei Fallstudien aus der Wassergütewirtschaft, Tübingen.

Fahl, U., M. Fischedick, M. Hanselmann, M. Kaltschmitt und A. Voss (1992), Abschätzung der technischen und wirtschaftlichen Minderungspotentiale energiebedingter CO2-Emissionen durch einen verstärkten Erdgaseinsatz in der Elektrizitätsversorgung Baden-Württembergs unter besonderer Berücksichtigung konkurrierender Nutzungsmöglichkeiten, Forschungsbericht des Instituts für Energiewirtschaft und Rationelle Energieanwendung, Stuttgart.

Flaig, H., G. Linckh und H. Mohr (1995), Die energetische Nutzung von Biomasse aus der Land- und Forstwirtschaft, in: Schade, D. (Hrsg.), Energiebedarf, Energiebereitstellung, Energienutzung - Möglichkeiten und Maßnahmen zur Verringerung der CO2-Emissionen, Veröffentlichung der Akademie für Technikfolgeabschätzung in Baden-Württemberg, Berlin.

Fleissner, P., W. Böhme, H.-U. Brautzsch, J. Höhne, J. Siassi und K. Stark (1993), Input-Output-Analyse, Wien, New York.

Flicke, H.-P. und J. Adams (1997), Der ideale Kraftwerkspark - Entwicklung eines Rechenmodells, in: VGB Technische Vereinigung der Großkraftwerksbetreiber: VGB-Kongreß Kraftwerke 1997, Essen.

Forschungsgruppe „Technologischer Wandel und Beschäftigung" (1989), Mikroelektronik und Beschäftigung, Bremen.

Forschungszentrum Jülich (FZJ) (Hrsg.) (1994), IKARUS - Instrumente für Klimagas-Reduktionsstrategien, Teilprojekt 4: Umwandlungssektor Strom- und Wärmeerzeugende Anlagen auf fossiler und nuklearer Grundlage, Teil 1 u. 2, Jülich.

Forum für Energiemodelle und Energiewirtschaftliche Systemanalysen in Deutschland (FEES) (1999), Modellexperiment I: Strukturelle und gesamtwirtschaftliche Auswirkungen des Klimaschutzes: Die nationale Perspektive, Stuttgart.

Franke, R. und D. Katermann (1987), Investition und Technikdiffusion in einem dynamischen Input-Output-Modell, Arbeitspapier Nr. 7 der Forschungsgruppe „Technologischer Wandel und Beschäftigung", Universität Bremen, Bremen.

Freeman, Ch. (1974), The Economics of Industrial Innovation, Harmondsworth.

Freeman, Ch. und L. Soete (1997), The Economics of Industrial Innovation, 3. Auflage, Cambridge, MA.

Frewer. H. (1986), Strukturwandel in der Technik fossilbeheizter Kraftwerke in der Bundesrepublik Deutschland, VGB Kraftwerkstechnik, 66. Jahrgang, Heft 4, S. 303-326.

Frisch, A. J. (1993), Unternehmensgröße und Innovation: Die Schumpeterianische Diskussion und ihre Alternativen, Frankfurt a.M., New York.

Fritsch, M. (1991), Die Übernahme neuer Techniken durch Industriebetriebe - Empirische Befunde und Schlußfolgerungen für die weitere Forschung, ifo-Studien, Bd. 37, Heft 1, S. 1-18.

Frohn, J., R. Friedemann und M. Laker (1989), Ein disaggregiertes ökonometrisches Modell für die Bundesrepublik Deutschland zur Erfassung ökonomischer Wirkungen umweltpolitischer Maßnahmen, Forschungsbericht 101 030 44, Umweltbundesamt, Berlin.

Frohn, J. (1990), A disaggregated econometric model for the Federal Republic of Germany to evaluate economic effects of environmental policy, Discussion Paper 226, Universität Bielefeld, Bielefeld.

Gahlen, B. und M. Sailer (Hrsg.) (1985), Macroeconometric Modelling of the West German Economy, Wissenschaftszentrum Berlin, Ed. Sigma Bohn, Berlin.

Georgescu-Roegen, N. (1990), Production Process and Dynamic Economics, in: Baranzini, M. und R. Scazzieri (Hrsg.), The Economic Theory of Structure and Change, Cambridge, New York, Port Chester.

Gerstenberger, W., J. Heinze, M. Hummel und k. Vogler-Ludwig (1989), Sektorale Kapitalbildung in der deutschen Wirtschaft nach dem Eigentümer- und Benutzerkonzept, ifo Studien zur Strukturforschung, Bd. 12, München.

Gerster, H. J. (1996), IKARUS: Erste Ergebnisse einer CO2 - Reduktionstrategie für das Jahr 2005, Energiewirtschaftliche Tagesfragen, Jahrgang 46, Heft 4, S. 200-207.

Giesecke, J. und G. Förster (1994), Klimaverträgliche Energieversorgung in Baden-Württemberg, Teilgutachten Nr. 8: Ausbau der Wasserkraft, Akademie für Technikfolgeabschätzung in Baden-Württemberg, Stuttgart.

Gowdy, J. M. und J. L. Miller (1994), Impacts of Capital Formation on Input-Output Multipliers, Socio-Economic Science, Vol. 28, Nr. 4, S. 211-217.

Graskamp, R., M. Halstrick-Schwenk R. Janssen-Timmen, K. Löbbe und M. Wenke (1992), Umweltschutz, Strukturwandel und Wirtschaftswachstum, Untersuchung des Rheinisch-Westfälischen Instituts für Wirtschaftsforschung, Heft 4, Essen.

Groscurth, H.-M. und A. Scweiker, (1995), Contribution of Computer Models to Solving the Energy Problem, Energy Sources, Vol. 17, S. 161-177.

Gross, A. TH. (1936), Zeittafel zur Entwicklung der Elektrizitätsversorgung, in: Matschoss, C. (HRSG.), Technikgeschichte, Bd. 25, Berlin, S. 126-138.

Häfele, W. (1990), Energiesysteme im Übergang: unter den Bedingungen der Zukunft; Ergebnisse einer Studie des Forschungszentrum Jülich GmbH, Landsberg/Lech.

Hall, P. (1994), Innovation, Economics and Evolution, Theoretical Perspectives on Changing Technology in Economic Systems, New York, London, Toronto.

Harabi, V. (1997), Determinanten des technischen Fortschritts auf Branchenebene: ein Überblick, ZEW-Diskussionspapier Nr. 07-02 D, Mannheim.

Heilemann, U. (1985), The RWI Econometric Short Term Model: Practice and Problems, In: Gahlen, B. und M. Sailer (Hrsg.), Macroeconometric Modelling of the West German Economy, Wissenschaftszentrum Berlin, Ed. Sigma Bohn, Berlin, S. 189-202.

Henseler-Unger, I. (1986), Ein dynamisches Modell des allgemeinen Gleichgewichts als Energiemodell für die Bundesrepublik Deutschland, Bern, Frankfurt a.M., New York.

Hemmelskamp, J. (1996), Environmental Policy Instruments and their Effects on Innovation, ZEW-Discussion Paper Nr. 96-22, Mannheim.

Hicks, J.R. (1965), Capital and Growth, Oxford.

Hicks, J.R. (1973), Capital and Time, Oxford.

Hillebrand, B (1997), Kostenvergleich. Stromerzeugungskosten neu zu entrichtender konventioneller Kraftwerke, RWI-Papiere Nr. 47, Essen.

Hlubek W. und H.-D. Schilling (1996), Potentiale der Forschung und Entwicklung in der Kraftwerkstechnik, Energiewirtschaftliche Tagesfragen, Jahrgang 46, Heft 1/2, S. 7-14.

Holub, H.-W. und H. Schnabl (1994), Input-Output-Rechnung: Input-Output-Analyse, München, Wien.

Hohmeyer, O. et al. (1992), Methodenstudie zur Emittentenstruktur in der Bundesrepublik Deutschland - Verknüpfung von Wirtschaftsstruktur und Umweltbelastungsdaten. Abschlußbericht, Karlsruhe.

Hohmeyer, O., J. Kirsch und S. Vögele (1997), EMI 2.0 A disaggregated Model Linking Economic Activities and Emissions, In: Bringezu, S. et al. (Hrsg), Regional and National Material Flow Accounting: From Paradigm to Practice of Sustainability, Proceedings of the ConAccount Workshop 21-23 January, Leiden.

Hohmeyer, O., S. Vögele, R. Bräutigam und R. Finger (1998), EMI 2.0 - Erstellung eines disaggregierten Modells zur Analyse direkter und indirekter Wirkungen wirtschaftlicher Aktivitäten auf die Emissionen von Luftschadstoffen, Abwässern und Abfällen, Endbericht für das Umweltbundesamt, Mannheim.

Hujer, R. und R. Cremer (1978), Methoden der empirischen Wirtschaftsforschung, München

Industrie- und Handelskammer Karlsruhe (IHK-Karlsruhe) (1995), Der Strommarkt in der Technologie Region Karlsruhe, IHK-Studien, Karlsruhe.

Informationszentrale der Elektrizitätswirtschaft (IZE) (ohne Jahr), Vom Wirkungsgrad zur Energievernuft, Frankfurt a.M.

ISI/DIW, siehe Schön, M. et al. (ISI/DIW) (1988).

Jaksch, H.J. (1975), Die Mehrergiebigkeit längerer Produktionswege in einem linearen Vielsektorenmodell, Zeitschrift für die gesamte Staatswissenschaft, 131, S. 92-105.

Johansen, L. (1959), Substitution versus Fixed Production Coefficients in the Theory of Economic Growth: A Synthesis, Econometrica, Vol. 27, S. 159-176.

Jones, H. (1975), An Introduction to Modern Theories of Economic Growth, London.

Jorgenson, D.W. und P. Wilcoxen (1993), Energy, Environment, and Economic Growth, In: Kneese, A.V. und J.L. Sweeney, Handbook of Natural Resource and Energy Economics, Vol. III, Amsterdam.

Kalmbach, P. und H.D. Kurz (1990), Micro-Electronic and Employment: A Dynamic Input-Output Study of the West Germany Economy, Structural Change and Economic Dynamics, Vol. 1, Nr. 2, S.371-386.

Kaltschmitt, M. und A. Wiese (1997), Erneuerbare Energien: Systemtechnik, Wirtschaftlichkeit, Umweltaspekte, Berlin, Heidelberg, New York.

Kamien, M. I. und N. L. Schwartz (1974), Market Structure and Innovation, Cambridge.

Kiy, M. (1984), Ein disaggregiertes Prognosesystem für die Bundesrepublik Deutschland, Berlin, Heidelberg, New York, Tokyo.

Kiy, M. (1987), Zur Verwendung von Input-Output-Information in ökonometrischen Modellen für die Bundesrepublik Deutschland, Vierteljahrshefte zur Wirtschaftsforschung, DIW, S. 53-67.

Kjaer, S., H. Koetzler, J. van Liere und I. Rasmussen (1994), Neue Konzepte für kohlebefeuerte Kraftwerke, Vergleich von Wirkungsgrad, Wirtschaftlichkeit, Umwelt- und Betriebsaspekten, VGB Kraftwerkstechnik 74, Heft 7, S. 561-569.

Klatt, H.J. et al. (1996), Jahrbuch 1996, Essen.

Kogelschatz, H. (1992), Equilibrium in the Dynamic Input-Output Model with Consumption, A Criterion for Equilibrium and Bounds for the Growth Rate, Diskussionschrift Nr. 43, Universität Heidelberg, Heidelberg.

Koschel, H. und T.F.N. Schmidt (1997), Technologischer Wandel in AGE-Modellen: Stand der Forschung, Entwicklungsstand und -potentiale des GEM-E3-Modells, ZEW-Dokumentation Nr. 97-01, Mannheim.

Kugler, R, K. und P.-W. Philippen (1993), Energietechnik - technische, ökonomische und ökologische Grundlagen, 2. Auflage, Berlin, Heidelberg, New York.

Kurz R., H.-W. Graf und M. Zarth (1989), Der Einfluß wirtschafts- und gesellschaftspolitischer Rahmenbedingungen auf das Innovationsverhalten von Unternehmen. Eine Problemskizze auf Basis der relevanten Literatur, Institut für Angewandte Wirtschaftsforschung, Tübingen.

Lakhani, H. (1976), Diffusion of Environment-Saving Technological Change: A Petroleum Refining Case Study, In: Linstone, A. und D. Sahal (Hrsg.) (1976), Technological Substitution: Forecasting Techniques and Applications, New York, Oxford, Amsterdam.

Langrish, J. et al. (1972), Wealth from Knowledge, London.

Lee, K.S. (1982), A Generalized Input-Output Model of an Economy with Environmental Protection, Review of Economics and Statistics, Vol. LXIV, S. 466-473.

Leibenstein, H. (1969), Organizational or Frictional Equilibrium, X-Efficiency and the Rate of Innovation, Quarterly Journal of Economics, Nr. 83, S. 600-623.

Leontief, W. (1941), The Structure of American Economy 1919-1939, Cambridge.

Leontief, W. (1953a), Studies in the Structure of the American Economy, New York.

Leontief, W. (1953b), The forest economy to other branches of the economy, In: Duerr, W. und H. Vaux (Hrsg.), Research in the Economies of Forest, Baltimore.

Leontief, W. (1953c), Domestic production and foreign trade: The American capital position re-examined, Proccedings of the American Philosophical Society 97, Nr. 4, S. 332-349.

Leontief, W. und M. Hoffenberg (1961), The Economic Effects of Disarmament, Scientific American 204, S. 47-55.

Leontief, W. und F. Duchin (1986), The Future Impact of Automation on Workers, New York, Oxford.

Leontief, W. und D. Ford (1972), Air Pollution and the Economic Structure: Empirical Results of Input-Output Computations, In: Bródy, A. und A.P. Carter (Hrsg.), Input-Output Techniques: Proceedings of the Fifth International Conference on Input-Output Techniques, Geneva, January 1971, Amsterdam.

Leontief, W. et al. (1953), Studies in the Structure of the American Economy: Theoretical and Empirical Explorations in Input-Output Analysis, New York.

Lev, B. (1983), Energy models and studies, Studies in management science and systems, 9, North-Holland, Amsterdam.

Linstone, H.A. und D. Sahal (Hrsg.) (1976), Technological Substitution: Forecating Techniques and Applications, New York, Oxford, Amsterdam.

Lucas, R.E. (1988), On the Mechanics of Economic Development, Journal of Monetary Economics, Nr. 22, S. 3-42.

Manne, A., Mendlsohn, R. und R. Richels (1995), Merge - A model for evaluation regional and global effects on GHG reduction policies, Energy Policy, Vol. 23, Nr. 1, S. 17-34.

Mansfield, E. (1968), Industrial Reserach and Technological Innovation: An Econometric Analysis, New York.

Marchetti, C. (1980), Society as a Learning System: Discovery, Invention and Innovation Cycles Revisted, Technological Forecasting and Social Change, Vol. 18, S. 267-282.

Mayer, H. (1993), Entwicklung des Energiegehalts von Gütern 1978 bis 1988, In: Schnabl, H. (Hrsg.), Ökointegrative Gesamtrechnung: Potentiale, Probleme und Prognosen, Berlin.

Meliß, M. und W. Sandtner (1996), Der Forschungsstand bei den regenerativen Energiequellen, Energiewirtschaftliche Tagesfragen, Jahrgang 46, Heft 1/2, S.15-23.

Mensbrugghe, D., van der (1994), GREEN: The Reference Manual, OECD Economics Department Working Papers, Nr. 143.

Metcalfe, S. (1988), Evolution and Economic Change, In: Silberstone, A. (Hrsg.), Technology and Economic Progress, London.

Meyer, B. und G. Ewerhart (1993), Die saubere Dienstleistungsgesellschaft. Eine konsistente Projektion?, In: Schnabl, H. (Hrsg.), Ökointegrative Gesamtrechnung: Potentiale, Probleme und Prognosen, Berlin.

Meyer, B. und G. Ewerhart (1996), Modelling towards Eco Domestic Product, Beiträge des Instituts für Empirische Wirtschaftsforschung der Universität Osnabrück, Beitrag Nr. 48, Osnabrück.

Meyer, B. Und G. Ewerhart (1998), Multisectoral policy modelling for environmental analysis, In: Uno, K. Und P. Bartelmus (Hrgs.), Environmental Accounting in Theory and Practice, Dordrecht/Boston/London.

Meyer, B. und G. Ewerhart (2000), INFORGE. Ein disaggregiertes Simulations- und Prognosemodell für die Bundesrepublik Deutschland, In: Lorenz, H.-W. und B. Meyer (Hrsg.), Studien zur Evolutorischen Ökonomik IV: Evolutorische Makroökonomik, Nachhaltigkeit und Institutionenökonomik, Schriften des Vereins für Socialpolitik, Bd. 195/IV, Berlin

Meyer, B., A. Bockermann, G. Ewerhart und C. Lutz (1997), Was kostet eine Reduktion der CO2-Emissionen?: Ergebnisse von Simulationsrechnungen mit dem umweltökonomischen Modell PANTA RHEI, Beiträge des Instituts für Empirische Wirtschaftsforschung der Universität Osnabrück, Beitrag Nr. 55, Osnabrück.

Meyer, B., A. Bockermann, G. Ewerhart und C. Lutz (1999), Marktkonforme Umweltpolitik - Wirkungen auf Luftschadstoffemissionen, Wachstum und Struktur der Wirtschaft, Heidelberg.

Meyer, U. (1979), Singuläre dynamische Leontiefsche Systeme, Zeitschrift für die gesamte Staatswissenschaft, Nr. 135, S.81-92.

Meyer, U. (1980), Dynamische Input-Output-Modelle, Athenäum, Königstein/Ts.

Meyer, U. und J. Schumann (1977), Das dynamische Input-Output-Modell als Modell gleichgewichtigen Wachstums, Zeitschrift für die gesamte Staatswissenschaft, Nr. 133, S.1-37.

Michaelis, H. (1997), Alternative Perspektiven der deutschen Stromversorgung, Energiewirtschaftliche Tagesfragen, Jahrgang 47, Heft 4, S. 190-196.

Miller, R.V. (1936), Ein Halbjahrhundert deutscher Stromversorgung aus öffentlichen Elektrizitätskraftwerken, In: Matschoss, C. (Hrsg.), Technikgeschichte, Bd. 25, Berlin.

Miller, R.V. (1941), Der Stromverbrauch im Wandel der Zeiten, In: Matschoss, C. (Hrsg.), Technikgeschichte, Bd. 30, Berlin.

Molt, S. und U. Fahl (Hrsg.) (1997), Energiemodelle in der Bundesrepublik Deutschland - Stand der Entwicklung, Proceedings des IKARUS Workshop am 24. und 25. Januar 1996, Jülich.

Münzenmaier, W. (1993), Input-Output Tabellen 1978-1988, Jahrbuch Baden-Württemberg 1992, S. 181-192.

Münzenmaier, W. (1995), Input-Output Tabellen 1990, Baden-Württemberg in Wort und Zahl 6/95, S. 235-241.

Neckarwerke Elektrizitätsversorgung AG (Neckarwerke) (ohne Jahr), Kraftwerk Walheim, Informationsbroschüre, Esslingen.

Nelson, R.R. (1995), Recent Evolutionary Theorizing About Economic Change, Journal of Economic Literature, Vol. XXXIII, S. 48-90.

Nelson, R.R. und S.G. Winter (1974), Neoclassical vs. Evolutionary Theories of Economic Growth: Critique and Prospects, Economic Journal, Dezember, S. 886-995.

Nelson, R.R. und S.G. Winter (1982), An Evolutionary Theory of Economic Change, Cambridge, Mass.

Nitz, D. (1990), Neue Ziele und Modelle für die Kapazitätsplanung? Elektrizitäswirtschaft, Jahrgang 89, Heft 6, S. 212-218.

Obernolte, W. und W. Danner (1995), Energiewirtschaftsrecht mit Kommentar, München.

Ohne Namen (1996), Kaufen bei der Pesag, Energie & Managment, 16/96, S. 6.

ohne Namen (1997), Ordentlich was draufgelegt, Zeitung für kommunale Wirtschaft (ZFK), Mai, S. 23.

Öko-Institut (1995), Gesamt-Emissionsmodell integrierter Systeme (GEMIS) Versions 2.1, Handbuch, Hessisches Ministerium für Umwelt, Energie, Jugend, Familie und Gesundheit, Kassel.

Ott, A.E. (1959), Technischer Fortschritt, Handwörterbuch der Sozialwissenschaften, Bd. 10, S. 302-316, Stuttgart.

Parker, J.E.S (1978), The Economics of Innovation, London, New York.

Perez, C. (1985), Microelectronics, Long Waves and World Structural Change: New Perspectives for Developing Countries, World Development, Vol. 14, Nr. 3, S. 441-163.

Peter, M. (1996), FEuD in der nicht-nuklearen Energiewirtschaft 1994, Ergebnisse einer VDEW-Umfrage, Elektrizitätswirtschaft, Jahrgang 95, Heft 7, S. 378-381.

Phelps, E.S. (1962), The new view of investment: A Neoclassical Analysis, The Quartely Journal of Ecomics, Vol. 78, S. 548-567.

Pindyck, R.S. und D.L. Rubinfeld (1991), Econometric Models and Economic Forecast, 3. Auflage, New York.

Pfaffenberger, W. (1993), Elektrizitätswirtschaft, München, Wien.

Pfaffenberger, W. und W. Stroebele (1995), Makroökonomisches Informationssystem Ikarus, Band 1, Beschreibung des Modells MIS, Version 4.

Prognos (1991), Die energiewirtschaftliche Entwicklung in der Bundesrepublik Deutschland bis zum Jahre 2010 unter Einbeziehung der fünf neuen Bundesländer, Basel.

Prognos (1993), Deutschland Report, Die BRD 2000-2005-2010: Entwicklung von Wirtschaft und Gesellschaft, Basel.

Proops, J.L.R., M. Faber und G. Wagenhals (1993), Reducing CO2 Emissions, A Comparativ Input-Output Study for Germany and the UK, Berlin, Heidelberg.

Recker, M. und F. Bauer (1996), Entwicklungen der Kraftwerkstechniken - Tendenzen - Potentiale, Elektrizitätswirtschaft, Jahrgang 95, Heft 7, S. 394-398.

Rahmeyer, F. (1991), Evolutorische Ökonomik, technischer Wandel und sektorales Produktivitätswachstum, Institut für Volkswirtschaftslehre, Volkswirtschaftliche Diskussionsreihe 52, Augsburg.

Rettig, R. (1982), Ein disaggregiertes Prognosesystem für die Bundesrepublik Deutschland, RWI-Papiere Nr. 14.

Richter, J. (1985), Technologieveränderung und ihre Determinaten, Wirtschaftpolitische Blätter, 4/1985, S. 301-313.

Richter, J. (1991), Aktualisierung und Prognose technischer Koeffizienten in gesamtwirtschaftlichen Input-Output Modellen, Heidelberg.

Richter, J. (1994), Austria and the Single European Market, Economic Systems Research, Vol. 6, Nr. 1, S. 77-90.

Rijkinstituut voor Volksgezondheid en Miliuhygiene (RIVM) (1993), Environmental Information and Planning Model RIM+, In: Proceedings from UN-ECE workshop on emissions projections, Roskilde/Denmark, 1-2 June 1993.

Roger, E. M. (1995), Diffusion of Innovation, 4. Auflage, New York, London, Toronto.

Romer, P.M. (1990), Endogenous Technological Change, Journal of Political Economy, Vol. 98, Nr. 5, S. 71-102.

Rose A.(1995), Input-Output Economics and Computable General Equilibrium Models, Structural Change and Economic Dynamics, Vol. 6, Nr.3, S.295-304.

Rose, A. und W. Miernyk (1989), Input-Output Analysis: The first Fifty Years, Economic Systems Research, Vol. 1, Nr. 2, S. 229-271.

Rösch, R. und W. Bräuer (1997), Möglichkeiten und Grenzen von Joint Implementation im Bereich fossiler Kraftwerke am Beispiel der VR China, ZEW-Dokumentation Nr. 97-03, Mannheim.

Rottmann, H. (1995), Das Innovationsverhalten von Unternehmen: Eine ökonometrische Untersuchung für die Bundesrepublik Deutschland, Frankfurt a. M., Berlin, Bern.

RWE (1984), Kostenvergleich Kernenergie/Steinkohle für die Grundlastversorgung, Stellungungnahme des RWE zur Battelle-Studie „Aktualisierter Vergleich der Investitions- und Betriebskosten von Steinkohlen- und Kernkraftwerken, In: Der Minister für Wirtschaft, Mittelstand und Verkehr des Landes Nordrhein-Westfalen: Stromerzeugung im Kostenvergleich von Steinkohlen- und Kernkraftwerken, Düsseldorf.

Ryan B. and M. Gross (1943), The Diffusion of Hybrid Seed Corn in Two Iowa Communities, Journal of Development Studies, S. 203-223.

Samuelson, P. S. und W. D. Nordhaus (1989), Economics, 13. Auflage, Singapore.

Sailer, M. (1985), West German Macroeconometric Models and Hermes: A Synthesis, in: Gahlen, B. und M. Sailer (Hrsg.), Macroeconometric Modelling of the West German Economy, Wissenschaftszentrum Berlin, Ed. Sigma Bohn, Berlin, S. 13-32.

Schade, D. (Hrsg.) (1995), Energiebedarf, Energiebereitstellung, Energienutzung - Möglichkeiten und Maßnahmen zur Verringerung der CO2-Emissionen, Veröffentlichung der Akademie für Technikfolgeabschätzung in Baden-Württemberg, Berlin.

Schlenzig, C. und P. Schaumann (1997), MESAP III - Ein Werkzeug für Energie- und Umweltmanagement, in: Molt, S. und U. Fahl (Hrsg.), Energiemodelle in der Bundesrepublik Deutschland - Stand der Entwicklung, Procceedings des IKARUS Workshops am 24. u. 25. Januar 1996, Jülich.

Schiffer, H.-W. (1995), Energiemarkt Bundesrepublik Deutschland, 5. Auflage, TÜV Rheinland, Köln.

Schilling, H.-D. (1995), 75 Jahre VGB: Kraftwerke 1970 bis 1995 Energiepolitische Rahmenbedingungen und technische Entwicklung, VGB Kraftwerkstechnik 75, Heft 8, S. 643-652.

Schluchseewerk AG (ohne Jahr), Die Hauptschaltleitung Kühmoos, Informationsbroschüre, Freiburg.

Schön, M. et al. (ISI/DIW) (1988), Gesamtwirtschaftliche Auswirkungen von Emissionsminderungsstrategien, in: Enquete-Kommission: Schutz der Erdatmosphäre, Bd. 3. Energie, Bonn.

Schramek, K. (1955), Einbruch der Elektrizität als neue Technik in die Gesellschaft. Dissertation, Ruprecht-Karls-Universität, Heidelberg.

Schult, H. (1941), Die Entwicklung des Dampfkraftwerkes, in: Matschoss, C. (Hrsg.), Technikgeschichte, Bd. 30, Berlin.

Schumpeter, J. A. (1950), Kapitalismus, Sozialismus und Demokratie, München.

Sevaldson, P. (1970), The Stability of Input-Output Coefficients, in: Carter, A.P. und A. Brody (Hrsg.), Input-Output Techniques: proceedings of the Fifth International Conference on Input-Output Techniques, Geneva, January 1971, Amsterdam.

Siebert, H. (1986), Technologischer Wandel, Beschäftigung und Wachstum, in: Bombach, G., B. Gahlen, und A.E. Ott (Hrsg.), Technologischer Wandel - Analyse und Fakten, Tübingen.

Silverberg, G. (1988), Modelling economic dynamics and technical change: mathematical approaches to selforganisation and evolution, in: Dosi, G., C. Freeman, R. Nelson, G. Silverberg und L. Soete, Technical Change and Economic Theory, London.

Silverberg, G., G. Dosi und L. Orsenigo (1988), Innovation, Diversity and Diffusion: A Self-Organisation Model, in: Witt, U. (Hrsg.), Evolutionary Economics, Cambridge.

Smith, S. (1991), A Computer Simulation of Economic Growth and Technical Progress in a Multisectoral Economy, in: Saviotti, P.P. und J.S. Metcalfe, Evolutionary Theories and Technological Change, Chur.

Solow, R.M. (1957), Technical Change and the Aggregate Production Functions, Review of Economics and Statitstics 39, S. 312-320.

Solow, R.M. (1959), Investment and Technical Progress, in: Arrow, J., S. Karlin und P. Suppes (Hrsg.), Mathematical Methods in the Social Science, Standford.

Solow, R.M., J. Tobin, C. Chr. von Weizsäcker und M. Yaari (1966), Neoclassical Growth with Fixed Factor Proportions, Review of Economic Studies 33, S. 79-105.

Staatsministerium Baden-Württemberg (Hrsg.) (1984), Minderung von Stickoxidemissionen aus Kohlekraftwerken in Baden-Württemberg, Stuttgart.

Stäglin, R. (1985), Input-Output-Analyse, Spektrum der Wissenschaft, Mai, S. 44-64.

Stahmer, C. (1993), Environment-related Extensions of Input-Output Tables; Concepts and Applications; 10th International Conference on Input-Output Techniques, 29. März - 3. April 1993, Sevilla.

Statistisches Bundesamt (StaBu) (verschiedene Jahre), Statistisches Jahrbuch, Stuttgart.

Statistisches Bundesamt (StaBu) (1990), Volkswirtschaftliche Gesamtrechnungen, Fachserie 18, Reihe 2, Input-Output Tabellen 1985-1988, Stuttgart.

Statistisches Bundesamt (StaBu) (1996), Statistik Regional: Daten und Informationen der statistischen Ämter der Länder und des Bundes, Disketten und Handbuch, Wiesbaden.

Statistisches Bundesamt (StaBu) (1997), Statistik Regional: Daten und Informationen der statistischen Ämter der Länder und des Bundes, Disketten und Handbuch, Wiesbaden.

Statistisches Landesamt Baden-Württemberg (StaLa-BW) (1987), Energieversorgung und -verbrauch 1973 bis 1983, Statistik von Baden-Württemberg, Bd. 365, Stuttgart.

Statistisches Landesamt Baden-Württemberg (StaLa-BW) (1991a), Verarbeitendes Gewerbe, Statistik von Baden-Württemberg, Bd. 411, Stuttgart.

Statistisches Landesamt Baden-Württemberg (StaLa-BW) (1991b), Energieversorgung und -verbrauch 1978 bis 1988, Statistik von Baden-Württemberg, Bd. 422, Stuttgart.

Statistisches Landesamt Baden-Württemberg (StaLa-BW) (1992), Investitionen im Verarbeitenden Gewerbe Baden-Württemberg 1990, Statistische Berichte, Produzierendes Gewerbe, Stuttgart.

Statistisches Landesamt Baden-Württemberg (StaLa-BW) (1993), Energieversorgung und -verbrauch 1980 bis 1990, Statistik von Baden-Württemberg, Bd. 458, Stuttgart.

Statistisches Landesamt Baden-Württemberg (StaLa-BW) (1994), Lange Reihen zur demographischen, wirtschaftlichen und gesellschaftlichen Entwicklung 1950 bis 1993, Statistik von Baden-Württemberg, Bd. 488, Stuttgart.

Statistisches Landesamt Baden-Württemberg (StaLa-BW) (1997), Energieversorgung und -verbrauch 1984 bis 1995, Statistik von Baden-Württemberg, Bd. 516, Stuttgart.

Stelzer, L. (1992), Investitions- und Wirtschaftlichskeitsrechnungen - Anwendungsmöglichkeiten für die Unternehmen der Elektrizitätswirtschaft, Elektrizitäswirtschaft, Jahrgang 91, Heft 16, S. 1034-1042.

Stephan, G. (1995), Introduction into Capital Theory: A Neo-Austrian Perspective. Springer, Berlin, Heidelberg, New York.

Stoneman, P. (1983), The Economic Analysis of Technological Change, New York.

Technische Werke der Stadt Stuttgart AG (TWS) (1989), Dampfkraftwerk Gaisburg, Informationsbroschüre, Stuttgart.

Tilanus, C. (1968), Input-Output Experiments, Rotterdam.

Theil, H. (1961), Economic Forecast and Policy, Amsterdam.

Theil, H. (1966), Applied Economic Forecasting, Amsterdam.

Uzawa, H. (1965), Optimal Technical Change in an Aggregative Model of Economic Growth, International Economic Review, Vol. 6, S. 18-31.

Verband der Elektrizitätswerke Baden-Württemberg (VDEW-BW) (1996), Statistik der Elektrizitätsunternehmen, Industriebetriebe und anderer Werke in Baden-Württemberg für das Jahr 1995, Stuttgart.

Vereinigung Deutscher Elektrizitätswerke (VDEW) (1993), Investitionsrechnung in der Elektrizitätswirtschaft, Frankfurt a. M.

Vereinigung Deutscher Elektrizitätswerke (VDEW) (1995), Möglichkeiten und Grenzen eines verstärkten Erdgaseinsatzes in der Stromerzeugung, VDEW-Argumente, Stuttgart.

Vereinigung Deutscher Elektrizitätswerke (VDEW) (1996a), VDEW-Statistik 1995: Leistung und Arbeit, Frankfurt a. M.

Vereinigung Deutscher Elektrizitätswerke (VDEW) (1996b), VDEW-Statistik 1994: Betriebsmittel, Frankfurt a.M.

Vereinigung Deutscher Elektrizitätswerke (VDEW) (1997), SL: Strom-Linie, Zahlen und Fakten zur VDEW-Pressekonferenz am 16. Juli in Berlin, Frankfurt a.M.

Volz, P. (1988), Die Energiesitutation Baden-Württembergs, Energie-Versorgung Schwaben AG, Stuttgart.

Voss, A. (1997), Erfahrungen Grenzen und Nutzen von Energiemodellen in: Molt, S. und U. Fahl (Hrsg.), Energiemodelle in der Bundesrepublik Deutschland - Stand der Entwicklung, Proceedings des IKARUS Workshop am 24. und 25. Januar 1996, Jülich.

Vosskamp, R. (1996), Innovationen, Heterogenität und Struktur in Mikro-Makro-Modellen: von der Kritik an den bekannten Ansätzen hin zu einem neuen Modell, Berlin.

Wan, H. Y. (1971), Economic Growth, New York.

Weizsäcker, C.C. von (1971), Steady State Capital Theory, Heidelberg.

West, G.R. (1995), Comparison of Input-Output, Input-Output and Econometric and Computable General Equilibrium Models at the Regional Level, Economic Systems Research, Vol. 7, Nr.2, S.209-227.

Westphal, U. (1988), Makroökonomik: Theorie, Empirie u. Politikanalyse, Berlin, Heidelberg, New York.

Wiese, A., J. Albiger, M. Kaltschmitt, U. Fahl und A.Voß (1995), Windenergie-Nutzung, in: Schade, D. (Hrsg.), Energiebedarf, Energiebereitstellung, Energienutzung - Möglichkeiten und Maßnahmen zur Verringerung der CO2-Emissionen, Veröffentlichung der Akademie für Technikfolgeabschätzung in Baden- Württemberg, Berlin.

Winker, P. (1997), Empirische Wirtschaftsforschung, Berlin, Heidelberg, New York.

Wirtschaftsministerium Baden-Württemberg (1993), Energiebericht '92, Stuttgart.

Wirtschaftsministerium Baden-Württemberg (1994), Energiebericht '93, Stuttgart.

Wirtschaftsministerium Baden-Württemberg (1995), Energiebericht '94, Stuttgart.

Wirtschaftsministerium Baden-Württemberg (1996), Energiebericht '95, Stuttgart.

Wirtschaftsministerium Baden-Württemberg (1997), Energiebericht '96, Stuttgart.

Witt, U. (1987), Individualistische Grundlagen der evolutorischen Ökonomik, Tübingen.

Witt, U. (Hrsg.) (1993), Evolutionary Economics, Cambridge.

Wodopia, F.-J. (1986), Intertemporale Produktionsentscheidungen: Theorie und Anwendung auf die Elektrizitätswirtschaft, Frankfurt a.M.

World Commission on Environment and Development (1987), Our Common Future, Oxford, New York.

GPSR Compliance

The European Union's (EU) General Product Safety Regulation (GPSR) is a set of rules that requires consumer products to be safe and our obligations to ensure this.

If you have any concerns about our products, you can contact us on ProductSafety@springernature.com

In case Publisher is established outside the EU, the EU authorized representative is:

Springer Nature Customer Service Center GmbH
Europaplatz 3
69115 Heidelberg, Germany

Batch number: 10815974

Printed by Printforce, the Netherlands